本书受教育部人文社会科学重点研究基地山西大学科学技术哲学研究中心基金资助

认知哲学译丛

魏屹东/主编

溯因推理

从逻辑探究发现与解释

〔墨〕阿托卡·阿丽色达 /著

魏屹东 宋禄华/译

科学出版社

北京

图字：01-2011-0922 号

图书在版编目（CIP）数据

溯因推理：从逻辑探究发现与解释/（墨）阿丽色达（Aliseda，A.）著；魏屹东，宋禄华译.—北京：科学出版社，2016.4
（认知哲学译丛 / 魏屹东主编）
书名原文：Abdctive Reasoning：Logical Investigation into Discovery and Explanation
ISBN 978-7-03-047739-2

Ⅰ.①溯…　Ⅱ.①阿…②魏…③宋…　Ⅲ.①逻辑推理　Ⅳ.①B812.23

中国版本图书馆 CIP 数据核字（2016）第 050642 号

丛书策划：郭勇斌
责任编辑：朱萍萍　刘巧巧　/ 责任校对：郑金红
责任印制：赵　博 / 封面设计：黄华斌　陈　敬
编辑部电话：010-64035853
E-mail：houjunlin@mail. sciencep. com

科学出版社出版
北京东黄城根北街 16 号
邮政编码：100717
http://www.sciencep.com
北京凌奇印刷有限责任公司印刷
科学出版社发行　各地新华书店经销
*
2016 年 4 月第　一　版　开本：720 × 1000　1/16
2025 年 3 月第八次印刷　印张：13 1/2
字数：246 000
定价：89.00 元
(如有印装质量问题，我社负责调换)

丛 书 序

与传统哲学相比，认知哲学（philosophy of cognition）是一个全新的哲学研究领域，它的兴起与认知科学的迅速发展密切相关。认知科学是 20 世纪 70 年代中期兴起的一门前沿性、交叉性和综合性学科。它是在心理科学、计算机科学、神经科学、语言学、文化人类学、哲学以及社会科学的交界面上涌现出来的，旨在研究人类认知和智力本质及规律，具体包括知觉、注意、记忆、动作、语言、推理、思维、意识乃至情感动机在内的各个层次的认知和智力活动。十几年以来，这一领域的研究异常活跃，成果异常丰富，自产生之日起就向世人展示了强大的生命力，也为认知哲学的兴起提供了新的研究领域和契机。

认知科学的迅速发展使得科学哲学发生了"认知转向"，它试图从认知心理学和人工智能角度出发研究科学的发展，使得心灵哲学从形而上学的思辨演变为具体科学或认识论的研究，使得分析哲学从纯粹的语言和逻辑分析转向认知语言和认知逻辑的结构分析、符号操作及模型推理，极大促进了心理学哲学中实证主义和物理主义的流行。各种实证主义和物理主义理论的背后都能找到认知科学的支持。例如，认知心理学支持行为主义，人工智能支持功能主义，神经科学支持心脑同一论和取消论。心灵哲学的重大问题，如心身问题、感受性、附随性、意识现象、思想语言和心理表征、意向性与心理内容的研究，无一例外都受到来自认知科学的巨大影响与挑战。这些研究取向已经蕴涵认知哲学的端倪，因为众多认知科学家、哲学家、心理学家、语言学家和人工智能专家的论著论及认知的哲学内容。

尽管迄今国内外的相关文献极少单独出现认知哲学这个概念，精确的界定和深入系统的研究也极少，但研究趋向已经非常明显。鉴于此，这里有必要对认知哲学的几个问题做出澄清。这些问题是：什么是认知？什么是认知哲学？认知哲学与相关学科是什么关系？认知哲学研究哪些问题？

第一个问题需要从词源学谈起。认知这个词最初来自拉丁文"*cognoscere*"，意思是"与……相识""对……了解"。它由 *co+gnoscere* 构成，意思是"开始知道"。从信息论的观点看，"认知"本质上是通过提供缺失的信息获得新信息和新知识的过程，那些缺失的信息对于减少不确定性是必需的。

然而，认知在不同学科中意义相近，但不尽相同。

在心理学中，认知是指个体的心理功能的信息加工观点，即它被用于指个体的心理过程，与"心智有内在心理状态"观点相关。有的心理学家认为，认知是思维的显现或结果，它是以问题解决为导向的思维过程，直接与思维、问题解决相关。在认知心理学中，认知被看做心灵的表征和过程，它不仅包括思维，而且包括语言运用、符号操作和行为控制。

在认知科学中，认知是在更一般意义上使用的，目的是确定独立于执行认知任务的主体（人、动物或机器）的认知过程的主要特征。或者说，认知是指信息的规范提取、知识的获得与改进、环境的建构与模型的改进。从熵的观点看来，认知就是减少不确定性的能力，它通过改进环境的模型，通过提取新信息、产生新信息和改进知识并反映自身的活动和能力，来支持主体对环境的适应性。逻辑、心理学、哲学、语言学、人工智能、脑科学是研究认知的重要手段。《MIT 认知科学百科全书》将认知与老化（aging）并列，旨在说明认知是老化过程中的现象。在这个意义上，认知被分为两类：动态认知和具化认知。前者指包括各种推理（归纳、演绎、因果等）、记忆、空间表现的测度能力，在评估时被用于反映处理的效果；后者指对词的意义、信息和知识的测度的评价能力，它倾向于反映过去执行过程中积累的结果。这两种认知能力在老化过程中表现不同。这是认知发展意义上的定义。

在哲学中，认知与认识论密切相关。认识论把认知看做产生新信息和改进知识的能力来研究。其核心论题是：在环境中信息发现如何影响知识的发展。在科学哲学中就是科学发现问题。科学发现过程就是一个复杂的认知过程，它旨在阐明未知事物，具体表现在三方面：①揭示以前存在但未被发现的客体或事件；②发现已知事物的新性质；③发现与创造理想客体。尼古拉斯·布宁和余纪元编著的《西方哲学英汉对照辞典》（2001 年）对认知的解释是：认知源于拉丁文“*cognition*”，意指知道或形成某物的观念，通常译作“知识”，也作为“*scientia*”（知识）。笛卡儿将认知与知识区分开来，认为认知是过程，知识是认知的结果。斯宾诺莎将认知分为三个等级：第一等的认知是由第二手的意见、想象和从变幻不定的经验中得来的认知构成，这种认知承认虚假；第二等的认知是理性，它寻找现象的根本理由或原因，发现必然真理；第三等即最高等的认知，是直觉认识，它是从有关属性本质的恰当观念发展而来的，达到对事物本质的恰当认识。按照一般的哲学用法，认知包括通往知识的那些状态和过程，与感觉、感情、意志相区别。

在人工智能研究中，认知与发展智能系统相关。具有认知能力的智能系统就是认知系统。它理解认知的方式主要有认知主义、涌现和混合三种。认知主义试图创造一个包括学习、问题解决和决策等认知问题的统一理论，涉及心理学、认知科学、脑科学、语言学等学科。涌现方式是一个非常不同的认知观，主张认知是一个自组织过程。其中，认知系统在真实时间中不断地重新建构自己，通过多系统-环境相互作用的自我控制保持其操作的同一性。这是系统科学的研究进路。混合方式是将认知主义和涌现相结合。这些方式提出了认知过程模拟的不同观点，研究认知过程的工具主要是计算建模，计算模型提供了详细的、基于加工的表征、机制和过程的理解，并通过计算机算法和程序表征认知，从而揭示认知的本质和功能。

概言之，这些对认知的不同理解体现在三方面：①提取新信息及其关系；②对所提取信息的可能来源实验、系统观察和对实验、观察结果的理论化；③通过对初始数据的分析、假设提出、假设检验以及对假设的接受或拒绝来实现认知。从哲学角度对这三方面进行反思，将是认知哲学的重大任务。

针对认知的研究，根据我的梳理主要有 11 个方面：

（1）认知的科学研究，包括认知科学、认知神经科学、动物认知、感知控制论、认知协同学等，文献相当丰富。其中，与哲学最密切的是认知科学。

（2）认知的技术研究，包括计算机科学、人工智能、认知工程学（运用涉及技术、组织和学习环境研究工作场所中的认知）、机器人技术，文献相当丰富。其中，模拟人类大脑功能的人工智能与哲学最密切。

（3）认知的心理学研究，包括认知心理学、认知理论、认知发展、行为科学、认知性格学（研究动物在其自然环境中的心理体验）等，文献异常丰富，与哲学密切的是认知心理学和认知理论。

（4）认知的语言学研究，包括认知语言学、认知语用学、认知语义学、认知词典学、认知隐喻学等，这些研究领域与语言哲学密切相关。

（5）认知的逻辑学研究，主要是认知逻辑、认知推理和认知模型。

（6）认知的人类学研究，包括文化人类学、认知人类学和认知考古学（研究过去社会中人们的思想和符号行为）。

（7）认知的宗教学研究，典型的是宗教认知科学（cognitive science of religion），它寻求解释人们心灵如何借助日常认知能力的途径习得、产生和传播宗教文化基因。

（8）认知的历史研究，包括认知历史思想、认知科学的历史。一般的认知科学导论性著作都涉及历史，但不系统。

（9）认知的生态学研究，主要是认知生态学和认知进化的研究。

（10）认知的社会学研究，主要是社会表征、社会认知和社会认识论的研究。

（11）认知的哲学研究，包括认知科学哲学、人工智能哲学、心灵哲学、心理学哲学、现象学、存在主义、语境论、科学哲学等。

以上各个方面虽然蕴涵认知哲学的内容，但还不是认知哲学本身。这就涉及第二个问题。

第二个问题需要从哲学立场谈起。

在我看来，认知哲学是一门旨在对认知这种极其复杂现象进行多学科、多视角、多维度整合研究的新兴哲学研究领域，其研究对象包括认知科学（认知心理学、计算机科学、脑科学）、人工智能、心灵哲学、认知逻辑、认知语言学、认知现象学、认知神经心理学、进化心理学、认知动力学、认知生态学等涉及认知现象的各个学科中的哲学问题，它涵盖和融合了自然科学和人文科学的不同分支学科。说它具有整合性，名副其实。对认知现象进行哲学探讨，将是当代哲学研究者的重任。科学哲学、科学社会学与科学知识社会学的“认知转向”充分说明了这一点。

尽管认知哲学具有交叉性、融合性、整合性、综合性，但它既不是认知科学，也不是认知科学哲学、心理学哲学、心灵哲学和人工智能哲学的简单叠加，它是在梳理、分析和整合各种以认知为研究对象的学科的基础上，立足于哲学反思、审视和探究认知的各种哲学问题的研究领域。它不是直接与认知现象发生联系，而是通过研究认知现象的各个学科与之发生联系，也即它以认知本身为研究对象，如同科学哲学是以科学为对象而不是以自然为对象，因此它是一种“元研究”。在这种意义上，认知哲学既要吸收各个相关学科的优点，又要克服它们的缺点，既要分析与整合，也要解构与建构。一句话，认知哲学是一个具有自己的研究对象和方法、基于综合创新的原始性创新研究领域。

认知哲学的核心主张是：本体论上，主张认知是物理现象和精神现象的统一体，二者通过中介如语言、文化等相互作用产生客观知识；认识论上，主张认知是积极、持续、变化的客观实在，语境是事件或行动整合的基底，理解是人际认知互动；方法论上，主张对研究对象进行层次分析、语境分析、行为分析、任务分析、逻辑分析、概念分析和文化网络分析，通过纲领计划、启示法和洞见提高研究的创造性；价值论上，主张认知是负载意义和判断的，负载文化和价值的。

认知哲学研究的目的：一是在哲学层次建立一个整合性范式，揭示认知现象的本质及运作机制；二是把哲学探究与认知科学研究相结合，使得认知研究将抽象概括与具体操作衔接，一方面避免陷入纯粹思辨的窠臼,另一方面避免陷入琐碎细节的陷阱；三是澄清先前理论中的错误，为以后的研究提供经验、教训；四是提炼认知研究的思想和方法，为认知科学提供科学的、可行的认识论和方法论。

认知哲学的研究意义在于：①提出认知哲学的概念并给出定义及研究的范围，在认知哲学框架下，整合不同学科、不同认知科学家的观点，试图建立统一的研究范式。②运用认知历史分析、语境分析等方法挖掘著名认知科学家的认知思想及哲学意蕴，并进行客观、合理的评析，澄清存在的问题。③从认知科学及其哲学的核心主题——认知发展、认知模型和认知表征三个相互关联和渗透的方面，深入研究信念形成、概念获得、知识产生、心理表征、模型表征、心身问题、智能机的意识化等重要问题，得出合理可靠的结论。④选取的认知科学家具有典型性和代表性，对这些人物的思想和方法的研究将会对认知科学、人工智能、心灵哲学、科学哲学等学科的研究者具有重要的启示与借鉴作用。⑤认知哲学研究是对迄今为止认知研究领域内的主要研究成果的梳理与概括，在一定程度上总结并整合了其中的主要思想与方法。

第三个问题是，认知哲学与相关学科或领域究竟是什么关系？

我通过“超循环结构”来给予说明。所谓“超循环结构”，就是小循环环环相套，构成一个大循环。认知科学哲学、心理学哲学、心灵哲学、人工智能哲学、认知语言学是小循环，它们环环相套，构成认知哲学这个大循环。也就是说，这些相关学科相互交叉、重叠，形成了整合性的认知哲学。同时，认知哲学这个大循环有自己独特的研究域，它不包括其他小循环的内容，如认知的本原、认知的预设、认知的分类、认知的形而上学问题等。

第四个问题是，认知哲学研究哪些问题？如果说认知就是研究人们如何思维，那么认知哲学就是研究人们思维过程中产生的各种哲学问题，具体要研究 10 个基本问题：

（1）什么是认知，其预设是什么？认知的本原是什么？认知的分类有哪些？认知的认识论和方法论是什么？认知的统一基底是什么？是否有无生命的认知？

（2）认知科学产生之前，哲学家是如何看待认知现象和思维的？他们的看法是合理的吗？认知科学的基本理论与当代心灵哲学范式是冲突，还是融合？能否建立一个囊括不同学科的统一的认知理论？

（3）认知是纯粹心理表征，还是心智与外部世界相互作用的结果？无身的认知能否实现？或者说，离身的认知是否可能？

（4）认知表征是如何形成的？其本质是什么？是否有无表征的认知？

（5）意识是如何产生的？其本质和形成机制是什么？它是实在的还是非实在的？是否有无意识的表征？

（6）人工智能机器是否能够像人一样思维？判断的标准是什么？如何在计算理论层次、脑的知识表征层次和计算机层次上联合实现？

（7）认知概念如思维、注意、记忆、意象的形成的机制和本质是什么？其哲学预设是什么？它们之间是否存在相互作用？心身之间、心脑之间、心物之间、心语之间、心世之间是否存在相互作用？它们相互作用的机制是什么？

（8）语言的形成与认知能力的发展是什么关系？是否有无语言的认知？

（9）知识获得与智能发展是什么关系？知识是否能够促进智能的发展？

（10）人机交互的界面是什么？脑机交互实现的机制是什么？仿生脑能否实现？

以上问题形成了认知哲学的问题域，也就是它的研究对象和研究范围。

“认知哲学译丛”所选的著作，内容基本涵盖了认知哲学的以上 10 个基本问题。这是一个庞大的翻译工程，希望“认知哲学译丛”的出版能够为认知哲学的发展提供一个坚实的学科基础，希望它的逐步面世能够为我国认知哲学的研究提供知识源和思想库。

“认知哲学译丛”从 2008 年开始策划至今，我们为之付出了不懈的努力和艰辛。在它即将付梓之际，作为“认知哲学译丛”的组织者和实施者，我有许多肺腑之言，溢于言表。一要感谢每本书的原作者，在翻译过程中，他们中的不少人提供了许多帮助；二要感谢每位译者，在翻译过程中，他们对遇到的核心概念和一些难以理解的句子都要反复讨论和斟酌，他们的认真负责和严谨的态度令我感动；三要感谢科学出版社编辑郭勇斌，他作为总策划者，为“认知哲学译丛”的编辑和出版付出了大量心血；四要感谢每本译著的责任编辑，正是他们的无私工作，才使得每本书最大限度地减少了翻译中的错误；五要特别感谢山西大学科学技术哲学研究中心、哲学社会学学院的大力支持，没有它们作后盾，实施和完成“认知哲学译丛”是不可想象的。

魏屹东

2013年5月30日

译 者 序

面对纷繁复杂的自然现象，人们从个别事实感应或者诱发出某些一般结论，或者从特殊情形进入一般假定，这种认知方法就是归纳推理。归纳可以说是最早的一种逻辑推理，科学中的许多经验定律就是归纳的产物。由于归纳的普遍结论是从特殊事实推出的，其结论超出了其前提的内容，据此美国哲学家查尔斯·皮尔士（C. S. Peirce）将这种推理称为扩展论证。

归纳有很多种，如简单枚举、完全枚举、淘汰归纳、直观归纳等，不论是哪种，都会面临一个从个别产生一般的不对称推论问题，这就是著名的“休谟问题”或者“归纳问题”。自休谟发现“归纳问题”以来，人们对归纳结果的确定性和可靠性提出质疑。人们不明白，为什么在有些情况下从一些有限的事实能够推出普遍陈述（全称命题），比如由“某某人会死”推出“凡人都会死”。这种推理预设了“自然的齐一性”，即未来的实例类似于过去，由此可以从已观察事实概括出适用于未来观察的情形。坚持这种主张必然导致归纳主义，即认为知识按照归纳原理能够从积累的事实中推出一般原理。然而，从有限事实推出的结论不是必然的，因此人们普遍承认归纳的结论往往带有偶然性，因而就不是十分准确的和可靠的。尽管“归纳问题”依然存在，但是在推理实践中，人们常常又离不开归纳。

为了追求所得推论的必然真理性，人们发明了演绎。演绎是从一个普遍命题推出个别结论，或者是从必然命题推出偶然命题的推理。由于其结论已蕴含在前提中，因而是必然的，或者说，演绎得出的结论是前提的逻辑后承，比如“凡人必死”必然推出“某某会死”。正如罗素所说：“在演绎中，一个命题被证明对于一类的每个成员都成立，于是可以推断它对于该类的一特殊成员也成立。”人们普遍承认这种推理的结论是必然的。

然而，演绎的普遍前提来自哪里？来自先天？来自后天？或者二者皆有？若是先天的，则产生了先验论，会导致神秘主义；若是后天的，则产生了建构论或者经验论；若是二者的混合，则会有折中的嫌疑，会导致折中主义。我将这个问题称为“演绎问题”。当然，人们可以给出种种答案，比如来自先天（直觉、灵感），来自后天（经验、实践），等等，这必然会引起争论。

一种可能的答案是，演绎的前提来自归纳。归纳和演绎构成了一个推理环。如果是这样，归纳问题和演绎问题都不存在了。这就像“鸡-蛋问题”，若问“何者先有”则无解，若将它们构成一个环，问题就解决了，也就是说，“先有鸡还是先有蛋”是个伪问题。这就涉及推理的思路或者方法的重大问题。

不可否认，在传统哲学与经典逻辑领域，归纳与演绎是两个公认的推理方法，并在科学研究中一直发挥着重要作用。在科学哲学、人工智能与认知科学领域，一种还不为人们所熟悉的推理方法在其中发挥着重要重要，这就是皮尔士提出的溯因（abduction），也称为假设推理。溯因作为推理方法，用于指发现的逻辑，是一种创造性过程。它是一种从结果推出可能的原因，被认为是不同于归纳和演绎的第三种推理方法。

这种甚至更为重要的推理却并没有引起人们足够的重视。溯因之所以重要，是因为，在寻找过程中，人们面对的往往是某种已观察的现象（结果），当面对这些现象或者问题时，人们自然会问，为什么会产生那种现象或者结果呢？原因是什么？这种寻找原因的过程就是溯因过程。医生看病就是典型的溯因推理，也就是说从某种病（结果）诊断出病因（原因）。解决问题的实质就是寻找产生问题的原因。因此，溯因作为一种推理方法，应该是比归纳和演绎更常见的。

那么，人们对溯因推理的认识为什么要比归纳和演绎晚得多呢？原因主要是人们对它的运行机制不清楚，尽管在认知过程中常常会不自觉地使用它。这就是为什么在逻辑学中，溯因被认为是一种不明推理。因此，溯因推理的机制和形式表征以及与归纳和演绎的关系就成为不可回避的一些重要问题。

本书作者阿托卡·阿丽色达发现，虽然归纳、演绎、基于模型的推理等为科学发现和说明提供重要的方法论，但是它们自身涉及的逻辑与计算问题仍长期存在于科学哲学、人工智能和认知科学领域，而且由于各领域采取的方法彼此相隔太远，无法形成统一的解释，特别是溯因这种推理方式，还没有引起人们足够的重视，对它的研究还处于初步的探讨之中。这是他研究溯因的主要动机。

阿丽色达对溯因的研究是基于逻辑的，并围绕科学的发现和解释展开。其出发点是一个古老的但仍悬而未决的问题，即科学方法论中存在逻辑吗？这个问题有许多相互冲突的观点，迄今仍无统一说法。它绝不是一个在各自范围和领域能够解决的问题，因为不同的学者对逻辑的态度不尽相同，而且这个问题是在不同研究传统中形成的，动机和目标也就不同。

我们知道，20 世纪的科学哲学致力于科学解释和检验方面，而创造性和发现被排除在哲学反思之外，认为属于心理学范围，因此并没有在科学方法论方面建立范式。哲学家对待科学发现和创造性的这种排斥态度，反而激发了认知科学和人工智能专家对科学发现问题的计算和程序化研究，这无疑对“发现的语境”无法形式化的断言形成了挑战，其中逻辑的作用更加突出。也就是说，20 世纪的实证主义科学哲学将演绎逻辑作为解决解释和评价的主要形式框架，而归纳逻辑对科学方法论的分析是非常有限的。相比而言，基于计算机的人工智能和认知科学则表明，逻辑具有形式规则系统和经验研究的方法论特征。阿丽色达的研究的创新性就在于将人工智能领域所发展的逻辑工具应用于科学发现问题。这种逻辑工具就是溯因推理。

溯因作为一种逻辑分析，是从观察数据到可能原因的推理模式。它不可避免地使科学哲学中的经验进步与解释理论相结合，促使了人工智能中信念变化的计算理论的产生。可以说皮尔士的实用主义哲学就是基于溯因推理而提出的。

阿丽色达提出以下几个假设或者观点是值得关注的。

假设 1：科学实践中不存在单一的逻辑方法，特别是溯因，逻辑方法是多元的。

假设 2：溯因并不是一种新的推论，而是一种主题-依赖的解释性推理实践，由多种推理形式支持。

假设 3：科学发现的溯因分析适用于常规科学，但不否定其他类型的科学革命的逻辑分析。

假设 4：发现的语境和确证的语境的区分是人为划定的。若将溯因描述为一个过程而不是一个现成产物，这种区分自然就不存在了。

假设 5：发现不仅仅来自灵感，其中常常包含大量的解释、评价和检验。一旦发现问题产生，两种语境的统一说明就是必需的。

假设 6：归纳和演绎可以没有背景理论的支持，但是溯因必须是依赖背景理论的。

显然，阿丽色达将溯因推理置于语境论框架下，认为溯因是寻求“为什么”问题的逻辑推理，然后猜测各种可能的假设，再通过检验程序（反驳）寻找最佳解释。在做假设时，背景理论或者语境是必不可少的，因为提出假设和对假设的解释都需要某种理论的支持，在这种意义上，溯因是基于背景理论的，缺乏背景理论不足以形成溯因。其中的缘由，我想读者定会通过阅读本书自己找到根源。

魏屹东

2015年12月8日

前　　言

许多类型的科学推理一直在为科学发现和说明提供重要的方法论，但是自身涉及的许多逻辑的及计算的属性仍处于争议之中。这些推理类型包括归纳、溯因、基于模型的推理、说明及确证，这些问题和信念修正、理论发展和知识同化密切相关。所有这些问题一直是科学哲学、人工智能和认知科学等领域长期存在的问题，但是由于各领域采取的方法不同，且彼此相隔太远，所以无法形成一种统一的解释。

本书旨在科学的发现和解释，出发点在于解决一个古老的，但是仍未解决的问题：科学方法论中有逻辑吗？首先，关于这种问题如何产生有很多种相互冲突的观点，更不用说解决了。每一种方法都依赖于自身关于科学方法论的范围和限制的假设以及对逻辑的态度。这些问题在不同的研究传统中形成，出于不同的动机和目标，而且这些事实从本质上决定了研究方法。就此而言，问题产生的时候答案就已经很明确了，这绝不是“是-否”所能回答的问题。

因而，对这个问题的各方面进行更细致的观察是合理的。尽管大家都清楚，科学实践中涉及科学发现和科学解释两方面的内容，但是分歧的第一点就在于科学方法论的适合范围。在20世纪科学哲学的主流观点中，创造性和发现被简单地排除在哲学反思的领域之外，因此上述问题主要集中在解释和检验的问题上。众所周知，伟大的哲学家和数学家毫无例外地在科学发现的问题上展现了聪明才智，但是他们的贡献并没有为科学方法论的研究设立新范式，反而激发了认知科学领域和人工智能领域的研究。因此，对计算的科学发现问题的研究快速增长，这些充斥着计算机程序的研究对哲学上的“发现的语境”无法形式化处理的断言形成了挑战。因而，在这种传统中，发现和解释一样，是科学方法论的一部分。

至于逻辑的作用，也有多种逻辑说明上述问题形成的例子。一方面，在20世纪的实证主义的科学哲学中，演绎逻辑曾是解决解释和评价等问题的主要形式框架。从一开始就很清楚，归纳逻辑所能提供的对科学方法论的逻辑分析是很有限的，而且提供了可选择的命题空间，如波普的猜想与反驳的逻辑方法。另一方面，计算机主导的研究显示逻辑具有“寻求方法模式”的特点，这种观点符合以上问题的规则系统和经验的研究方法。在任何情况下，对关于发现的“逻辑”术语的使用，为它们的设计提供了很少的逻辑基础，在数理逻辑的传统构想中或者是人工智能的逻辑研究中，二者都将推论作为隐含的逻辑观点。很明显，经典逻辑无法提供一种扩展性的推理形式，并且迄今为止，人工智能领域所发展的逻辑工具受到了关注，它们中的很多并没有被应用到科学哲学中的发现问题。

方向和目的

我在本书中提供了一种特殊类型的科学推理的逻辑分析，即溯因。这是一种从观察数据到其可能原因的推理模式。这种方法自然地导致了科学哲学中的经验进展与解释理论的“联姻”，导致了人工智能中的信念变化的计算导向理论的产生，导致了由皮尔士提出的著名的实用主义哲学立场，“溯因”这一术语名称也是由他提出的。本书的最后一部分将关注所有的应用。

我的分析是建立在几个一般假设上的。首先，我假设，总体而言，科学实践中不存在单一的逻辑方法，尤其是溯因问题。在这个问题上我的观点是多元的。可以肯定的是，溯因并不是一种新的推论；相反，它是一种主题-依赖的解释性推理的实践，可以由多种经典的或者其他的推论的观点支持。然而，我并不是想通过这个假设宣称，我可以对所有的以及每个部分的科学的疑问提供逻辑分析。就此而言，我的计划是适度的，我并不期望能够为庞大的科学发现提供逻辑的分析，或者是发展出一套逻辑系统提供新的规范以做出新的发现。我的目的更在于为探寻一些形式属性而设置逻辑基础，在这个基础上可以产生或者评价新观念。我们能从这个最适度的研究路径中获得对科学发现和解释进程中某些部分的逻辑特征的深入洞察。这是一条广为流传的科学哲学的线路，即传统中发生的一些现象，一些类似于库恩在常规科学与科学革命之间所做的区分。因此，另一个一般假设就是，我提出的这种类型的科学发现的逻辑分析是适用于常规科学的，即我们并不否定其他类型的科学革命的逻辑分析可能占有的地位，但是这不在我们的研究范围内。

另一个一般假设是，在发现的语境（contexts of discovery）和确证的语境（contexts of justification）之间所做的方法论的区分是人为划定的。如果我们将溯因描述为一个过程，而不是描述为一个现成产物本身来供我们研究，这个假设就能够被消解。科学发现的历史研究以及计算导向的研究非常明显地表明：新观点并不仅仅是源自灵光一闪（即使有时候会有灵感闪现的情形），而且发现的过程也常常包括了大量的解释、评价和检验的方法。所以，描述科学的确证部分完全可以由自身完成，正如当代哲学一直所做的那样，这或许是可能的。但是，一旦发现问题产生，就需要对两种语境进行统一的说明。

内容描述

本书共分为三个部分：①概念框架；②逻辑基础；③应用。每个部分概述如下：

第一部分描述了采取逻辑进路的背景。第一章提供了科学哲学、人工智能和认知科学领域中关于发现事业的逻辑，以及科学方法论中的逻辑的作用的总体性概括。其主要论证是，逻辑应该同其他历史的或者其他形式的计算研究一起，在科学方法论的规范研究中占据一席之地。第二章提供了溯因研究的一个概况，它表明：虽然存在一般特征，而且在大多数情况下主要的灵感来自美国的实用主义哲学家皮尔士，但是每种研究方法都采用了不同的路径。为了更准确地勾勒我们的主题，建立某种秩序，我提出溯因推理的一个一般分类系统。几种形式的溯因通过三个参数来说明：涉及推理的（如演绎的或者统计的）类型、诱发溯因的观察类型（新奇，或者与背景理论的反常）以及产生解释的类型（事实、规则或者理论）。

第二部分设定了逻辑基础。在第三章，溯因是作为一种逻辑推论的观点被探讨的。已经表明，这种推理能够在不同的逻辑结论中作为一种基本的推论，即作为一种经典推论（回溯演绎）、统计的或者是某个类型的非单调推理。这些多样的"溯因解释类"的逻辑属性可以在"逻辑结构的分析"中得到研究，就像人工智能中的非单调推论关系以及形式语义学中的推理的各种动态类型。这样，我们就可以依据不同的结构规则来为溯因分类。第四章介绍了一种产生溯因推理的计算逻辑分析过程，运用并且扩展了语义树结构的数学框架。本章展示了如何运用各种搜索策略产生不同形式的溯因解释。本部分最后的结论是，溯因过程是我们首要关注的，并将溯因的解释推论作为次要"产物"。

第三部分是对先前分析的挑战，也是科学哲学和人工智能领域中的现存主题的基础。具体说，第五章分析了众所周知的亨普尔式的科学解释模型（演绎-法则的和归纳-统计的）作为一种溯因解释论证的形式，也是溯因推理的最终产物。这些已经在第三章中提供了结构的逻辑分析。第六章论述了经验进步的动力问题，包括理论改进和理论评价两个方面。我遇到了凯珀斯（Theo Kuipers）所提出的挑战[Kui99]，即实施"工具论者的溯因"任务，也即理论修正瞄准经验进步。本章采用第四章所提到的类型，提供了一种依据凯珀斯的语义树结构重构的（扩展）框架，并且表明这是对某些具体的经验进步研究的一种富有吸引力的方法，这一方法目前还是空白。

本书最后两章形成了一种共同辩护，即溯因可以被看做信念修正的认识变化过程，这是一种与皮尔士的溯因概念以及彼得·伽登福斯（Peter Gärdenfors）著作中的信念修正概念自然地联系起来，并因此表明了哲学和人工智能之间的一种直接联系。在第七章中，我探索了溯因和实用主义之间的联系，正如皮尔士所建议的，这种联系表明了前者作为一种逻辑探究的认识过程而被认可，而且这自然也构成了后者的基础，并作为哲学反思的一种方法以及产生"明确观念"的最终目标而得到认可。此外，我主张这种视角的溯因可为人工智能中的信念修正提供动态模式。出于这个目的，第四章中的语义树结构的扩展版提供了延伸和缩减操作的一个新的表征，所有这些构成了第八章的内容。

致谢

《溯因推理：从逻辑探究发现与解释》是许多文献的综合，它们已经在不同期刊和著作中发表。早期的出版物、近期的出版物或者最近刚出现的出版物均是在出版商友善的许可下在本书中得到使用的，这些文献如下：

"Sobre la Lógica del Descubrimiento Científico de Karl Popper", *Signos Filosóficos*, supplement to number 11, vol. VI, January–June, pp. 115–130. Universidad Autónoma Metropolitana. Mé xico. 2004.（Chapter 1）.

"Logics in Scientific Discovery", *Foundations of Science*, Volume 9, Issue 3, pp. 339–363. Kluwer Academic Publishers. 2004.（Chapter 1）.

Seeking Explanations: Abduction in Logic, Philosophy of Science and Artificial Intelligence. PhD Dissertation, Philosophy Department, Stanford University. Published by the Institute for Logic, Language and Computation（ILLC）, University of Amsterdam, 1997.（ILLC Dissertation Series 1997–4）.（Chapters 2, 3, 4, 5 and 8）.

"Mathematical Reasoning Vs. Abductive Reasoning: An Structural Approach", *Synthese* 134: 25–44. Kluwer Academic Press. 2003.（Chapter 3）.

"Computing Abduction in Semantic Tableaux", *Computación y Sistemas: Revista Iberoamericana de Computación*, volume II, number 1, pp. 5–13. Centro de Investigación en Computación（CIC）, Instituto Politécnico Nacional, México. 1998.（Chapter 4）.

"Abduction in First Order Semantic Tableaux", together with A. Nepomuceno. Unpublished Manuscript. 2004.（Chapter 4）.

"Lacunae, Empirical Progress and Semantic Tableaux", to appear in R. Festa, A. Aliseda and J. Peijnenburg（eds）. *Confirmation, Empirical Progress, and Truth Approximation*（*Poznan Studies in the Philosophy of the Sciences and the Humanities*, vol. 83）, pp. 141–161. Amsterdam/Atlanta, GA: Rodopi. 2005. （Chapter 6）.

"Abduction as Epistemic Change: A Peircean Model in Artificial Intelligence". In P. Flach and A. Kakas（eds）. *Abductive and Inductive Reasoning: Essays on their Relation and Integration*, pp. 45–58. Kluwer Academic Publishers, Applied Logic Series. 2000.（Chapters 7 and 8）.

"Abducción y Pragmati（ci）smo en C. S. Peirce". In Cabanchik, S., etal.（eds. ）. *El Giro Pragmático en la Filosofía Contemporánea*. Gedisa, Argentina. 2003.（Chapter 7）.

本书是我在荷兰格罗宁根大学哲学系（Philosophy Department in Groningen University）从事博士后研究工作期间构想的，这为我提供了做研究的机会，在三个连续年（2000~2002 年）的春季学期期间，我感谢我国的研究机构允许我接受

Theo Kuipers 的友善的邀请。在格罗宁根大学，我参与了他的研究小组——促进认知模式俱乐部（Promotion Club Cognitive Patterns ，PCCP），并享有与其成员和嘉宾讨论我的研究工作的特权，其中著名的人物有 David Atkinson, Alexander van den Bosch, Erik Krabbe, Jeanne Peijenburg, Menno Rol, Jan Willem Romeyn, Rineke Verbrugge 和 John Woods。我特别感谢 Theo Kuipers，是他使我实现了关于溯因的逻辑研究的丰富想象力，特别是对我在科学哲学中产生的问题的指导。

我在墨西哥国立大学的哲学研究所（Instituto de Investigaciones Filosóficas at the Universidad Nacional Autónoma de México）工作期间，为期 6 年的关于推理的研讨班是一个极好的论坛，许多哲学家、逻辑学家、数学家和计算机科学家参与了推理主题的研讨。下面提及的同事均对我思考溯因推理提供了有益的帮助，他们是：José Alfredo Amor, Axel Barceló, Maite Ezcurdia, Claudia Lorena García, Francisco Hernández, Raymundo Morado, Ana Bertha Nova, Samir Okasha, Silvio Pinto, Marina Rakova 和 Salma Saab。

我也感谢以下人员对我的溯因推理研究所给予的启示和慷慨的鼓励，他们是：Hans van Ditmarsch, Peter Flach, Donald Gillies, Michael Hoffmann, Lorenzo Magnani, Joke Meheus, Ulianov Montãno, Angel Nepomuceno, Jaime Nubiola, León Olivé, Sami Paavola, David Pearce, Ana Rosa Pérez Ransanz, Víctor Rodríguez, Víctor Sánchez Valencial, Matti Sintonen, Ambrosio Velasco, Rodolfo Vergara and Tom Wasow。我要特别感谢 Johan van Benthem 对我在斯坦福大学从事博士研究期间的指导。最后，我要感谢那些匿名的审阅人对本书提出的许多有洞察力的建议。当然，书中难免存在不足之处，敬请各位读者提出批评和指正。

阿托卡 · 阿丽色达

2004 年 7 月

墨西哥迪坡斯特兰

目　　录

第三部分　应　　用

第一部分　概 念 框 架

第一章　产生与评价的逻辑

一、导　　言

本章旨在对充满争议的“发现的逻辑”这一问题提供批判性分析。本章分为六个部分，在导言之后的第二部分中，我们简要回顾了最初的启示方法，即分析与综合，它是在古希腊时期就已成型的思想。在第三部分，我们处理了是否存在着发现的逻辑这一问题。我们从分析发现和确证的语境之间的双重区别开始，不仅说明了进一步的区分，甚至还说明边界无法明确划定。接下来我们提供了一项历史背景，从古代到 19 世纪分为三个时期，每个时期都可以由认识论立场（可错论和不可错论）和产生出的逻辑类型（生成的、确证的归纳逻辑、非生成的和自纠正的逻辑）描述。最后，我们将这个问题细分为三个具体问题：目的、寻找和成就。总体而言，在发现的逻辑这一问题中就形成了探求与发现之间的明显的鸿沟。在第四部分，我们面对发现的逻辑中两种最重要的观点，即卡尔・波普尔和赫伯特・西蒙的观点，说明他们虽然表现上差距很大，但是他们的研究路径在很多方面是很接近的。他们在知识的合理性基础问题上都坚持可错论，并且都将科学作为一种以知识增长为主要特征的解决问题的动态活动。我们认为，两种解释都是在发现的研究中进行的——这涉及一种更广泛的视野——这两种研究进路的趋同，既不是从整体上真正触及西蒙的说明创造性的认识观点，也不是对其研究的完全否定的波普尔的观点。在第五部分中，我们从历史的和计算的视角，提出逻辑是科学方法论一部分的观点，这自然为研究发现的逻辑路径赋予了一定地位，因为它将作为科学方法论的一种规范说明而受到重视。然而，我们说“发现的逻辑”这一标签应该被“产生与评价的逻辑”所代替，因为一方面“发现”被证明是产生新知识过程的一种误导性术语，另一方面产生的逻辑只能同评价与辩护的逻辑一起考虑。在第六部分，我们总结了先前的讨论并进一步得出总的结论。

本章表明，人们对发现的逻辑的兴趣一直从古代延伸到现在，并且涉及多个学科——科学哲学、认知科学和人工智能。对发现的逻辑进行研究不是一个平凡的问题，事实上不是一个单独的问题，对于“逻辑”和“发现”这些词可以用很多种方式来理解。本章将为本书的溯因推理的逻辑研究设定基础和哲学的动力。而溯因推理的逻辑研究作为本书的主要研究目的，将在第二章进行探讨。

二、启示法：古希腊的遗产

所有对发现的研究路径都指向了古希腊的数学家和哲学家。在他们对问题解决的研究过程中，主要有两种启示策略，即分析和综合。对这些方法所做的广泛描述是在亚历山大利亚（公元 300 年）的著作中发现的，他遵循由早先的数学家编写的一本名为“分析宝库”（*analyomenos*）的书中延续的一种传统。他在书中描述的核心部分如下：（Pappi Alexandrini *Collectionis Quae Supersunt*。翻译来自 [HR74, Chapter II]）：

“分析是通过其伴随物（τα ακολουθα，通常翻译为：结果）进行发现的方法，如果承认的话，其目的是为了获得综合。因为在分析中我们假设我们所寻找的是已经发生的，我们从它获得的结果中开始寻找，也即从后者的前项开始，直到我们逆向地发现已经知道的，而且首先是有序地知道的。我们称这种方法为分析，因为是从结果中回溯。在综合中，一方面，我们假设最后的结果是在分析中已经发生的，而且两者之一同另外一个是相联系的。我们最后达到了寻求结果所寻找的事物的目的。这是我们所称的综合。”

“分析有两种：一种为了寻求真，被称为理论的分析；另一种是用来执行希望所做的，这种被称为问题的分析。在理论的类型中，我们假设所寻求的东西存在并且是真的，然后我们有序地达到其伴随物（结果），就其被认可的程度而言，好像它们是真的，是通过假设而存在的；如果所接受的为真，那么所寻求的目标也为真，而且证明它将与分析相反。然而，如果我们遇见一些承认为假的事件，那么所寻找的事件也将是假的。在问题的类型中，我们假设所希望的事物是已知的，然后我们有序地获得其伴随物（结果），好像它们也是真的，直到被承认为止。如果被承认的是可能的，或者可能发生，也就是说，如果它是数学家所能够给予的，那么所希望的事物依然是可能的，证明（proof）将再次与分析对立；但是如果我们遇见一些不可能承认的事物，那么问题就依然是不可能的。”

分析和综合可能被看作是相互对立的方法，假如分析中的每一步当被用于综合时是逆向的话。然而，这要取决于对“τα ακολουθα”这个概念的解释。有的学者将其理解为“结果”，认为这些方法是由相反的步骤组成的，而另外一些人（尤其在 [HR76]中）将其理解为“伴随物”，意思是“几乎所有种类集聚在一起。因此，帕波斯（Pappus）对分析的一般描述，一贯地将它刻画为对前提的寻求，而非对结论的描绘”[HR76, p. 255] 。

而且，分析和综合的方法都不是孤立存在的，只是在结合中才能产生意义。为了断定在分析中被作为预设的初始判断是真的，仅仅达到已知的真是不够的；必须用综合的方法为它提供证据。两种证据中或是经过同分析过程相反的步骤建构的（在“结论”的解释下），或者分析的过程只提供了建构证据的材料，但是都无法最终保证一种成功的分析。

两种类型的分析都始于一个假设陈述，但是在理论类型中这个陈述被假设是真的；在问题类型中该陈述被假设是已知的。这样，我们就到达了一个关键点，当某物被发现要么公认是真的（或者可能的），要么公认是假的（或者不可能）的时候。在第一种情况下，如果（再一次）这些方法向前或是向后的步骤是可逆的，那么初始陈述能够通过综合方法找到其为真的证据。而在第二种情况下，我们经过分析的方法证明该陈述被公认是假的（不可能），这足以断定初始陈述为假（或者不可能）。所以，也就不足为奇：这种情形“只是所谓的归谬法（reductio ad absurdum）的一种特殊情形；因为在这种情形下，我们的初始原理无疑是假的”[Sza74, p. 126]　。

然而在古代，这实质上是一场关于这些方法究竟意味着什么的争论，因为帕波斯的文本“不足以用他自己的数学实践或者其他古代数学家的实践，排解他对分析的一般描述”[HR76, pp. 255–256]。希迪卡（Hintikka）和雷米斯（Remes）对于这些启示法已经尝试提供一种现代的、形式化的说明 [HR74, HR76]。他们提出了这样的观点，即分析是自然的演绎方法的一个特例。特别是，他们建议将贝丝（Beth）的语义树结构（semantic tableaux）作为一种分析方法①。正如大家所熟知的，语义树结构主要是一种反驳的方法（见第四章）；当一项限定条件不成立时，树结构的公开分支就记录了反例。除此之外，树结构自身还提供信息用于建构次序类型（sequent style）的证据。因此，这种分析方法在反驳的条件下（当发现了反例时）提供了确定的证据（通过还原）说明“所寻求事物”的错误。正如我们将在第四章中所看到的，我们的溯因研究路径也采取了将语义树结构作为对此种推理类型进行逻辑重构的数学框架。因而，希迪卡和雷米斯可以被认为是这项研究的先驱者。

三、存在一种发现的逻辑吗?

1. 研究的语境

关于科学发现主题的文献一直被“发现”这一术语的模糊性和完整性所混淆。科学中导致一个新理论产生一个观点的发现，包括一个很复杂的过程，该过程从一个观点的初始概念开始，经过辩护，直到最终建立一个新的理论。这两个方面只是一系列交叉过程当中的两个极端，包括公布一个新观点及其初始评价，这会在评价的需求中产生更好的观点，甚至被其他观点所代替，还要求对初始观点进行修正。因此，我们至少要承认科学发现是一个受制于区分的过程。这一事实让

① 尽管贝丝是在分析和综合方法的影响下才开始他的语义树结构方法，但是“他既没有详细地说明古代的数学分析，也没有将他的研究方法应用于历史问题的评价中”　[HR76, p.　254]。

我们不得不面对一个难题，即如何提供一种合适的区分。

最初是由莱辛巴赫（Reichenbach）于 20 世纪 30 年代所倡导的，在发现的语境和辩护的语境之间所做的当代区别[Rei38]，试图给出一种区分形式。这种区分通常预设后者专门处理一种理论上“已经完成的研究报告”，这也很自然地为前者留下了足够的空间。为了有序并详细地澄清关于科学发现过程的研究，许多专家在两种极端，即在一个新观点的概念和辩护之间确定一种相互交叉的步骤。塞弗（Savary）提出“有思想地工作”（working with ideas）的概念[Sav95]，劳丹（Laudan）引入了“寻求的语境”（context of pursuit）的概念作为两种语境之间的“下层区域”[Lau80, p. 174]。另一种对发现语境的研究维度是在狭义和广义视角间作出区分。狭义观点将发现问题看做绝对处理一个观点的初始概念，广义视角将发现作为处理一个新观点的概念到最终建立该观点的终极辩护的主题的整个过程（这是一种由劳丹引入的区分[Lau80]）。

然而，为了能够处理评价的问题，尤其是当一个理论的真值并不是唯一寻求的目标时，这还涉及扩展确证的语境的边界问题。这场运动的结果就是提议将“确证的语境”更名为“评价的语境”（context of evaluation）[Kui00, p. 132]，或者是“评估的语境”（context of appraisal）[Mus89, p. 20]。在后一种视角下，发现的语境被重新定义为“发明的语境”，目的是为了避免谈及发现的假设时所产生的明显冲突，因为“发现”是一个预设了所发现的一定是真实的“成功词”。

所以，在发现的语境和确证的语境之间的原始区别，不仅可能继续细分，而且其边界并不是明确地划定的。关于所有这些研究的语境的一个独立问题是：探求“发现的语境”或者其他任何关于这个问题的语境，倾向于哲学反思，并且允许逻辑分析。

2. 历史背景

接下来，我将对从古代到 19 世纪关于发现的逻辑中的进展进行评价（基于[Lau80]，[Nic80] 和 [Mus89]）。这种评价有助于我们识别在科学发现的研究中发挥作用的那些方面，以便在现代的研究进程中为它们定位。

自古代起，发现的逻辑的研究被认为是在科学中产生一种全新概念和理论的工具。这项研究通过在不完整的解释中寻找所缺失的条件，从而试图提供一种对发现的原因的说明，这在亚里士多德的《后分析》（*Posterior Analytics*）中居于核心的位置[①]。依据一些相关解释（[Lau80]，[Ke89]），这个时期对发现的逻辑进行研究，目的在于捕获重大发现的时刻（the Eureka' moment），因而发现就采用了它的狭义解释。

① 一方面，亚里士多德介绍了省略三段论的观点，概括地指出那些缺少前提的不完备的论证。前提一旦被发现，这种类型的论证就会转化成为一种演绎的论证。另一方面，亚里士多德也概括了两种其他的论证，即“反证法”和“归纳论证”，前者后来被视作溯因（由皮尔士提出），后者通常被理解为归纳。

此后，这种研究通过具体的方案而逐渐兴盛，以寻求做出因果发现的好的、有效的方法，正如在最有代表性的培根、笛卡儿、赫歇尔、玻义耳、莱布尼茨和密尔的著作中所见证的那样：深入到科学研究之中，发现和确证的语境之间的区分，并不是这个时期才出现的，其目标是提供一种发现的逻辑，也提供理论确证问题的解决方法。对这样一种逻辑的探寻是受到一种强哲学观的指导的，即寻找一种普遍的系统，它将获得在科学中人类推理的方法。为了达到这个目的，莱布尼茨提出一种由数学语言组成的“特征普遍性”（characteristica universalis），精确而且没有模糊性（相对自然语言），所有观念在这种语言中能够被转化，运用这种语言能够彻底解决理智上的争论。这种理想的哲学观的一个结局是，预设了决定这种经过微积分，即微积分推理（calculus ratiocinator）的论证链条（chain of arguments）的有效性①。

莱布尼茨的微积分是对亚里士多德式的演绎的三段论（deductive syllogistics）的一种回应，因为这种演绎的三段论无法提供他们所寻找的东西——一种能产生真正的新科学的逻辑。为了达到这种结果，培根提出一种“消除式归纳”（eliminative induction）方法，一种析取的三段论（disjunctive syllogism），通过这种方法可以排除各种假设而选择那个“真的”假设。至于笛卡儿，“他提示我们如何方便地解决规范问题，还暗示了由古希腊数学家所提出的分析和综合方法的几种隐含的参考文献”[Mus89, p. 18]，即综合分析（synthesis analysis）。然而，正如它证明的，他们的方法无法为真正的新观点的产生提供规则，因为它们被引向了处理已经做出的那些假设。培根的方法的确是一种选择的方法，笛卡儿的方法主要是关注能将一项假设分解成已知为真的部分的方式（分解成部分），然后为了证明它再运用一个综合的过程。

依据前文关于研究语境的讨论，确定这些方法会产生争论。依据莱辛巴赫的区分和狭义的发现概念，它们明显属于确证的语境（如在[Mus89, p. 18]所指出的），但是依据广义的发现概念，这却属于发现的语境。而且当确证的语境扩大的时候，从一种更好的关于语境的观点看，这些都属于寻找的语境或者评价的语境，或者评估的语境。无论何种情况，看起来它们之中任何一个都不属于发现的语境，因为这些方法无法说明所考虑的假设在最初是如何被接受的。

我们发现，这些专家都是在莱布尼茨的通用微积分（universal calculi）的观念指导下来研究发现的逻辑，但是从他们的寻求所获得的结果与这种寻求目标并不一致。很明显，在发现的逻辑这一问题中，“寻找”和“发现”之间存在着一个鸿沟。因此，将是否存在发现的逻辑这一费力的问题分成三个具体问题，即目的、寻找和成就，似乎是有用的。这就是说，为了评价它们的一致性，并且回答成就的问题，要在寻找目标

① 现在我们知道这种尝试是不可能成功的。因为没有一种普遍的机制程序可以决定这种逻辑推理的有效性。谓词逻辑是非决定性的。

和寻找所获得的结果之间做出区分。但是，在开始我们所建议的三个问题的区分之前，我们将先论述劳丹对寻找发现的逻辑问题所进行的批评的历史分析[Lau80]，这也体现出他关注的是狭义的发现概念，并认为发现的问题只处理新观点的初始概念。

3. 劳丹的分析

根据这种解释，发现的逻辑的研究背后有两个主要动机，即知识的良好基础（well-foundedness）的认识论问题和如何“加速科学进步”的启示及语用的问题。至于第一个动机，目前盛行的支持知识的合法化的认识论态度是不可错论的立场，一种要求对关于世界的新生概念和理论进行绝对保证的立场。其目的在于提供一种发现的逻辑，同时也提供对确证理论问题的解决。至于理论的确证，并不是只有唯一的一种认识论立场，只是其中只有一种同发现的逻辑研究相容，即同生产性立场相一致①。因此，不可错论相应地导致了一种生产性立场，而且这两者的结合通过一种真值保留（truth-preserving）逻辑能够为我们对世界的判断提供一种绝对保证。

第二种动机是关于如何“加快科学进步”的问题。这种动机是引导发现逻辑的最终目标的动力，是一种提供“导致有用事实和关于自然的理论的发现的规则”[Lau80, p. 175]。然而，所提议的规则却同围绕着发现观点的发展的另一方面密切相连，即同检验下的科学客体相关。尽管对科学推理研究对象的特征有多种概括，但是大多数方法论研究者直到 18 世纪都集中关注对经验法则发现的特征概括，对可观察实体的普遍陈述，因而这些研究的焦点是为归纳逻辑的“枚举归纳”（enumerative induction）建模。作为被分析对象的科学研究必须用物理规律如“所有气体加热都会膨胀”处理从观察中直接推论出的概括。直到 18 世纪 50 年代，一些科学家和哲学家都在寻求一种逻辑来发现解释的理论，那些也包括理论实体的逻辑（如在[Lap04]所发现的）。在这种情况下，就需要其他类型的逻辑，那些包括一个比列举归纳更为复杂机制的逻辑。通常，这些逻辑涉及背景理论（由定律构成）、初始条件和相关观察。这些逻辑工具的目的在于创造一种相比背景理论更好的和更真的理论。这种真理逼近（truth-approximation）的观点是支持这一概念系统的，而且相应地被称为“自修正逻辑”（self-corrective logics）（我们将这种逻辑等同于溯因，见第二章）。概言之，至此可见，不可错论与生产性逻辑（generational logics）是密切相连的，它们一起提供一种发现的真值保留逻辑来确

① 持两种对立观点的学者被称为“结果论者”（consequentialists）和“生产者”（generators）。前者通过检查理论的结果（或一些结果）为理论的真辩护。与之相对的是，后者通过说明科学理论在逻辑上遵循可观察的陈述而确认其成立。自亚里士多德的时代始，就承认了“结果论”中的逻辑缺陷，因为它犯了“结果证明的错误”（从结果的真论证理论的真），这使得“结果论”在逻辑上是不完全的：“如果一项理论是可论证地正确的，这些论证就不能从任何（非完全的）结论的真中推论而来。”[Lau80, p. 177]结果论和生产论能达成一致的唯一条件是，这些条件可能：①为一些理论的所有结果提供完全检验；②完全列举并且拒斥其他可能的理论[Lau80, Note 3, p. 183]。

保不可错知识。

随后，到 19 世纪中期左右，以上描述的发现逻辑的研究在这一时期被抛弃了，取而代之的是一种确证逻辑（logic of justification）的研究，即一种事后评价的逻辑。这场运动的转折点同对知识合法性的观点变迁有关，即由不可错论（infallibilism）转向了可错论（fallibilism）。这种认识论立场转变的结果是，知识的源头不再由某种基础所支持，而且确证可以与证据分离。因此，理论的确证的独立源头确立了，因为为了描述它们的确证，不再需要展示理论的产生，换句话说，从认识的观点看，发现的逻辑的研究已经变成“多余”，并被抛弃了。另一种结果是，结果论关于确证理论的观点开始重新盛行，它现在可以与可错论的说明相容了，而且为由后来熟知的“假设-演绎方法”所表达的观点铺平了道路，这种方法在理论确证中成为标准方法。

这样，从古代到 19 世纪中期，发现的逻辑的发展历程可以分为三个阶段，具体特征概括如下：

1）1750 年以前

认识论立场：不可错论。

逻辑：生产性和确证的归纳逻辑。

2）1750~1820 年

认识论立场：不可错论。

逻辑：生产性和确证的归纳逻辑以及自修正逻辑。

3）1820~1850 年

认识论立场：可错论。

逻辑：非生产性的确证归纳逻辑及自修正逻辑。

4. 根本问题

发现的逻辑的目的在于关注研究者在研究中所希望达到的最终目标，并且对这样一种逻辑是否存在的问题的回应（正面的或是负面的），大都建立在一种哲学理想上。发现的逻辑关注该领域中的研究者的工作活动，其所追求的是尽力获得他们的目标，而且对这些问题的回答是通过发现的逻辑中具体建议的形式给出的。最后，发现的逻辑获得的成就提供了先前几部分之间的一种评价，即它实际所取得的是否达到它的目标。这三个问题的区分容许评价关于发现的逻辑的现有建议之间是否存在一致，而且为了比较遇到的建议也提供了一种更好的区分，因为它们可能在一些问题上能达成一致，而在另一些问题上则存在冲突。

在已经确定的第一阶段（1750 年以前），对发现的逻辑的寻找是在一个强烈的哲学理想指导下进行的，即寻找一种普遍的能够获得科学中的人类推理方式的系统，包括从一个新观点的初始概念到其最后的确证的整个范围。遵循莱布尼茨的“特征普遍性”精神，这种理想是寻找一种发现的逻辑的最终目标背后的动力。至于追寻的问题，所发展出的核心方法就是对归纳的模式化研究，这是我们已经提到的培根的“排除式归纳”，它实际上是一种假设选择方法。因此，需注意的是，这一时期发现逻辑中的成就问题，从它的寻找中所获得的结果，只在很少的程度上获得了目的的问题所寻找的，因而，这项计划的寻找目的和最后的发现结果是不一致的。对第二个时期也可以做出类似的分析。在第三个时期，最初的目的问题已经在可错论的进展中消失了，因为那时已经明确，一种可以用来表述所有观点的普通微积分学，可以借此解决一切理性争论的目标是不可能完成的。寻找目的的问题被对确证逻辑的关注所代替，而且相应地，寻找的问题也开始逐步关注这一问题。在寻找与发现之间实现了完全的和谐，于是成就问题就使得这一时期趋于融洽。对理论起源的逻辑的禁止，简单地从研究议程中消除了寻找一种“发现”的规则，取而代之的是一种对已发现的科学理论的确证机制的完全关注。

然而，发现一种处理新观点的概念的逻辑的目标却没有被完全放弃，正如在后面皮尔士的著作中（见第二章和第七章）及其他所述，但是只要成就问题被关注，这条研究线索就无法真正一致。这种立场可能很荒谬，但是这仍然是“发现之友”（friends of discovery）的理想所坚持的，但是正如我们在随后的相应部分所见到的，对这种研究方法的进一步分析会使这种观点有意义。

四、卡尔·波普尔和赫伯特·西蒙

从科学哲学的观点看，波普尔和西蒙是两位已经成名的学者，他们在各自的领域中对逻辑实证主义进行了回应，而且明显地影响了科学发现的逻辑。在这一部分中，我们将阐明他们观点中的几个部分，以便将他们置于科学发现的讨论中。一方面，当我们对发现的语境进行更好的分析之后，波普尔的逻辑可以被视作发现语境的一部分，而且他认为知识将通过猜想与反驳的方式进行增长的观点，同西蒙作为创始人之一的主流观点“发现之友”相协调。另一方面，为了能说明这远不是一种能远离科学创造的神秘性的天真目的，我们将论述西蒙的主张，即存在一种发现的逻辑，这是一种试图建立规范的发现过程理论的可靠建议，根本观点是将逻辑作为一种在启示策略的基础上，寻找可以满足结论的行为的模式。

1. 发现的逻辑

一个非常不幸但很有趣的事实是，波普尔在 1934 年用德语出版的《发现的逻辑》（*Logik der Forschung*）在 25 年后被翻译成英语，书名为“科学发现的逻辑”。然而，更准确的翻译应该是：“科学研究的逻辑”，就像西班牙语译本中那样（*La Lógica de la Investigación Científica*）。

造成这种不幸的原因之一是，许多知名的学者（西蒙和劳丹及其他）指责波普尔否定了此书的英文标题所暗指的，超越了逻辑研究的界限，而进入科学理论发现的认识论（epistemics）。这些抱怨是基于公认的观点的，即波普尔的科学方法论主要关注理论的检验，而这条路径明显没有将它必须要考虑的发现的问题包括在内。因而，那些对科学发现过程以及对确证界限之外的科学研究方法感兴趣的科学哲学家而言，很自然地将波普尔排除在这个图景外，而且将上述对题目的抱怨作为源于英语译本的混乱。

然而，更加仔细地研究波普尔的哲学，我们会发现（在以后的版本中出现）他的立场超越了确证的问题，而且关注科学中的发现及进展，这就出现了另一个困惑。正如下文所说明的："科学应该被视作是从问题到问题的进步——问题的深度不断增加。对于一项科学的理论—— 一项解释的理论——是这样，如果其存在，它就是一种解决科学问题的尝试，这就是说，一个关注发现的解释的问题。"[Pop60a, p. 179]这个观点符合西蒙在认知心理学和人工智能研究中所提出的著名的"科学推理即问题解决"的观点（下文将介绍），在科学哲学中劳丹发展了这一观点。而且，波普尔似乎对英语标题很满意，因为波普尔对这样一种持续的批评并未做出回应①。

另外，更吸引人的是，在这本论述科学领域中知识发现的书中，尤其是用一种计算的观点来看，波普尔的一些基本观点实际上在科学发现和检验过程的条件中实施的②。

关于波普尔的立场的普遍观点表明，发现的问题无法在方法论的边界内进行研究，因为他明确否认存在对发现过程进行的逻辑研究，而将这种研究作为心理学的问题。这种立场可以得到以下广被引用的文字的支持：

"相应地，我会在接受新观点与逻辑的检验方法及结论之间做出明确区分。至于知识的逻辑的任务——同知识的心理学相区分——我将提出一个假设，它仅存在于研究被用于那些系统检验哪些新观点必须被提出，如果它被严格地考虑的话。许多人可能会反对这种可能会更多地服务于认识论的目的事业，即用于产生被称为"理性重建"的步骤，是它让科学家做出发现的过程——发现某些新真理……。但是这种重建无法如实描述这些过程：它只能为检验程序赋予一个逻辑的框架。而且，这些可能只是那些声称"理性重建"的人获取知识的方式。

非常巧合的是，我在书中的论证是不依赖这个问题的。然而，我对此事的看法是，就其价值而言，不存在作为产生新观点的逻辑方法，或者对这一过程的逻辑重建[Pop34,P. 134]。

首先，波普尔的立场是基于对"发现"问题进行探讨的，因为他所分析的对

① 波普尔曾利用一切机会澄清他在《发现的逻辑》中所提出的观点和术语，正如在多种脚本，在《发现的逻辑》的新附录中以及后续版本的说明中所出现的那样。在[Pop92, p. 149]中，他这样写道：（指他的附言《二十年之后》）"在这篇附言中，我重新审视并发展了《发现的逻辑》所讨论的主要问题。例如，我强调，我拒绝了所有确证理论的尝试，而且我通过批判重新定义了确证。"

② 例如，对一项理论必须可以反驳才能概括为"科学的"的要求，可以转化成"适当性"标准，而且在理论产生过程中发挥了作用，因为一项被提议的理论只有能被有限数量的例子驳倒的时候才能存在[SG73]。

象是完全的新观点。而且，我们应该重视波普尔在新观点的概念和对新观点所需要的系统检验两种过程中所做的区分；而且在这种区分下，他进一步发展了他的结论，即不是第一种而是第二种才是过程，才是适用于逻辑检验的。

2. 猜想与反驳：科学知识的增长

对波普尔而言，科学知识的增长曾经是认识论的最重要的传统问题[Pop59, P. 22]。他的可错论立场主要关注知识的源头，这也为他提供了重构这个认识论中的重要问题的关键方法，这种方法集中于反思我们知识的源头。沿着这一路径，这个问题是源头之一，一直在等待一个权威的回答[Pop60b, p. 52]，无论是我们可观察到的答案，还是位于我们知识中心的一些基础定论。波普尔对这个问题的回答是我们无法知道的，甚至我们都不用抱这种希望，因为我们所有的论断都只是猜测 [Pop60b,p. 53]。而且问题和答案应该是这样的："我们如何能够期望发现和结束错误？是的。我相信，可以通过对理论的批判和对其他的猜测而完成。" [Pop60b, p. 52] 这是一条可以促进知识增长的道路："知识的增长，主要是由早期知识的修正而组成的。" [Pop60b, p. 55]

这种对知识增长的关注同他早期的观点——将科学作为一种解决问题的活动——密切相关，而且他这样写道："因而，科学从问题开始而不是从观察开始；尽管观察中可以产生问题，尤其是那些预期之外的观察。" [Pop60a, p. 179]而且，相比"如何从对观察的陈述上升为理论？"这样的问题，更合适的问题应该是"我们如何从对观察的陈述发展为一项好的理论？……通过从第一项到一切理论的发展及检验，就可以发现它是否是好的；例如通过重估应用批判方法，结束那些不好的理论，同时产生新的理论" [Pop63, p. 55]。

这样，波普尔所著《科学发现的逻辑》的标题和内容，意图都在于展现评价的认识问题，而且选择了科学中的一种新发现的观点，更特别的是，它是论述科学理论选择的。为了达到这种目的，波普尔建议在科学研究中采用一种理性的方法，即猜想与反驳的方法，并且他也在以后的著作中重新定义了这种方法[Pop63]①。这种方法背后的动机在于科学和伪科学的划界。除此目的之外，猜想与反驳的逻辑方法也是科学发展的规则，因为可以用可靠的方法产生新的、更好的理论。对波普尔来说，科学知识——甚至前科学的增长——都是基于从错误中学习的，在他看来这是一种试错的方法。他并没有提供促进科学发展、产生更好理论的精确程序，而是提供了一些理论评价的标准，包括发展潜力（可检验性）的测量，以及如何比先前理论具备更多"经验内容"的条件。

① 这种方法是作为归纳法的一种替代。实际上，它同归纳法毫不相关。这里不存在归纳的问题，因为它不是作为科学研究方法的归纳程序，而只是从科学的方法论中所放弃的表面说明。

3. 科学发现有逻辑吗?

原则上说，西蒙和他的团队的创造性的工作所分享的理念，也是整个人工智能学科最初的基础，即建构一种能像理性的人一样行动的智能计算机，这些同在上述的第一阶段中指导发现逻辑领域研究（19 世纪）的哲学理念相类似。然而，重要的是，一方面，要澄清发现逻辑的目的问题所体现的理念形式；另一方面，还要使这样一种逻辑的寻找问题能开始运行。

在他的论文《科学发现存在逻辑吗？》中，西蒙为自己设立了一个挑战（即反驳）波普尔的一般论证，他的重建目的如下："如果不存在一种有新观点的逻辑方法，那么也不存在有微小的（small）新观点的逻辑方法。" [Sim73a, p. 327]（我强调），而且他的策略是，准确地说明前者同意不对结果进行评价，正如波普尔似乎要说明的那样。因而，西蒙将这种寻找能解释发现过程的发现逻辑的宏伟目标，转化为很现实的目的，"他们将（所处理的例子）作为发现的例子的这种谦虚的态度，通过揭示潜在过程中显而易见的特性而得到回报" [Sim73a, p. 327]。

这种谦逊但明智的改变使西蒙可以进一步在需要分析的问题类型和所采用的方法之间做出区分。对西蒙和他的追随者而言，科学是一种解决问题的活动。出于这个目的，不仅需要对那些良好结构化（well-structured）的问题、不良结构化（ill-structured）的问题的特征进行概括，而且要说明发现的逻辑主要关注那些具有良好结构化的问题①。一个具备良好结构的问题是那些具备准确的检验标准及至少有一个可供重述初始状态或者目标状态，而且所有其他中间状态可以经过适当转换达到这种状态的问题空间。不具备良好结构的问题至少缺乏上述条件中的一个。

尽管并没有通过科学发现所要达到的明确方法，但是作为一种解决问题的形式，它还是可以通过多种方法论去寻找。所有这些的一个关键概念是启示法（heuristics），这个概念使科学发现既避免了完全的理性，也避免了绝对的盲目。发现的启示法运用选择的探索和不可错的结论为特征。这就是说，尽管它们无法完全保证能提供一种解决方法，但是对问题空间的寻找并不是盲目的，而是一种依据预定的策略所进行的选择。研究者就发现方法的"弱"和"强"做出了区分。前者是一种用于新领域的问题解决类型，因为它不需要专门领域的知识深度。相比而言，强方法应用于那些知识很丰富的专业领域中，而且是专为特定结构所专门设计的例子。弱方法包括产生、检验、启示法和手段-目的分析，可以对已知问题给出解释和解决方法。这些方法在人工智能和认知模拟中被证明是有效的，而且被应用于许多计算机程序中。模拟发现物理学中定量规则（如开普勒定律和欧

① 然而，[Sim73b]提议如何处理不良结构化问题，以及论述了在良好结构化问题和不良结构化问题之间并没有明确界限。

姆定律）的 BACON 系统，以及模拟发现化学中定量规则的 GLAUBER 程序①，就是很好的例子。

4. 启示法：一种规范的发现理论

西蒙提出一种科学发现的经验的和规范的理论，这两方面都贯彻了它在这一问题上的广义观点：

“科学发现的理论既具有经验的部分也具有形式的部分。作为一种经验理论，它寻找能描述和解释实际参与了科学发现的心理的和社会的过程。作为一种形式理论，它关注发现的定义和逻辑本质，而且寻求能为那些希望合理且有效地进行科学发现的任务的研究者提供规范的建议和计划。”[Sim77, P. 265]

我们先处理发现逻辑的规范部分。当西蒙提出他所依赖于已在人工智能和认知心理学中发展起来的完整研究程序的一种发现逻辑时，即基于启示式搜索的机制，目的是用来设计能模拟科学发现的计算机程序。对他而言，科学方法的逻辑并不单纯指“逻辑”在形式上的应用，而是“为了判断用于发现的过程或者检验科学理论而设计一种规范的标准，或者是理论自身的形式结构。‘逻辑’这一术语的使用意味着规范可以从科学活动的目的中分离出来。这就是说，一种规范的理论要依赖于这样的条件命题：如果过程 X 能有效地达到目标 Y，那么它就具有了 A,B,C 的属性”[Sim73a, p. 328] 。

因而，科学发现的规范理论是一种规定实际发现是如何遵循一种合理的、但易错的策略设计而完成的。本质上，这种观点使自身的研究方法同计算的和形式的方法相接近。实际上，西蒙将规范的发现理论作为“计算的复杂理论的一个分支”[Sim73a,p. 332]。而且，他愿意广义地使用“逻辑”这个词，即一个沿着“理性的程序”的概念。最后，规范的发现理论是一种不需要对归纳的产物进行演绎的确证，因而将自身从科学的“确证主义的”（justificationist）立场中解脱出来。

至于科学发现理论的经验部分，我们必须承认西蒙确实尝试着描述能致使发现新观点的心理过程，而且实际上也谈及发现中的孵化（incubation）和无意识过程[Sim77, p. 292]，但是他的立场很明显不在于揭开发现的神秘性。准确地说，因为他首先相信这些神秘并不存在：“新的表征，像新问题，并不是突发奇想（from brow of Zeus），而是经过渐进的阶段出现的——而且非常缓慢——甚至在那些创造出新范式的科学革命中，问题和表征是源于过去的，它们并不是整体地出现的[Sim77, p. 301]。因而，一种经验的发现理论是基于心理的发现理论的，这种理论

---

① 然而，就这些计算机是否真的做出了发现的问题，一直存在争论，因为它产生的理论对程序而言是新的，但是对客观世界而言却并非如此，而且它的发现看起来是填充的（spoon-fed），而非创造性的。据此，保罗·萨伽德建议一种新研究领域，即“计算的科学哲学”[Tha88]，而且推动计算性程序 PI（归纳过程）对科学实践中某些方面提供模式化说明，如概念形成和理论建构。

可以提供思考解释的机制，这也被程序化的计算机作为模拟人类思维的方法。然而，一方面，西蒙认为用于解释科学发展的过程是充分的而不是必要的，因为其只考虑已经实际发生的发现。另一方面，他承认在科学中存在着能产生新发现的那种形式，尽管这种形式可能是很难概括的："现存的关于思维的信息处理机制，远无法覆盖人类思维活动的整个范围。现在的理论仅仅是近似正确的。它们除了在适用范围内的行为解释上的正确性之外，而且还无法将许多认知行为包括在范围之内。"[Sim77, p. 276]它作为一个悬而未决问题，我暂时搁置，这个引文总的来说是西蒙的立场，无论其是否暗示未来会出现一种经验的发现理论，它可能大体上解释发现的现象。但我个人相信情形不是这样的，因为他进一步断定科学中的创造性可以通过以下三个因素达成：幸运、坚持以及"较好的启示法"（superior heuristics）（如果一个启示法拥有更有力的选择性启示法，则这个启示法较另一个好）[Sim77, p. 290]，这也为人类的因素难以被完全概括留有余地。

我们必须注意到，西蒙并未陷入发现-确证之间的对立，而是更愿意将科学探索的过程作为统一体，坚持将一项初始发现和最后确证作为整个推理过程范围的两端。就这个方面来看，他的理论中明显反映出，他采取了一种广义的发现视角。

尽管这种研究方法是源于和科学哲学相距甚远的其他学科，即认知心理学和人工智能，但是它们提议科学哲学的方法论研究中要包括计算性工具，而且通过这种方法要求重新合并其研究议程内的发现语境的各部分。然而，这一研究方法目的既不在于提供"尤里卡时刻"（the Eureka'moment，译者注：重大发现的时刻）的一种说明，也没有提供一种相应的，甚至是对一些微小观点的思考。

尽管就其他方面而言，西蒙的建议有一定的特殊性，但是总体上对"发现之友"来说，他的论断反映了寻求一种发现的逻辑的整体研究计划的精神。

5. 科学作为解决问题的活动：重返波普尔和西蒙

当我们论述两位伟大的哲学家的著作时，为了发现他们的观点在何种程度上接近，我们已经将注意力集中于科学探索上。一方面，我们得出的第一个结论是，尽管波普尔对科学中的新观点的分析感兴趣，但是他使一个观点的概念系统的第一个过程处于科学方法论的界限之外，而且致力于给出一种随后发生过程（ensuing process）的说明，即关注一种能够逻辑地分析新观点的方法，并且相应地产生他的猜想与反驳的方法。但对西蒙而言，他的目的在于从整体上模拟科学发现的过程，研究科学观点的发现和产生的过程，并且坚信他所采用的方法可以为发现提供一种经验的和规范的研究。前者描述并计算性地再现了人类在科学发现中的智力发展，后者提供了一种约定的规则，即以启示策略的形式来实现科学发现。

他们都坚持一种可错论的立场，一种认为在结果的获得上不存在确定性，而且为了获得新的能更好地解释世界的知识，对现有知识的反驳仅仅是可能的观点。

然而，尽管波普尔只有一种科学研究方法，但是猜想与反驳的方法对西蒙而言却是多种多样的，因为发现与确证的过程对应于不同的启示策略，但大体上都是基于模式寻找（pattern seeking），即一种科学发现的逻辑。这些方法的进一步差别出现在各自对科学发展的说明中，尽管波普尔的观点源自“盲搜索”（blind search），而西蒙和他的团队则发展了一种观点源自“选择性搜索”（selective search）方法的完备理论。很明显，后者的研究容纳了一种更好的关于理论和观点如何产生的理解。

我们回到对发现的逻辑的三个问题的区分，即目的、寻找和成就，分析关于这三个问题的两种方法似乎是很有效的。波普尔的研究科学发现的目的不要求解决创造的认识问题，而在于评价和选择科学中的新观点。因此，他的立场很接近于这一时期相一致的确证逻辑，只要我们关注目的问题。至于寻找问题，在他的批判理性主义的视角下，他的研究为确证理论提供了一种标准，根据这种标准没有理论最终能够作为真理而确立，而是关注科学的进步，刻画问题境遇及其解决方法。对拉卡托斯（Lakatos）而言，波普尔的建议实际上超越了他的目的：

“实际上不存在能产生不可错结果的不可错的发现逻辑，但是存在一种作为科学进步的可错的发现逻辑。然而奠定了发现的逻辑基础的波普尔并未关注研究本质的元问题，所以他并未意识到这既不是逻辑的，也不是心理的，而是一个独立的领域，一种发现的逻辑，一种启示法。”①[Lak76, p. 167]

因此，关于成就的问题，似乎波普尔找到了比当初要找的更多的东西，因为他的研究不仅提供了确证理论，而且还能产生更好、更有力的理论的方法论，这已经进入到发现的领域中，至少就我们所关注的知识增长问题是这样的。

至于西蒙，他认为目的问题是真正位于发现的逻辑之后的，他的问题也是规范的，而不只是心理学的规定。而且他的目的是很谦逊的，即模拟那些良好结构化的科学发现问题，并且用一种形式的或者计算机的语言表述出来。至于寻找问题，通过在问题的搜索空间引入“选择性搜索”的观点和方法，他的研究计划已经实现，即运用一种复杂的启示策略模拟科学中众所周知的一个发现。因而，通过所提供的例子判断，很难否定整个研究。最后，至于成就问题，我认为西蒙的建议是前后连贯的，至少在规范的维度和谦逊的目的上，它提供了同发现的逻辑相一致的结论。

至此我做一个总结，我认为波普尔和西蒙的研究方法是很接近的，至少在我们所关注的下述基本观点上如此：他们关于知识的良好基础都坚持一种可错论的立场，而且将科学作为一种以知识增长为主要特征的解决问题的动态活动，以反对那种将科学作为寻找真理的理论的静态研究的观点。但是波普尔没有意识到一

① 书中一个值得注意的现象是，拉卡托斯受到了数学史的极大激发，尤其关注创造新概念的过程——通常指波利亚作为数学发现中启示法的奠基人。（见[Ali00a]，在波利亚的著作中有对启示法的详细讨论）

种规范的发现理论在哲学上的巨大潜力，因而忽视了设计一种知识发展逻辑的可能性。他的观点仍然是静止的："我已准备好承认需要对理论进行纯逻辑分析，一种不考虑它们变化和发展的分析。但是这种分析无法说明我作为其中之一，所高度赞同的经验科学的那些部分。"[Pop59, p. 50]

一种能容纳两种说明趋同的原因，现在可能已经很明显，即"发现之友"不能真正从整体上说明创造的认识问题，波普尔也没有完全忽视对它的研究。两种说明都自然地归入发现的研究——当采用一种广义的视角时——两种说明都不拒绝确证的语境，或者其他的这种语境。由此看来，只要将注意力集中在科学探索的过程上，而非它们的成果上，任何对研究语境的区分无论迟早都是注定要失败的。

五、科学方法论的逻辑

1. 逻辑在科学方法论中的地位

在本节中，我们的目的在于发展以下两种主张：第一，依据我们的观点，为科学发现提供一种逻辑是基于科学方法论的规范研究的。然而，我们已经看到，如果它们同形式逻辑系统的形式无关的话，前面所提到的建议很少是出于这个目的的。第二，我们的论断是逻辑，正如在现代逻辑系统中所理解的那样，在发现逻辑的研究中有一定地位。我们依次处理这两个问题。

前文已经确定的两个时期中（从古代到19世纪中期）涉及描述的本质的一种发现逻辑—— 一种即将获得或者描述科学中人类推理的方式。正如前文所指出的，那些"逻辑"很少成功，因为它们无法提供这样一种对发现的研究。后来，当寻找发现的逻辑的行动停止之后，一种规范研究占据了主流，它赞成一种确证逻辑的建议。至于波普尔和西蒙的研究方法，很明显，尽管波普尔忽视了对发现进行规范研究的可能性，但西蒙的研究核心在于解释程序的发展，而且计算地执行，本质上不是发现的逻辑。实际上，许多在本质上是很严格而且形成的其他建议，例如在[Ke97]所做的发现，论证了一种作为发现的逻辑基础的计算性理论，即一种研究科学进展的算法程序。

因此，尽管将要采取的方法似乎是规范的，但是我们所分析的没有一种类似于逻辑的理论，正如在逻辑传统中所理解的。"发现之友"在这方面正确地辩护的方法表明，"逻辑"这个词根本不同于传统意义的逻辑，而是将它作为一种"理性"或者是"模式寻找"。尽管我们相信西蒙和他的团队所采取的方法已经很成功地设计了能模拟科学发现的计算机程序，但是他的研究中或多或少地失去了逻辑的地位。

我们看一下现在的情况。尽管有一些例外，科学哲学中的逻辑（经典的或者其他形式的）是简化的、落后的。实际上，尽管经典逻辑是科学哲学研究生课程的一部分，学生能很快地学到，但所有实证主义哲学家的努力都失败了（尽管不只是逻辑），这说明科学实践并不遵循推理的逻辑模式，而其中很多人都倾向于基于历史案例的科学研究。所以，为什么要为科学研究中逻辑的地位问题而困扰呢？

一方面，逻辑研究的现状已经远远超出了20世纪演绎逻辑所达到的在形式上的发展，而且新的研究包括许多推理类型的形成，如归纳和溯因。另一方面，我们认为，有一项科学哲学的分支，其中的两种方法——形式上的和历史的，可以相互补充，二者一起提供了一种多元的科学观，其中没有主导的方法。现在的研究最终克服了科学方法论中单一方法的观点，已经足够我们理解科学实践了。萨普斯（Pat Suppes）在20世纪60年代就曾努力发展过这种多元的科学观[Sup69]。

我们知道现存的逻辑模式（经典的或者其他的）在完全概括科学哲学中的解释、证实和歪曲等观点的特征上是不充分的，但是这个事实没有排除科学史中那些可以通过形式化观点来处理的问题。例如："许多对科学革命的论述，看起来需要统计的以及定量的数据分析，如果能有一些谨慎的假设能将它们和社会现象或者同等现象同等重视的话。"[Sup69, p. 97]

实际上"计算的科学哲学"可以作为历史的和形式的两种方法的有效结合。据论证，尽管不同的解释规则来源于科学的历史重建中，但它们被用于未来的研究[MN99]。但这并不是说，对科学实践的历史分析应当处于一种形式的潮流中，或者说逻辑的处理方式应该在其方法论中关注"历史的因素"，而是应该这样论述，这两种方法应该分享各自的内在视角和发现，以便于相互补充。毕竟，回顾亨普尔（Hempel）产生设计一种"解释的逻辑"的动机，就是他"从历史中提取文献"的逻辑研究。

至于发现语境的研究，我们的立场是，它允许一种精确的形式化处理。当前，科学哲学中的主流趋势忽视了科学中对理论发现过程的研究，部分原因在于，其他问题是处于焦点中的，而我们对辩护的总规则还一无所知，因而对科学实践的历史方法就成为方法论问题。通过计算的方式，科学发现作为一种解决问题的方法，将发现的问题带回到科学哲学的研究议程中，而且这个领域也做好了准备，因为科学哲学的问题也同样发展了。理论建构的问题、概念形成、理论评价和科学进步都在广泛的探讨中。现在是通过逻辑分析的帮助揭开这些问题的时候了。而且我们再一次从源于人工智能的常识推理，或者科学推理的著作中得到灵感，而不仅是得到技术。

我们的观点是，我们必须通过计算的和历史的方法将逻辑带回到科学方法论中。这场运动会补充现存的历史的研究，而且只要我们仍然关注其同科学发现中计算方法间的关联，它就会促进启示法的基础，促进科学发现的（人的）过程背后的逻辑。但是，如何在科学发现的算法规则设计中将一种逻辑整合到科学发现中？为了这个目的，我们必须处理一种排除（甚至搁置）语义学和证据理论的逻辑，给出与发现系统紧密相连的搜索策略的说明。这就是说，我们必须提供一种执行逻辑的自动程序——它的控制策略——它在不干扰连贯性的前提下获得新信息的程序，以及最后有希望地获得一些学习。

2. 产生和评价的逻辑

在我们看来，科学方法论关注的是对动态知识的方法研究。因而，早期的发现和确证之间的对立，可以被转化为科学理论的产生和评价的补充。这样，为了能覆盖理论的产生和评价两个过程，发现的逻辑已提及的术语学最好被称为发展的逻辑（如在[Gut80, p. 221]中所论证的），或者说产生于评价的逻辑，以便覆盖理论的产生和评价这两个过程，这样就消除了古老的二分法。

我们认为，提出一种科学发现的逻辑是很严谨的。但是，很明显的是，标准的演绎逻辑不能说明推理的溯因的或者归纳的类型。这个领域也为了这个新目的而准备采用新逻辑。一个令人印象深刻的结果大部分已经获得了关于演绎的性质——如果悬置严格性和明确性的标准，这也是更广泛的人类推理研究的总目标。

科学发现推理的形式研究还有许多挑战，如对推理的演绎的、归纳的、溯因的及类比类型的整合说明，运用逻辑方法的图形的使用，以及通常的理论建构和变化的逻辑操作的手段。新的逻辑研究已经转向了这些方法。在博格（Burger）和海德玛（Heidema）的理论中[BH02]，“溯因的冒险”（abductive boldness）程度被作为一种推论力的范围，包括了从只有很少背景信息的情形到那些（几乎）有完整信息的情形。处理几个完全可导出的概念的系统也曾经被提出。一个规则可能是“无条件地导出的”或者“有条件地导出的”，当一个证据中的线路坚持一个规则依赖于后来可能是伪造的假设时，后一种情形便会发生，于是指明证据的一个概念，该证据允许增加非演绎地导出的线路，以及当伪造的例子发生时删除它们（线路）。这种说明在（扩展的）自适应逻辑的框架中被发现，这种逻辑是溯因推理[Meh05]和（列举）归纳推理[Bat05]的自然之家。

类比推理的形成仍然是一个增长的研究领域，至今还没有一种关于这种类比究竟是说明什么的准确观点。或许在数学类比上的研究[Pol54]、认知科学中关于类比的工作[Hel88]或者最近针对溯因而提出的类比论证理论的研究[GW05]，都可用于指导该方向的研究。最后，“图解推理”（diagrammatic reasoning）的研究仍然是一种凭借自身形式存在的研究领域[BE95]，说明逻辑语言不再被局限于两种维度的从左到右的句法表征，但是其研究议程仍然需要扩展到非演绎逻辑的研究中。

上述所有论述表明，运用非标准逻辑模型化科学实践中的过程，如确证、证伪、解释建构和理论改进，毕竟还是一项可行的计划。然而，这要求一种广义的关于逻辑是什么的概念的支撑。

六、讨论与结论

上文已经说明，发现的逻辑分成三个问题更容易理解，即目的、寻找和成就，因为很多建议都说明了在寻找和发现之间有很多的不一致。寻找发现的逻辑大体上（从古代到 19 世纪）是在发现一种形式上刻画科学发现中人类推理的方法的目标指引下进行的，但是一直带有缺点，因为这种寻求的产物无法成功地描述涉及人类思想的发现过程，而且还被引向了对科学中新发现的观点进行选择和评价上。除其他事情，这项研究纯粹描述的本质产生了这一种立场，即发现的问题应该通过心理学的研究而非哲学研究的立场，这是一种被波普尔的狭义的发现概念（一种只关注新观点被接受的初始行为）所支持的观点。然而，我们说明在广义的发现观点（从整体上设想发现的过程）下，波普尔的观点确实包括了发现所必须面对的科学发展的问题。与此相对应，西蒙和他的追随者所支持的观点认为，在处理发现的逻辑上，存在着一种规范的维度，而且采取了一种将发现的过程作为整体的更好的观点。确实有几种启示策略，这种策略将概括科学中新观点的产生和评价的地位，即概括科学中新观点的产生与评价，并至少对一些有良好结构化类的问题给出一种模型。

因此，正如不得不承认发现作为一种为了区分的过程，我们也不得不承认这个过程中有不可回避的一部分，因此同意波普尔的格言："可以确定的是，创造的活动从来都无法完全解释。"[Pop75, p. 179]但是，这句话从根本上暗示了创造的活动可以被部分地解释（正如在[Sav95]所论证的）。接下来的问题是，为了分析科学中新观点的产生而确定一条方便区分的合适界限。

本书在研究发现的逻辑时采取了一种逻辑的研究路径。关于目的的问题我们在科学方法论中坚持一种规范的研究—— 一种目的在于描述发现的逻辑来产生新知识而采取的行为方式。关于寻找的问题，我们提出了这样一种论断，即这些逻辑必须在现代逻辑系统中找到它们的表现形式，正如在人工智能中所设定的那样。

第二章　什么是溯因？概述与研究计划

一、导　　言

本章旨在给出溯因研究的概述，以便为溯因推理的总体研究及其同后面几章中的解释性推理之间的关联提供概念框架。本章分为七个部分。在导言之后，第二部分将通过几个例子开始我们的研究，这些例子表明这种类型的推理是遍布于常识推理和科学研究中的。而且，溯因能够通过多个角度来研究：作为一个产物或一个过程，后者相应地导致一个前提建构的或者前提选择的过程，而且最终溯因能够通过与其相似的归纳之间的联系而成立，但是这种联系也产生了一些疑惑。在第三部分，我们转向了溯因的创始人——美国实用主义哲学家皮尔士，并简要地讨论他的溯因理论。第四部分回顾了科学哲学中的溯因，因为这同科学解释的中心问题相关，并且溯因在我们公认的和目前被忽略的观点中都存在。第五部分论述了人工智能领域中的溯因，说明它作为逻辑性推理、计算性程序和信念修正（belief revision）理论的方式存在。在第六部分，我们给出了最初发现溯因的两个领域——语言学和数学中的概况（我们并不深入探讨）。最后，在第七部分，我们通过一种溯因的分类系统将前文所做的综述进行了整理，这种分类系统不仅能容纳可能导致不同的两种溯因程序的原因（新奇和反常），而且可以容纳不同的结果：事实、规则，甚至是完整的新理论。在我们看来，溯因并不是一种新的推理观点。它更是一种主题-依赖的科学推理实践，且这种实践得到了许多不同种类的逻辑性推理和计算性程序的支持。

本章所做的概述将会在随后的章节做详细论述。因此，本章的目的在于激发读者的研究兴趣并且为本书的其他部分奠定基础。

二、什么是溯因？

人类推理的一个主旨是为我们理解我们所生活的世界建立一种解释。广义而言，溯因是一种应用于解释困惑性观察的推理过程。典型的例子就是医生诊断疾病的能力。医生观察患者的症状，并且就其所掌握的疾病和症状之间的因果关联知识，对可能的病因做出假设，这是一个实际设置（practical setting）。溯因也出现在许多更加理论性的科学语境中。例如，据记载，开普勒发现火星椭圆形轨道就采用了溯因推理（[Han61]，[CP, 2. 623]）。但是，我们日常生活中的常识推理中也发现了溯因推理。如果我们醒来发现草坪是湿的，我们可以假设一定是下雨了，或者是开启了洒水器。溯因是从证据到解释思考的过程，是一种以多种条件的不完整信息为特征的推理类型。

这种类型的推理可以追溯到古代。溯因曾作为亚里士多德的反证法[CP, 2. 776,5. 144]被用来获得非必要的可能结论的一种非严格意义上的演绎推理类型（注意同归纳论证，即亚里士多德式的归纳相区别）。后来，溯因作为一种从结果到原因的推理，作为一种重要的科学方法论在拉普拉斯著名的回忆录中得到了广泛的探讨[Lap04,Sup96]。在当代，这种推理被皮尔士[CP, 5. 189]置于以“溯因”命名的学科中 。

为了研究一种广泛分布于科学发现、医疗诊断和常识等不同语境中的推理类型，我们需要提供一种合适而又广泛的特征，这些特征要覆盖不同的例子，而且能反映溯因这个观点的本质。本章作为一种导论性的章节，目的在于介绍这些特征，引出后面章节中将要探讨的更专业的问题。但是我们在进行更加整体的分析之前，先扩充一下储备的例子。

1. 案例

“溯因”这一术语被应用于各种推理过程的描述中。我们列举一些，部分是为了说明哪些是必须要涉及的，哪些是需要搁置的。

1）常识：用简单的事实解释观察

我们知道，所有草坪变湿可能是下雨，或者是洒水器开启所致。你早晨起来，发现草坪是湿的，因而假设了昨天夜里下雨，或者是开启了洒水器。

2）常识：指出事实之间的因果关联

你观察到下雨前经常出现一种云（乱层云）。晚上你在窗前看到了这种云，第二天早晨你看见草坪湿了。因而你在晚上的乱层云和草坪变湿之间推断出一种因果关系。

3）常识：面对一个矛盾

你知道下雨会导致草坪变湿，而且确实下雨了。然而，你观察到草坪并未变湿。你如何解释这种反常状况呢?

4）统计推理：医疗诊断①

简 · 琼斯在注射了一剂青霉素后从链球菌感染中迅速康复。几乎所有的链球菌感染者都会在注射青霉素后很快康复，除非他们体内有青霉素抗体，这样他们迅速康复的几率是很小的。医生知道，简的感染正是抗青霉素的类型，因而对她的康复完全不解。简坦白地说，她的祖母给她服用了颠茄制剂，一种能够通过增强患者抗感染疾病的抵抗能力、激发患者免疫系统的同种药物。

① 本例改编自亨普尔在著名的[Sal92]中所记载的归纳-统计模型（Inductive-Statistical Model）的说明。但是后面同种药物的部分是作者的。

以上例子是我们此后的分析能够处理的适当类型，然而实际的溯因推理可能比这个例子更复杂。例如，甚至在常识环境中，也可能有几种选择，这些选择在某些序列中要被考虑，并依赖于你的记忆和“计算策略”。

5）常识：当某些事物失灵的时候

你晚上很晚回到了房间，发现经常开着的灯熄灭了。外面雨下得很大，于是你认为是电线短路了，可是房间内其他的灯能正常工作。接着你又怀疑是不是加热丝导致继电器坏掉了，你去检查后发现继电器正常。最后，你想到了更简单的解释，你上次检查还正常的灯泡可能坏了，需要更换。

所以，溯因涉及不同的候选项之间的计算，这要取决于你的背景知识。在科学设置（scientific setting）中，这意味着溯因将取决于相应的背景理论，正如一个人方法上的“工作习惯”。我们提及一个经常引用的例子，即使我们现在应该明确陈述，但这已经远超出了我们的分析范围。

6）科学推理：开普勒的发现[①]

开普勒的一个重大发现就是行星的轨道是椭圆形的而不是圆形的。最初导致这一发现的是他观察到火星的经度同圆形轨道不相符。然而，在他猜测到最好的解释是用椭圆形轨道代替圆形轨道之前，他还尝试了多种解释形式。而且，开普勒不得不就行星系做出其他假设，以体现他的发现的作用。他的“日心说”观点支持他认为更靠近行星系中心、更加庞大的太阳能引起行星以那种方式运动。另外，根据这个强猜想，他不得不通过假设这种自然现象在太阳系普遍存在，将他的发现从火星扩大到所有行星。整个解释过程开普勒花了很多年的时间。

很明显，开普勒的例子有一个宽松的结局，也就是说，我们如何建构溯因性假设依赖于我们对他的知识背景理论的判断。这是溯因的一个总的特征：溯因的假设在某种程度上通常是一种涉及当事者信念的解释，即使这不是唯一起作用的因素。人们可以结合上述几个例子，发现更复杂的因素。在某些条件下，并没有一个明确的假设可以采用，而需要在几个竞争者中做出选择。在某些条件下，这种解释并不仅是在现有的概念框架中发展事实和规则，而是需要创造新概念，从而允许对相关现象做出新的描述。很明显，我们现在的研究必须划定界限。

我们所举的例子都是针对某一确定问题的溯因性解释推理。还会有比这更一致的吗？我们的第一印象是，唯一明显的共同特征就是这些都不是普通的演绎推理，而且各有原因，尤其是溯因性解释的产生可能被击败。草坪变湿可能是因为孩子们玩水造成的。乱层云和草坪变湿的共生并不必然地建立一种因果关联。简的康复毕竟可以归因于正常的身体康复。我们所知的最终可能结论与早先的溯因性结论无关。而且，我们所举的例子中所涉及的分析都与综合相反（参考第一章），因为这些例子是从证据到前提，而非通常的演绎模式是从数据到结论。最后，用

---

① 本例是记载于[Han61]中个例的简化。

一种发现解释的方法描述，似乎也不遵循具体规则。当然，开普勒发现的确切本质还处于激烈争论中①。

我们应该做到的是，标准的演绎逻辑无法包括上述推理类型。20 世纪，受数学领域内基础研究的影响，在逻辑领域内对这种演绎的核心的关注一直在降低，其结果是损失了广度却获得了深度。到现在为止，我们已经获得了关于溯因的一个印象深刻的结论，而且在搁置这些严格且明确的标准之后，我们将研究更广泛的溯因领域。当然，我们无法立刻开始所有事情，以获得逻辑传统的无限形式的整个议程。我们要发现的是溯因的一些特征，能容许具体的逻辑分析，因而延伸了标准方法的范围。下文我们将讨论上述所有例子（用合适的视角）的三个主要特征，这对我们的研究很重要。

我们将介绍三种宽泛的对立，以此澄清溯因是关于什么的问题。最后，我们将介绍本书如何解决这些问题。

2. 溯因的三个方面

1）溯因：产物还是过程?

判断和证据这种逻辑的关键词作为名词，既可以指一种行为，即由相应的动词所指示的，也可以是那种行为的结果。同理，“溯因”一词既可以被用来指涉一种已经完成的结论——溯因性解释，也可以是一种行为——能产生溯因性解释的溯因过程。这两种用法是密切相关的。假设性过程产生一种溯因性解释作为结论，但是两者并不相同。需要注意的是，我们也可以在“解释”的观点中做出同样的区分。我们既可以指涉一种业已完成的结论，即一种解释性论证，或者是建构解释的过程，即解释性过程。

人们可以将这些区分同更传统的区分相联系。早先的这种对立中的一个例子就是“发现的语境”和“确证的语境”之间的对立（见第一章）。开普勒的溯因性解释得出结论“行星的轨道是椭圆形的”，这是对所观察现象的确证，并不包括如何做出这种发现的溯因过程。“发现的语境”一直以来被看作是纯心理的，但它并不排除精确的研究。认知心理学家研究发现的心理模式，人工智能领域的学习理论研究正式假设形成（formal hypothesis formation），人们甚至可以通过详细的操作运算法则来产生溯因性解释。确切地讲，这是一场关于开普勒的推理能否被计算机模拟的争论（对宣称能模拟这种特定发现的计算机程序，见 [SLB81]）。然而，这可能意味着人们当然可以编写某些简单的程序，对“草坪为什么会湿”这种问题产生常识解释，这是我们以后要论述的。

---

① 对皮尔士而言，开普勒的发现就是一种简单的溯因[CP, 1.71,2.96]，而对密尔来说，这只是一种事实描述[Mill 58, Bk III, ch II. 3], [CP, 1.71–4]。甚至目前，人们都能发现不同的重新解释。汉森认为开普勒的“日心说”是一种假设[Han61]，萨伽德认为他可以通过假设地球是静止的、太阳围绕地球运动来解释他的发现[Tha92]。[SLB81, LSB87]中给出了对他的发现的不同解释。

而且，一经产生，溯因性解释作为“确证”的公开物，可以通过独立的逻辑标准来检验和检测。溯因性解释是解释性论证中的一部分，是解释过程的产物。所以，作为溯因，解释同样具有产物和过程两方面。这两种推理过程如何区分及如何相连的整体程序可以这样简述：我们可以在产生必要的被用作前提假设的一种几何证据的发现过程和可能的某些辅助建构之间，在相应地产生证据作为逻辑论证以证明获得预期原理的实际过程之间做出区分。

产物-过程的区分，在演绎推理的语境中被逻辑学家所认识[Bet59,vBe93]，在科学解释的语境中被科学哲学家所认识[Rub90, Sal90]。它们自身都产生了一些有趣的问题。同样，溯因的两个方面都与我们的研究相关。就结论而言，我们主要关注的是赋予信息以解释力的条件，而在过程上，我们关注能产生溯因性解释的算法的设计。

2）溯因：建构还是选择？

假设有一个需要解释的事实，但通常会有多个溯因性解释，其中只有一个（或很少）可以作为最佳解释。但是直到随后的测试，例如灯不亮了，许多溯因的例子都可能导致出乎意料的房间变暗（电源线断了，继电器跳起，灯泡坏了）。但是只有一个可以被看作是对这个事实的“最好”解释，即真正发生的事。但是其他的优先标准也可能是合适的，尤其是我们无法直接检测其是否可用的时候。

因此，溯因同假设建构和假设选择都相关。许多学者认为这些过程是独立的两个部分，建构处理的是将什么作为可能的溯因性解释的问题；而选择是将这些选择标准应用到可能的溯因性解释上，选出最好的。另外一些学者将溯因作为一个单独建构最好解释的过程。我们的立场是交叉的。我们会将假设建构作为溯因形成的第一步，但是也承认下一步是假设选择。我们将主要关注可能的溯因性解释的标准。论证“最好的溯因性解释”必须要涉及语境的方面、不同的应用之间的区别。这里至少存在一个偏好等级的新参数。尽管并存着哲学传统中的偏好逻辑（the logic of preference）[Wri63]，以及人工智能领域中逻辑系统的处理偏好，即用于选择最佳解释[Sho88, DP91b]，但研究结论会使我们偏离这两种偏好。

3）溯因 vs. 归纳

一旦超越演绎逻辑，就需要使用不同的术语。应用最广泛的词可能是归纳推理[Mill58, Sal90, HHN86,Tha88, Fla95, Mic94]。其次是溯因，至少在澄清其余归纳的关系时是重要的。对皮尔士而言，正如我们即将看到的那样，“演绎”“归纳”和“溯因”构成了自然的三角形——但是从字面上总体看来，还有一些重叠，甚至有些混乱。

自斯图亚特·密尔（John Stuart Mill）（1806—1873）的时代以来，尽管有一些“发现和因果关系说明的方法被区别出来” [Mill58]，但是所有类型的非演绎推理都被赋予了“归纳”的名称。这些概括了从一个例子到一个属性，以及从数据到因果假设的推理（后者可进一步分为一致、差异、剩余和共变

（concomitant variation）。一种更精确的且现代的术语是“枚举归纳”和“解释性归纳”，其中，“归纳概括”“归纳计划”“统计三段论”“概念形成”是一些特例。这样一种归纳概念的广义内涵一直延续到今天。例如，在计算的科学哲学中，归纳被理解为“面对不确定性时能扩展知识的广泛意义的推理形式”[Tha88]。

另一种非演绎推理的“重要术语”是统计推理，它引入一种概率风格，例如在我们所举的医疗诊断的例子中，许多可能的解释都是不确定的，只是有可能。统计推理也呈现出像溯因一样的多样性。首先，后者被强烈地确定为反向演绎（backwards deduction）（本章随后可见），前者在概率上发现它的“反向概念”①溯因推理和统计推理在确证（假设检验）和可能性（likelihood）（对替代假设的测量）的观点上很接近。

另外，许多学者将归纳作为溯因的个例。溯因作为一种推理被哈曼（Harman）看作是通向最佳解释的推理[Har65]，因为溯因作为非演绎推理的基本形式，包括了（枚举）归纳的特例。

这种概念区分的混乱在人工智能领域重现。“归纳”被作为从个例中学习的过程，它也创造性地用一个理论来解释所观察的事实[Sha91]，正由于此，溯因才被作为归纳的个例。溯因还被限定为事实形式的溯因性解释。当这种解释是规则的时候，它就作为归纳的一部分。溯因和归纳的关系（正确界定）一直是人工智能会议[ECAI96]的主题，而且被编辑成书[FK00]。

为了解决这些概念区分方面的冲突，人们可能会创造新的概念。许多专家会在描述这个问题时，将溯因的观点及竞争观点都视作预先设定（预设），而且相当清楚的是，我们只能在其中进行分析以得到清晰的画面。但是这些技术的形式可能会不可避免地混杂在整体性的概括中，而且零碎、无效的哲学理论还会加剧这种混乱。因此，我在[Ali96a]中已经论证了一种新形式的“解释性推理”，力求在无须确定它们是溯因还是归纳的例子的前提下描述它的基础。在这种广义的观点下，我们也能获得超越个例的或者是概括的解释（这部分我们没有涉及），并且引入更好的结构。例如，假定两项观察到的事实，为了能发现认可它们的解释，我们必须要决定它们是否因果相关（例如，进入空房间且灯亮了），是否由同一原因引起（例如，观察到气压和温度同时下降），或者仅仅是无相关关系的巧合（你在 A 处读到一段话而我在 B 处重复了这段话）。但是在本书中我们给予差异性足够的重视，我们将具体论述从简单事实中得到的解释性推理。这种溯因研究很有希望引起对定义的广泛澄清。

更准确地说，我们应从单一的观察到其溯因性解释，将溯因理解为一种推理，将归纳理解为一种从个例到一般陈述。归纳解释的是一组观察，而溯因解释的是

① 概率问题是：假设一个随机模型，其结果我们能说什么呢？统计问题与此相反：假设一组结果，我们能对这个模型说什么？

一个观察。归纳对进一步观察做出了预测，溯因并不（直接）涉及进一步的观察。归纳本身不需要背景理论，溯因则依赖背景理论建构，而且检验其溯因的解释（需要注意的是，这种溯因的形式结构并未使我们自己致力于具体的逻辑推理、观察种类或者解释形式）。

至于它们的相似性，归纳和溯因都是非单调性类型的推理（第三章中将给出定义），而且都以与标准演绎相反的方向运行。在非单调性推理中，新的前提可能同先前的有效结论不相关。在科学哲学的术语中，非单调性推理不是防蚀（erosion proof）[Sal92]。作为方向，归纳和溯因都是从证据到解释的。在逻辑的形式上，这可以被看作是从结论到（部分）前提的，同标准演绎方向相反。我们将在第三章再详细讨论这些问题。

三、创始人：皮尔士

关于溯因的文献有很多，我们在此无法全都考察。我们所要做的是从现代应用形式的古代渊源开始，考察一些闪亮点。在这个领域中，20 世纪以来所有研究进路都可以回溯到皮尔士的著作。与其他待讨论的源头一起，本节将转向本章结论部分所建议的一种溯因的一般分类学的进一步参数。

1. 理解皮尔士的溯因

美国实用主义的创始人皮尔士（1839—1914）首创了溯因的逻辑形式，因此同我们的研究是相关的。但是，他的溯因观点是很难区分的。一方面，溯因同皮尔士的哲学中的其他方面混杂在一起；另一方面，他的思想中涉及不同的“溯因”概念。皮尔士所发展的逻辑推理和有效性的观点，远超出了我们现在对逻辑的理解。这些是同他的认识论，一种将思想作为逻辑的探究的动态观点密切相关的，而且也是一种对深刻哲学立场的回应，即综合推理的本质的研究。

我们将论述其后期溯因理论中的总体层面，然后集中关注一些更具逻辑性的层面。对溯因和皮尔士的认识论及实用主义之间的相关论述将在第七章中出现。

2. 皮尔士式溯因的关键特征

在皮尔士看来，三个方面决定一个假设是可能的：它必须满足解释性、可检测性和经济性。一个假设，如果说明事实就是一种解释，那么它就是一种建议，直到被证实，也就解释了可检测性标准的需要。

最后，经济性标准的动因有两方面：一方面是对现实中无数需要检验的解释性假设的问题的一种回应；另一方面是需要在可检测的假设中选择最好的。

在解释方面，皮尔士给出了以下经常被引用的逻辑结构 [CP, 5. 189]：

（1）观测到惊奇的事实 C；

（2）但是如果 A 是真的，C 就是行动的事实；

（3）因此，我们有理由猜测 A 是真的。

该形式结构已经在皮尔士的学术思想中起到关键作用，也一直是人工智能领域中许多对溯因推理的研究中的关键区分点[FK00]，例如，逻辑编程[KKT95]和知识获得[KM90]以及自然语言程序[HSAM90]。然而，这些进路很少关注该结构中的基本部分，而且在皮尔士的著作中也没有论及。这种情况应该归结于皮尔士哲学的复杂性且不易应用于计算性领域这种事实。皮尔士所提出的逻辑推理和有效性的观点远超出了逻辑形式结构。在我们看来，皮尔士的溯因中的许多层面是易处理的，而且能通过应用人工智能领域的机制得到应用，如信念修正理论中发现的应用（见第八章）。

我们对溯因推理的理解部分反映了皮尔士式的部分多样性，将溯因作为不同层面和不同程度的逻辑推理。这些将反映在我们对于具有溯因推理的几个“参数”的分类学的提议中。

在人工智能领域中，这个形式结构一直被理解为以下逻辑论证-图示：

$$\frac{\begin{array}{c}C\\A\rightarrow C\end{array}}{A}$$

在该图示中，A 的状态是试验性的（它并不遵循从前提而来的逻辑推论）。

尽管是直觉的，这种理解既掌握了 C 是出人意料的事实，而且也掌握了皮尔士所提出的附加标准。而且，对第二个前提的理解并不受实质内涵的约束。事实上，许多人已经论证了（参考[FK00]）这是一种无意义的理解，而且赞同传统的逻辑蕴涵关系（$A\models C$）。但是其他理解也是可能的；任何输入 A 得到结果 C 的逻辑蕴涵或者计算程序，都是对“C 若是真的，A 就是事实”的可行性理解。

可检验性和经济性的附加皮尔士式要求，并不像在人工智能领域那样受到认可，但是也被包含在其中。后一个标准作为进一步的选择程序用来产生最佳假设，因为可能有很多方案满足以上结构但是作为解释却是不适合的。至于可检验性要求，当第二个前提被理解为逻辑蕴涵的时候，这种要求就不那么重要了。因为 C 被假定为真，就最简单的“可检验性”意义而言，A 就是可检验的。

本书此处暂时搁置对皮尔士溯因概念的重建，我们将在第七章做更深入的论述。可检验性与经济性的附加标准不是溯因基本框架的一部分。皮尔士所理解的可检验性是一种附加逻辑的经验标准，而经济性则关注解释的选择，这是我们暂时搁置的下一个阶段，溯因需要独立研究。

四、科学哲学

皮尔士的著作包含许多传统研究领域，包括逻辑学、认识论和科学哲学的交叉点。特别是后者（科学哲学）继承了他的核心观点的许多方面。很明显，溯因类似于现代方法论的核心观点，如解释、归纳和启示法。我们已经探讨了溯因和解释的过程——产物的两个层面，以及众所周知的发现和确证的语境区分。我们将在第五章和第六章中探讨更多的关联之处。现在我们先开始初步的尝试。

1. “公认的观点”

哲学中的主流趋势已经集中于溯因和解释作为产物而非一个过程，正像它在其他认识立场所做的那样。亚里士多德、密尔以及20世纪很有影响力的科学哲学家卡尔·亨普尔都是基于解释的标准给出产物的特征的。这些研究逐渐分成论证性和非论证性两种类型[Rub90, Sal90, Nag79]。对我们而言，尤其重要的是亨普尔传统中的“论证性”。他的追随者的目的在于模型化经验的“为什么”问题——答案是以论证的形式呈现的科学解释。在这些论证中，“待解释项”（explanandum）（可以解释的事实）从“解释项”（explananda）（完成解释）中（归纳地或者是演绎地）分离出来，并且补充了相关“法则”（总体的或统计的）和初始条件。例如，爆炸的发生可以通过点亮火柴来解释，此例规定了物理法则，而且初始条件是氧气发挥了作用，火柴不是湿的，等等。

在他的演绎版本中，亨普尔式的研究出现在科学哲学的许多标准文本中[Nag79, Sal90]，被称为演绎-法则的推理，原因很明显。但是它的源头并不只是标准的演绎。对于待解释项和解释项的关联，必须加以额外的限制，因为无论是演绎还是归纳都不是一个真解释的充分条件。举一个简单的例子，每一种结构都可以从自身推导出来（$\varphi \vdash \varphi$），但是在解释别的事物时，看起来却是反直观的，或者至少是无法增进知识的。

另外，也存在着非演绎的路径，例如 [Rub90] 就指出了两个例子：

（1）[Sal77, p. 159]将它们作为“统计上相关因素的集合”。

（2）而[vFr80, p. 134] 将它们简化为“一种答案”。

对萨尔蒙（Salmon）而言，问题并不在于解释项在何种程度上服从于待解释项，而在于假设的事实对待解释项的可能性产生了差异。而且，这种关系并不需要出现在论证形式中。对范•弗拉森（van Fraassen）而言，解释是表征性语用路径，待解释项是一个比较式的“为什么”问题。因而，相对于问“为什么是 φ？”更应该问“为什么是 φ 而不是 γ？”语用观点似乎更接近于将溯因作为一种过程的观点。当然，对问题的关注也产生了一些解释的关键问题。而且，它也无法告诉我们如何产生解释。

但也存在替代演绎方法。一个例子来自雷歇尔（Rescher）的工作[Res78]，他引入了“思想方向”（direction of thought）的概念。有趣的是，这个在“预测”和“回溯推理”（retroduction）之间建立了时间的区分（这是雷歇尔关于溯因的术语），在后者的情形中标记出待解释项先于假设。另一个非常著名的演绎主义传统是波普尔的科学发现的逻辑[Pop59]，我们在第一章中已经做了分析。它的猜想与反驳提出通过尝试反驳假设而检验假设。

科学哲学中所有这些方法的共同点是突出溯因中一个隐含参数的重要作用。无论是亨普尔、萨尔蒙还是波普尔，科学解释从来不是独立发生的，而总是在某些背景理论的语境中发生的。这个附加参数将成为我们以下提议的一般图示的一部分。

2. “被忽视的观点”

科学哲学中关注过程的溯因和解释说明处于更边缘的位置。一位早期的作者汉森（Hanson）强调将解释作为发现的过程[Han61]，并给出了一种发现的模式，它能够识别溯因的核心作用（他称这种模式为回溯推理）。与此相关的还有拉卡托斯 [Lak76]，他对波普尔发现的逻辑提出了批评。正如第一章中所指出的，对拉卡托斯而言，只有一种可错论的发现的逻辑，这既不是心理的，也不是逻辑的，而是一门独立的学科，即解释逻辑。他尤其关注数学中能产生新概念的过程——通常指的是作为数学发现中的启示法创始人波利亚（Polya）[Pol45][①]。本章后面在展示进一步的研究领域时将重新回到这个问题上。

这些例子表明，在科学中，解释涉及新概念的发明，正如新陈述的假定（在一些特定的概念框架中）。目前，这还没有导致概念形成的扩展形式的研究，类似于从演绎逻辑推出已知的（除了哲学论著中贝丝的确定性原理证明这一规则是偶然使用的。一个相似的缺陷相对于概念修正存在于人工智能中的信念修正的流行理论中，见第八章）。我们当然同情解释中概念变化的要求——但是这一主题将仍落后于本书的技术范围（见第四章的简要讨论）。

五、人 工 智 能

我们下一个比较的领域是人工智能。本节同上述部分的转换看起来并不是那么突然。经常被提到的是，通过观察各自的研究安排，人工智能即是通过其他方法完成的科学哲学（见 [Tan92]）。在人工智能领域中，溯因推理的研究可以回溯到 1973 年[Pop73]，但是只在最近才引起了人们广泛的兴趣，如逻辑编程[KKT95]、

① 事实上，波利亚对论证的两种类型做了对比。指示三段论是指，从 $A \rightarrow B$，若 B 是假的，$\neg A$ 被断定；启示三段论是指，从 $A \rightarrow B$，若 B 是真的，这意味着 A 是更可信的。当然，后者唤起了皮尔士的溯因形式结构。

知识同化[KM90]及诊断[PG87]只是一些个例。溯因同样出现在数据库和知识基础的语境中，即出现在计算机科学的主流中。

在这种背景中，产物-过程的区分还在本质上有另一种区分，即溯因的逻辑基础和基于计算的溯因研究进路之间的对立。尽管前者的关注点在于给出溯因逻辑的语义学，通常被定义为“反向演绎加附加条件”（backwards deduction plus additional conditions），后者通常因为提供产生了溯因的计算方法而受到关注。

我们现在无法对这个迅速扩展的领域进行评价，因此我们的论述限于以下几个方面：①简述作为一种逻辑推理的溯因；②以逻辑设计的方式表述溯因；③对知识表征中相应的溯因思维进行概括。当然，这个领域中还有很多潜在的哲学兴趣。对于贝叶斯网络、联结主义以及其他视角的溯因，我们建议读者参考[Jos94, PR90, Kon96, Pau93, AAA90, FK00]等著作。

1. 溯因作为逻辑推理

在人工智能领域中，基于逻辑的溯因研究进路的总趋势是将溯因作为反向演绎加附加条件。一种反向演绎的溯因观外加附加条件说明了下列模式，使其同亨普尔模式中的演绎-法则解释非常接近（第五章）。接下来的是，溯因作为演绎加某些一致附加条件假设的“标准版本”，满足一些附加条件。它结合了相关论述中的一些总的要求（见[Kon90, KKT95, MP93]和第三章寻找进一步的动机）。然而，要注意的是，假定这种区分（产物和过程）及现在为止引入的术语（溯因性解释、解释性论证），下面的定义概括了使溯因解释成为解释性论证一部分的条件。因而，这概括了从理论及溯因的假设到证据的正向推论的特征（而不是反向推论——它的确与溯因过程相似，并由证据引发，而证据与背景理论一起发生，而且产生一个溯因解释），而且为了突出论证是解释性的，我们将它作为一种（溯因的）解释性论证，同时记住其目的是刻画一种溯因解释的条件。

（溯因的）解释性论证：

假设一项理论 Θ（一组形式规则）和一个形式规则 φ（一个原子形式规则），α 是一种溯因论证，如果

（1）$\Theta \cup \alpha \models \varphi$。

（2）α 同 Θ 相一致。

（3）α 是“最小的”（有多种概括最小性的方法，见第三章的讨论）。

（4）α 有许多受限定的句法形式（通常是一项原子形式规则或者是它们的组合）。

附加条件不总是能澄清 $\Theta \not\models \varphi$。这说明：待解释项通常并不单独遵循背景理论。某些时候，后者的条件是作为溯因问题中的一个前提条件的。

对于这样一种推论的“充实的”概念的属性，我们一般能说明什么？正如我们前面所指出的，人工智能研究中的新逻辑趋势就是通过支配基本推论的组合的

“结构规则”区分，而不指涉任何具体的逻辑连接（见[Gab96]，[KLM90]中关于人工智能的非单调推论关系的分析，以及[vBe90]中语言学和认知推理的动力学风格的分析）。这种溯因研究进路的首个例子就是[Fla95]——而且实际上本书第三章的分析就遵循了该模式。

2. 逻辑编程中的溯因

逻辑编程[LLo87, Kow79]是由科瓦尔斯基（Bob Kowalski）和科尔默劳尔（Alan Colmerauer）于 1974 年引入的，并被作为（在许多程序中的）程序语言 Prolog。该语言由一阶逻辑激发，并由逻辑程序、问题和称之为解决方案的一个基本推理机制构成①。

溯因自然地出现在作为一个“修理机制”（repair mechanism）的逻辑编程中，与探寻成功所需要的事实一起执行一个程序。这可由我们在 Prolog 语言中介绍的下雨例子（1）来阐明：

程序 P：

草坪-湿←下雨。

草坪-湿←洒水器工作。

问题 q：草坪-湿。

已知程序 P，问题 q 并不随后发生，因为它不是从该程序中导出的。为了使 q 随后发生，事实之一（或者所有事实）“下雨”“洒水器工作”“草坪-湿”将要被添加到程序中。溯因是其过程，通过此过程这些添加的事实产生了。这一过程的完成经过一个解决机制的延伸，当原路返回机制失效时，该机制开始起作用。在上述例子中，当以上两种事实在程序中找不到时，不是宣称它们失效，而是被标示为“假设”（我们的溯因解释），并被当作那些形式规则，如果添加到程序中，形式规则将使问题随后发生。

在实际的溯因逻辑程序[KKT95]中，由于这些事实被当做溯因，它们必须属于“溯因项”（abducibles）的一个预定义集，并由附加条件 [所谓的“完整约束”（integrity constraints）]来证明，目的是阻止可能解释的一个组合扩张。

在逻辑编程中，建构解释的程序完全被交付给解决机制，这不仅影响可能解释被产生的秩序，而且限制解释的形式。需要注意的是，规则不能作为“溯因项”发生，因为解释是从原路返回机制期间失效的亚目标字符中产生的。因此，我们

---

① 大体上说，一个 Prolog 程序 P 是规则和事实的一个有序集。规则被限制在 horn-从句形式 $A \leftarrow L_1, \cdots, L_n$，其中每个 L_i 是一个原子 A_i。一个问题 q（原理）被引入程序 P 来解决（证明）。如果该问题遵循这个程序，就会产生一个肯定答案，所以问题被认为是成功的。否则，就会产生一个否定的答案，表明该问题已经失效。然而，否定的说明是“通过失败”进行的。也就是说，“不”的意思是“它不是从 P 中的可用信息导出的”，而不用表明问题的否定$\neg q$ 是导出的。解决方案是基于反驳是一个推理机制，其反向工作机制是：从问题的否定到程序中的数据。在这个过程中，由产物产生的价值出现了所谓的“计算应答替代”（computed answer substitutions），这给出了关于满足已知问题的目标的更详细的信息。

的常识解释（2）不能在逻辑编程[①]中被执行，因为在常识解释中因果联系被诱导出解释草坪为什么是湿的。附加限制选择最佳的假设。所以，解释的建构和选择这两个过程在逻辑编程中被清晰地表示出来[②]。

逻辑编程不使用盲演绎（blind deduction）。证据搜寻的不同控制机制决定问题是如何被处理的。这种附加的自由程度是这项计划的关键。因此，不同的控制策略会在溯因的产生、溯因的形式和溯因出现的秩序中发生变化。对我们来说，这种变化意味着溯因的程序概念是内涵的，必须用不同的实践来确认，而不是用一个确定性的固定程序来确认。

3. 溯因和认知变化理论

前面几个部分中所述的基于逻辑的和基于计算的溯因研究进路大都假设，被假设项及其否定可以从背景理论中推出（$\Theta \nvDash \varphi$, $\Theta \nvDash \neg\varphi$）。这样就无法说明像上述的第五个灯光的例子之类的常识问题，因为理论期待同观察相反（即房间中的灯亮了）。这些例子说明理论需要修正以符合观察。这种情形在实践场景中发生，如诊断推理[PR90]、数据库中的信念修正[AD94]和机器学习中的理论精细化[SL90, Gin88]。

当溯因推理引入修正之后，出现了一个明显的相关领域，即人工智能中的信念变化理论。最吸引人的著作是伽登福斯 [Gar88]（一本植根于科学哲学的著作），这些理论描述了如何使数据库、科学理论或者一组常识信念能接纳新信息。这三种信念变化的主要类型分别是“扩展”“缩减”以及“修正”的操作。一个理论可以通过增加新准则而扩展，通过删除现有的准则而缩减，或者是先缩减然后扩展，最后实现修正。如此定义这些操作是为了保证该理论或者信念系统能在接纳新信息后保持一致或者适度的“封闭”。

我们先前的溯因案例现在可以作为扩展来描述。在这些例子中，背景理论得到扩展以容纳新事实。新增加的是个例的惊奇观察（在皮尔士的意义上）需要修订。或者说，这种观点强调背景理论在解释中的核心作用，信念修正理论提供了用于上述两种情形的修正计算。然而，需要澄清的是，这种变化仅仅发生在理论中，因为需要修正的条件或者世界应该是静止的，除非有新信息添加进来。人工智能领域中的另一种重要的认识变化类型是升级，即一种随着世界不断变化而保持信念的更新。我们这里不会分析第二种过程——即使我们确信可以通过第一种类型即可完成该分析过程（例如，关于溯因的认知变化理论会通过我们上述讨论的方式，或者是通过科学哲学中所提议的而被建构）。我们将在第八章中更加详细地探讨这种关联。

① 至少这是逻辑编程中的溯因实现是如何确立的问题。编写扩展的程序当然是可能的，该程序产生这些类型的解释。

② 这里的另一个相关联系是“归纳逻辑编程”的研究 [Mic94, FK00]，该研究整合了溯因和归纳。

六、更多的应用领域

上述关于溯因的考察并没有包括全部，溯因也发生在其他领域中，我们将涉及其中的两个领域：语言学和数学。尽管我们在此没有延续本书其他章节中的线索，但它们确实更好地体现了我们主题的广泛性。

1. 语言学中的溯因

在语言学中，人们经常提议用溯因作为一种处理自然语言的理解程序[HSAM90]，其中我们的“观察”是我们所听到（或看到）的表达。更准确地说，在对话中理解一个句子就是解释这个句子成真的原因。例如，一个听者或者读者为了确定具体的描述指涉而追溯假设的原因（“猫在地毯上”让你假设有一只猫和一块地毯），而且动态地作为在收听或者阅读时的预设信息。

溯因在言语习得理论中也占据一定位置。更为重要的是，乔姆斯基（Chomsky）建议学习语言就是一个理论建构的过程。儿童由先天的普遍语言知识引导，假设语法规则的原因。当然，在[Cho72]中，他提及皮尔士对溯因逻辑的辩护——基于人类“猜想正确假设”的能力，增强了他的论断，即从高度限定的数据中习得语言是可能的。

溯因同样被应用在问题语义学中。问题是一种产生对其应答的溯因程序的输入。许多工作已经在这个方向上取得了进展，即自然语言作为处理间接回答是-否问题的机制的方向[GJK94]。当然，最明显的例子是溯因被明确地称为“为什么”的问题，能让他人提供原因。

溯因通常也同语言学预设相关联，它在一个话语中被逐渐容纳。这种容纳现象是一项非单调性过程，具体表现在预设并没有直接运用而成为可以被不断更新的信息反驳的溯因。容纳可以被描述为一种修补策略描述，其中被容纳的预设并不是背景理论的一部分。实际上，语言学文献提供了一种更好的容纳类型观点（见[Hei83]中“局部”/“全局”的区分），这种观点同下一部分中提到的溯因的“触发器”相对应。这种预设的广义研究考虑用溯因的机制及运用语义树结构表征对话中的语境，相关表述出现在[Ger95]中。

更概括地说，我们认为本章后面所提议的一种分类与预设的语言学差异相关（由定义描述、动词、副词等引发的），但是我们必须将此作为一个悬而未决的问题搁置。

2. 数学中的溯因

数学中的溯因通常是同发现和解释之类的观点在一起的。该领域中的关键参考著作是我们早先提到的波利亚的[Pol45, Pol54, Pol62]。在数论的语境中，例如，我们可以通过如下观察中的一些关联来猜想一些总的属性：

$$3+7=10,\quad 3+17=20,\quad 13+17=30$$

注意，3，7，13，17 这些数字都是奇数，而且它们中任意两个的和都是偶数。该基本观察导致哥德巴赫（Goldbach）[在欧拉（Euler）的帮助下]建构了他的著名猜想："任何大于 2 的偶数都是奇数之和。"

另外一项发现是数字构形（configuration）中的发现，比如著名的帕斯卡三角[Pol62]:

$$\begin{array}{ccccccccl} & & & 1 & & & & & =1 \\ & & 1 & & 1 & & & & =2 \\ & 1 & & 2 & & 1 & & & =4 \\ 1 & & 3 & & 3 & & 1 & & =8 \end{array}$$

这个三角中还有许多"隐藏"属性，读者需要接受相关训练或者掌握一定的数学知识才能发现它们。一项简单数是，从 1 开始的数都是数阵中两数之和，即西北角和东北角相邻两数之和（例如，3= 1 + 2）。一项更复杂的关系是：每列中的数字加起来都是 2 的乘方。更准确的是

$$\binom{n}{0}+\cdots+\binom{n}{n}=2^n$$

关于帕斯卡三角中二项式数列的更详细的溯因规则见[Pol62]。

下一步是考虑这些属性为何能成立，而且去证明它。哥德巴赫的猜想仍是未解决的难题（现在还没有证明或反驳它）；只是用大量的例子验证它（最新的消息是小于 4.10^{11} 的整数是真的[Rib96]）。另外，依据不同的研究兴趣以及几何的、递归的、计算方法的知识，帕斯卡三角中的结论出现了不同证据（见[Pol62] 更详细地对选取证据的讨论）。

依据波利亚的观点，数学家和博物学家一样做出发现，即通过观察标本的集合（数量或者鸟），猜测它们的关联和联系[Pol54, p. 47]。然而，二者的不同在于，通过观察检验对博物学家是充分的，而数学家则需要证据去承认其发现。这就造成了数学的一个特点：一旦一项定理得到证据支持，就是不可反驳的。因而，数学上的真是永恒的，而且还可能经过不同的方式解释。另外，许多发现仍永远无法解决，数学中的溯因解释很好地说明观察超越了视觉感知，因为需要在熟知的领域发现"惊奇的事实"，而且观察和证据之间的关联不需要是因果的，只依据纯数学的结构将它们相关联即可。

在引入概念形式后，我们还可以研究更复杂的数学发现的例子。我们能够在[Vis97]中发现这些有趣的研究进路。它们包括"重述"（redescription）、"替换"（substitution）以及"转换"（transposition），这些同皮尔士所述的对溯因的处理有明显的相似之处。

七、溯因的分类学

我们将先前所述总结如下：溯因是一种产生具体的溯因性解释的过程，而且还具备了推论的结构，产生了一个（溯因的）解释性论证。我们探讨溯因中同等重要的两个部分，而且就过程而言，我们建构可能的溯因解释，并在这些解释中选择最佳的。本书主要论述作为产物的溯因解释的特征——解释性论证的一项基本要素，以及建构过程。

至于溯因的逻辑形式，即将背景理论（Θ）及给出的观察（φ）作为输入，并输出溯因的解释（α）的溯因性过程，我们已经发现，在概括的层面上，溯因的逻辑形式可以被视为三重关系：

$$\Theta,\ \varphi \Rightarrow \alpha$$

其他参数在这里是可能的，如一个偏好排列（preference ranking），但是这些更侧重于进一步的选择过程。这种参数的目的在于获得该推理类型的方向（从证据到溯因解释）。然而结果是，我们想要的（溯因的）解释性论证的特征，就其正向演绎的方式而言，是一种从理论（Θ），即溯因的解释（α）到证据（φ）的推论，具体如下：

$$\Theta, \alpha \Rightarrow \varphi$$

在这种背景下，我们提出了能决定解释性论证的三种主要参数：①“推论参数”（$\Rightarrow$）设定了待解释项、背景理论和解释项三者间适当的逻辑关系；②“触发器”，它决定了采取哪种溯因的过程——φ 可能是一种新现象，或者与理论 Θ 相冲突；③“结果”（α），它是溯因过程的不同产物——事实、规则或者甚至是新理论。

1. 溯因的参数

1）推论种类

在上述图示中，解释性推论的概念$\Rightarrow$是不确定的。它可以是经典的可导出性（derivability）$\vdash$，或者是语义演推（semantic entailment）$\vDash$，但是这并不是必需的。我们将它看作是一种可以独立设置的参数。它的分布范围覆盖了不同值，从可能推论（$\Theta, \alpha \Rightarrow_{probable} \varphi$），这种得出解释项的解释是高度可能的，或者作为逻辑编程的推论的机制（$\Theta, \alpha \Rightarrow_{prolog} \varphi$）。进一步地说明包括动态推论（$\Theta, \alpha \Rightarrow_{dynamic} \varphi$，见[vBe96a]），用沿着信念更新或修正的方向的潜在信息变化代替真值。对此，我们的立场是，溯因不是一种具体的非标准-逻辑推论机制，而是一种机制应用方法。

2）不同的触发器

正如我们所见的，依据皮尔士的观点，溯因的解释是由惊奇现象引发的。然而，惊奇的概念是一个相关的概念，因为一项事实 φ 是惊奇的，仅仅同提供"期望"的背景理论 Θ 相关。对我而言是惊奇的事（例如，我进入空房间灯却亮着）并不一定让你惊奇。我们说明惊奇事实需要一种解释。从逻辑的观点看，这假定事实尚未被背景理论所假设 Θ:$\Theta \not\Rightarrow \varphi$。

而且，我们的论断是需要考虑 φ 的否定情况。理论能够解释否定的观察代替（$\Theta \not\Rightarrow \neg\varphi$）吗？因而，我们确定溯因的至少两种触发器：新奇的和常规的。

（1）溯因的新奇性：$\Theta \not\Rightarrow \varphi$，$\Theta \not\Rightarrow \neg\varphi$。

φ 是新奇的。它无法通过（$\Theta \not\Rightarrow \varphi$）得到解释，但是同（$\Theta \not\Rightarrow \neg\varphi$）的理论是一致的。

（2）溯因的常规性：$\Theta \not\Rightarrow \varphi$，$\Theta \Rightarrow \neg\varphi$。

φ 是常规的。理论解释而不是否定（$\Theta \Rightarrow \neg\varphi$）。

在对溯因计算性的相关论述中，新奇是溯因问题的条件(溯因问题[KKT95])。我的建议是将常规性作为第二种基本类型。

当然，非新奇的事实（在那里 $\Theta \Rightarrow \varphi$）无法成为溯因解释的候选项。即使如此，人们可能观察到，如果在 Θ 的基础上仅仅是可能的事实，仍需要某种进一步加强其地位的溯因解释。

（3）不同的结果。

溯因的解释本身涉及不同的形式：事实、规则，或者甚至是理论。有时一项简单的事实就足以解释一项新奇的现象，例如下雨解释了草坪变湿的原因。在其他情况中，在因果联系间建立一种规则能作为一种溯因解释，如云类型和下雨之间的联系的例子。而且科学中许多溯因的例子提供了解释惊奇事实的新理论。这些不同的选择有时可能存在于同一项观察中，这取决于我们在何种程度上想采取它。本书将以原子事实的形式、它们的合取以及简单制约条件来考虑溯因解释，但是我们有时也会偏离更复杂的陈述类型。

而且，我们意识到真正的溯因解释有时会产生新概念，超出了我们现有的词汇（例如，最终的星体移动不是开普勒完成的，而是发明了新概念"力"的牛顿完成的——因为万有引力定律解释了椭圆轨道运动）。除了为随后的章节提供指示，通过新概念的溯因不在我们的分析范围之内。

2. 溯因过程

上述的参数一旦设定，就产生了多种溯因的过程。例如，由新奇性所引发的隐含的演绎性推论，需要一种可以使理论能经过溯因解释而扩展的过程。需要解释的事实同理论相符，所以溯因解释为理论添加了对事实的演绎解释。然而，当隐含的推论是统计的时，在一个新奇性的例子中，理论扩展是不充分的。新增的陈述可能会导致"勉强一致"（marginally consistent）这种低概率的理论产生，这将不会对已观察事实产生强解释。在这种情形下，就需要理论修正（如从理论中去除某些数据）来说明具有高概率的已观测事实（这类情形的具体例子见第八章相关内容）。

我们的目的并不在于对溯因过程进行分类，而是指出，溯因过程的不同类型都用于上述参数的不同结合。在接下来的章节中，我们将用一种演绎的格式详细探讨一些不同的程序，包括由新奇性所触发的（第四章）和常规性所引发的（第八章）。

3. 例子重述

给出溯因推理的分类学，我们可以从上述的案例中看到更多的模式，推论性参数的差异包括了演绎的和统计的推论。因此，亨普尔的统计解释模式[Hem65]成为一种（溯因性）解释论证的例子。我们的医疗诊断例（4）（简快速康复）就是这样一个例子。逻辑编程推论看起来更适合例（1）[其总体结构更类似于例（4）]。至于触发器，新奇性引发了下雨的例（1）和（2），以及医疗诊断的例（4）。由常规性引发的例（3），理论预测了相反的观察，灯灭的例（5），以及开普勒的例（6），因为最初观察到火星的经度同先前的行星圆形轨道规则相冲突。至于不同的结果，例（1）、（3）、（4）和（5）诱发出事实，例（2）和（6）产生了规则作为它们待解释项的形式。不同形式的结果在产生溯因解释的多种程序类型中发挥着核心作用。在计算机科学术语中，触发器和结果可以相应地作为溯因性工具的预设条件和输出，无论是在计算性程序和推论性程序中都是如此。

这种分类学给出了溯因推理的宏观图景。在本书的剩余部分中，我们将继续研究产生逻辑性问题和计算性问题的几个剩余方面（当然，许多问题不是我们能回答的）。然而，在展开这一过程之前，我们需要先讨论更基本的策略问题，该问题揭示了我们在第三章和第四章中所关注问题的区别，具体如下。

4. 溯因逻辑：推论+搜寻策略

经典逻辑系统包括两部分：语义学和证据理论。前者旨在概括地说明在一种模型中，一个形式规则怎样为真而且是基于真理和解释概念的。后者通过提供该系统的推论规则概括说明了什么可以作为一个形式规则的有效证据，其主要概念是证据和可导出性。这两个部分虽然可以独立研究，但却是密切相关的。至少在经典（一阶）逻辑中，完备性原理告诉我们所有的有效形式规则都有证据，反之亦然。许多逻辑系统都遵循以下模式：命题逻辑、谓词逻辑、模态逻辑，以及不同类型的逻辑。

然而，从现代的观点看，则出现了更多的推理。计算机科学对逻辑形成了新的挑战，即可以提供一种能自动执行逻辑系统的自动程序。这就要求一种进一步改进的推理结构。事实上，人工智能中近来的研究成果更偏向于一种逻辑的控制策略，而非完全的证据理论。尤其是逻辑编程的核心体现在其控制策略上，即可以使前提已经设定的指令具备更高的敏感度，当发现一种解决方案时，避免循环地搜索，或者停止寻找证据的可能性（使用附加的逻辑算子）。这些特征在经典的观点看来，是逻辑之外的，但是它们确实有明确的形式结构，这种形式结构可以被显示出来，而且作为广义论证模式的一种形式模型具备了独立的研究兴趣（见[vBe92, Kal95, Kow91]）。

当代许多专家都强调控制策略的重要性，强调逻辑的一种更精细结构算法的描述。这种关注出现在逻辑传统中[Gab94a, vBe90]，以及哲学传统中[Gil96]，后者论证了一种将逻辑作为推论+控制的逻辑概念[注意此处是从科瓦尔斯基（Kowalski）的著名论断“计算=逻辑+控制”的转移]。沿着这条哲学线索，我们深入到溯因的两个方面。首先，我们已经讨论过溯因具有推论特性，这可以有多种理解，但是给定一种具体的选择，还存在一个重大的问题，即研究这种推论的合适的搜索程序，这种程序为一些具体的溯因实践提供了模型。前一参数可以用语义学或者证据理论的形式定义。另外，搜索策略处理的是产生有效推论的具体机制。它还可能控制产生何种具备一定效率的结果。尤其是，在溯因中，相比那些“最小集”（minimal set），我们更想产生“有效的”或者是“有趣的”定理。

依据这种观点，相对于语义学，溯因的搜索程序不是必须要完整的。能够产生所有可能的溯因解释的程序可能在实际中并没有用，而且可能会遗漏人类溯因性活动中的重要特性。在第四章中，我们将做一个实验，即用语义树结构作为工具研究多方面可控的、引人关注的溯因策略。

第二部分　逻 辑 基 础

第三章　作为逻辑推论的溯因

一、导　　言

在前面概括介绍的章节中，我们已经看到，溯因之所以在 20 世纪产生于对人类推理本质的哲学反思中，是因为它同发现和解释的模式相互作用。我们的分析引出了溯因过程中的许多主要方面，这是我们要在接下来的章节中详细论述的。一开始，溯因可被看作是一种逻辑推论，而且这也是我们本书后面分析所遵循的方法。很明显，正如我们所指出的，由于一系列的原因，它不是标准的逻辑推论。直观地看，溯因是反向（backward）运行的，而不是标准推论的正向（forward）运行，而且出于修正的目的，它显示出非标准的非单调性特征（溯因的结论可能必须根据进一步的证据回溯而得到），这在人工智能非标准推理形式的论述中更为熟悉。因而，我们运用一些为了研究非单调和动态逻辑的探讨而发展起来的通用方法，比如以结构规则形式呈现的系统分类，在后者（人工智能）的意义上探讨作为一种更广泛的推论概念的溯因，这不仅仅是出于技术上的方便。用一种更抽象和概括的方式描述溯因，使之与研究更充分的推理类型相融合，也使我们更充分地理解其在广阔的、被称为“自然推理”的领域中的贡献。可以确定的是，为了说明推论是解释的（而且是正向链条的），本章中我们将介绍一种我们称为（溯因的）解释性论证的逻辑特征描述，同时也要记住，其目的是描述使溯因的解释成为这种推论一部分的条件（见第二章）。

我们从第一章系统性的论述中得到的结果可以分为以下五部分。在本节的介绍之后，第二部分为了能为作为一种逻辑推论的溯因分析设定基础，我们讨论逻辑中的划界问题。我们将溯因置于一种逻辑和立场的广泛范围中，自然地将其当作它自己类型的一种逻辑推论。第三部分将详细讨论溯因推论的几个问题，如其方向、前提格式、结论及推论力。我们提出溯因的一种更有概括性的逻辑结构，比标准推论包含了更多的参数，以真正容纳具备不同作用的前提。我们发现了许多关于溯因的解释性推论的自然类型，而非单一的候选项。这些（溯因的）解释性观点依据推论的不同结构规则而区分开来，这是第四部分的主要问题。我们完整概括了一类简单的溯因解释推论，这也可作为科学哲学中解释自然类型的首要结构特征，同时还丰富了该领域中的逻辑学著述。我们接下来分析了某些其他类型的溯因解释版本（解释的、最小的及优先的）及它们的结构行为，给具有它们自己利害关系的更复杂的结构规则留有余地。最后，我们转向对更进一步的逻辑问题的讨论，例如这些表征如何同更熟悉的完整性的理论相关联，最终我们说明，溯因将具备比经典逻辑更高的复杂性：我们立足于获得相比标准推论更强的解释力，但是这种补充并不容易。第五部分以探讨溯因作为逻辑推论的一种具备自身结构的丰富形式为中心，分析了前面几个部分，接着提出本章的结论，而且展示了非单调性推理研究中相关的工作。

尽管有这些有用的洞见，但是纯粹的逻辑分析无法完全说明溯因，尤其是其中更多的动态过程部分，以及其与更广泛的概念变化之间的相互作用，还要留给以后的章节来论述，那些章节将处理计算的部分，以及与科学哲学和人工智能之间更进一步的联系。但是我们仍然要强调，逻辑的分析为研究溯因的解释性推论的直觉观点提供了一种系统的框架，这种框架为我们提供了多样和复杂的观点，而且也让我们提出了一些有趣的新问题。

二、逻辑：划界问题

划界问题是逻辑学的一个主要问题，即在逻辑系统和非逻辑系统之间做出区分。该问题是逻辑哲学的核心问题，也是数学哲学、科学哲学及人工智能基础的重要问题。

我们要回答的许多问题都涉及一个疑问：什么是逻辑？逻辑的范围是什么？什么样的形式系统可以有资格成为逻辑？所有这些都产生了一个关于逻辑系统正确性的形而上学问题：谈论一种逻辑系统正确与否有意义吗？存在着同样正确的多种逻辑系统吗？还是只存在一种正确的逻辑系统？这些问题相应地产生了以下几种认识论问题：如何识别逻辑上的真？在判断这种真的时候可能存在错误吗？

然而，相关文献中对上述问题中存在着多种提议和立场。关于描述逻辑的划界问题我们的策略如下：首先，我们对该区分的观点是皮尔士对三种推理类型的区分，即演绎、归纳和溯因。我们将依据它们的确定性水平进行对比，这种对比主要是在数学、科学哲学和人工智能中进行的。其次，我们将基于非形式论证及其与相应的形式逻辑之间的关联，介绍逻辑哲学中标准的研究进路，即哈克（Haack）所提出的观点[Haa78]。我们将说明她对逻辑种类的分类，即著名的在经典逻辑中外延和偏异以及归纳逻辑之间的区别。而且，我们采取哈克就逻辑的合理性（及增长性）相关立场的讨论，即工具主义、一元论和多元主义。最后，我们将介绍一种还不为人所知的进路——但仍是领域内标准——源于人工智能，即为研究非单调推理而设计的一种逻辑的结构性进路。

我们总的论述服务于两个目的。一方面在于说明，即使在一种广义的逻辑观点下，其对划界的问题也没有独特的或者是准确的回答，更不用说前面那些问题了。另一方面，它为本章的主要目的建立基础，即溯因分析作为逻辑推论的一种特殊类型，其目的在于说明，溯因作为它自己的一种独特的逻辑推论占据一种自然位置。

1. 推理类型：演绎、归纳、溯因

从逻辑的角度看，数学推理和经典的演绎推理是同一的。这种推理类型有两个特征：确定性（certainty）和单调性（monotonicity）。前一个特征可以通过前提和结论之间必然性关系的事实来说明。从一组前提中得出结论，必然遵循了前提。第二个特征说明经演绎推理过程而得出的结论是不可废止的。这就是说，一项命题一经证明,其有效性就不容置疑,而无需顾及该系统中其他的公理及定理。

然而，还有许多形式上非经典的推理类型，它们尽管缺乏完全的确定性和单调性，但是却具备自身逻辑属性的严格推理形式。例如，归纳的和溯因的推理就是这样的例子。大致而言，皮尔士的区分看起来很有用。依据他的观点，逻辑推理类型分三种：演绎、归纳和溯因。关于它们的确定性水平："演绎证明必定为真；归纳说明是可操作的；溯因仅表明那可能什么样。"[CP, 5.171] 因此，演绎推理是完全确定的，而归纳的和溯因的则不是"唯一的演绎式必然推理。它是数学的推理"[CP, 4.145]。归纳必须经过实验和经验的检验才能证明其有效性，因而是可以被推翻的；而溯因推理仅提供了一些假设，这些假设能够由于新的附加信息而被驳回。例如，归纳所完成的概括（如所有的鸟都能飞），在前提增加后将不再有效，这样就驳倒了结论（如企鹅也是鸟）。至于溯因，能解释一项观察（如草坪湿了）的假设（如昨晚下雨了），可以通过我们知识库中的新增信息而被驳倒（如现在正是湿季）。

演绎推理一直是数学推理中的范式，而且其中的逻辑同塔尔斯基的逻辑推论观点相一致。相比而言，归纳的和演绎的推理类型在科学哲学，而且最近还有在人工智能等领域成为主要的推理类型范式的。至于科学哲学，当代的研究表明，其中的许多逻辑问题仍然处于争议中。众所周知，卡尔纳普（Carnap）的归纳逻辑研究建议[Car55]受到了足够的批评。至于溯因，尽管许多学者论证形成解释性假设的过程（我们的溯因过程）是不可能逻辑地建构的[Pop59, Hem65]，而且各自经建议对解释进行逻辑的特征概括作为代替（我们的（溯因的）解释性论争）①；还有人试图形式地概括"回溯推理"（另一种溯因术语）作为一种同演绎相反的形式[Han61]，但是还没有出现公认的形式规则。至于人工智能，为了建立一种模拟人类推理的计算机程序，最近的逻辑-计算导向的研究已经在研究非标准的推理形式，这种程序以修正为目的，显示出非标准和非单调的特征。当前许多专家都

① 至于两种解释模式的根源和相似性，内内罗托（Niiniluoto）[Nii00, p. 140]正确地注意到：在亨普尔关于历史说明的演绎-法则模式的论文之后，波普尔抱怨说，亨普尔仅仅再现了他的因果解释理论，这种说法最初出现在《科学发现的逻辑》中（1935年，见波普尔，1945年，第25章，n. 7; Popper, 1957年，p. 144）。亨普尔很谦虚地指出，他的D-N解释"绝非新奇的"，而是"总结并明确陈述了已经被许多科学家和方法论学者关注的基础观点"。

建议一种结构更好地对逻辑的计算描述。这种关注在逻辑传统 [Gab94a, vBe90] 和哲学传统中都曾出现过 [Gil96]。

2. 逻辑学：外延、偏离、归纳

哈克[Haa78]将一种形式系统的观点作为出发点，而且由此提出了概括逻辑系统特征的建议，具体如下：

“要断定一种形式系统是逻辑，我认为这依赖于它拥有一种解释，根据这种解释，能够被视为期望体现有效论证的原则。” [Haa78，p. 3]

我们所面对的下一个问题是决定什么可以作为一种有效的论证。我们在探讨她的应答之前，还有其他概括逻辑性系统的标准。一方面，依据克内尔（Kneale）的观点，逻辑系统是那些纯形式的，对他而言，即完整的（体现在所有的有效形式规则都是定理）。另一方面，依据达米特（Dummet）的观点，逻辑系统是那些刻画“精确”概念的系统。依据第一条标准，许多形式系统被淘汰了，如二阶逻辑。如果我们遵循第二条标准，像欣迪卡（Hintikka）提出的认识的逻辑系统之类的建议也被淘汰了，因为知识和信念的观点概括的都是空洞的认识论概念 [Haa78, p. 7]。这两类特征都对逻辑的划界提供了形式的标准。但是，对哈克来说，“希望一种很规范的形式标准是不现实的” [Haa78，p. 7]。因为它将逻辑的范围限定于中立点上，而放弃了很多虽然不具备其他元逻辑属性（如决定性）但是仍被接受的形式系统（如谓词逻辑）。而且，许多逻辑系统是非决定的、不完整的，但是却在计算机科学和语言学等领域中证明了自身的有效性。

哈克采取了一种广义的逻辑观，即“划界不是基于任何关于逻辑本质属性的深刻观点” [Haa78, p. 4]，而且遵循了“怀疑策略的优越性”。据此，论证可以依据不同的有效性标准来评价，而且也接纳了许多不同的形式系统作为逻辑系统。对她而言，我们应提出的问题是，什么是一个良好的且有效的形式系统，而非“逻辑的”系统，因为后者是一个尚未完全确定的概念。当然，她的研究进路也不是完全武断的，因为它并没有放弃严格性要求，而且以经典逻辑作为参照，在经典的系统相似性基础上建立了一种系统分类，具体如下：

（1）外延（extension）（e）：模态的、认知的、Eroretic……

（2）偏离（deviation）（d）：直觉的、量子的、多值的……

（3）归纳（i）：归纳、概率、逻辑。

外延（e）是形式系统，在以下三个方面延伸了经典逻辑（L_c）：它们的语言、定理及推论规则（$L_c \subseteq L_e$，$A_c \subseteq A_e$，$R_c \subseteq R_e$）。这些系统还保留了经典系统中的所有有效形式规则，所以先前有效的形式规则仍然有效（$\forall\varphi$ $(\Sigma \models_c \varphi \Rightarrow \Sigma \models_e \varphi)$；$\varphi \in L_c$）。所以，例如，模态逻辑从必要性和可能性的模态操控者以及它们的公理和规则上扩展了经典系统。

偏离（d）作为一种形式系统，具有和经典逻辑（L_c）系统一样的语言，但是在公理和规则上有所区别（$L_c=L_d$，$A_c \neq A_d$，$R_c \neq R_d$）。因而，许多在经典系统中有效的形式规则，在这种异常的逻辑中不再有效（$\exists \varphi$（$\Sigma \vDash_c \varphi \wedge \Sigma \nvDash_d \varphi$）；$\varphi \in L_c$）。直觉主义的逻辑就是这样的例子，表现为经典的 $A \vee \neg A$ 公理不再有效。

归纳系统（i）具有和经典逻辑系统相同的语言（$L_c=L_i$），但是经归纳系统方法而得出的形式规则在经典系统中无效（$\forall \varphi$（$\Sigma \vDash_i \varphi \Rightarrow \Sigma \nvDash_c \varphi$）；$\varphi \in L_i$）。在这里基础是“归纳强度”（inductive strength）概念，观点是“当前提对结论提供一定程度支持时，即使达不到确凿的程度，归纳论证也会增强”的观点：即不可能出现前提（Σ）为真，但其结论（φ）为假的情况（NOT PROB[①]（$\Sigma \wedge \neg \varphi$））[Haa78, p. 17]。

在各自的经典逻辑系统中，存在逻辑结论（或者可导出性）的一个基本概念，它可以在系统内部解决论证的有效性问题。前两种本质上仍是演绎系统，而第三种则是归纳的。但是，在这些演绎的和归纳的系统中还有许多共同特征。例如，一种偏离系统，将相干逻辑（relevance logic）用经典的非充分推论观表述，而且提出了更多要求：相干逻辑中的论证必须满足前提和结论的“相关性”要求。至于归纳系统，另外一种概括“不可能出现假定前提（Σ）为真而结论为假（$\neg \varphi$）的情况”[Haa78, p. 17]。我们可以用如下的条件概率术语说明这个陈述[②]：NOT PROB（$\Sigma / \neg \varphi$）。注意，演绎有效性是归纳强度的有限情形，在那里前提的概率为真而结论为假，这对于第一个特征是灵光一闪（cero）。至于第二种特征，可以肯定的是，在那里当前提为真时结论也为真。

总体来说，在这种进路下论证可以用演绎或归纳标准评价，因而可能出现演绎上有效、归纳性强或者两者均不是。正如我们在本章后部分要说明的（见本章第五小节第一部分），这种分类并未明确考虑溯因逻辑，但是这种系统却容纳了溯因。

3. 立场：工具主义、一元论、多元论

逻辑划界所采取的相应立场主要依对逻辑系统正确性这一形而上学问题的答案而定，即相应地依靠系统-相关和超-系统的有效性/逻辑真之间的区分。大致上说，一套逻辑系统如果形式（形式规则）论证为真，则相当于系统中的非形式论证（陈述）有效（逻辑上为真），在超-系统的意义上有效（逻辑上为真）[Haa78, p. 222]，三种立场由哈克概括得出，各种立场取决于对如下问题的回答（肯定或否定）：

问题：

（1）A: 探讨一套逻辑系统正确与否有意义吗？

（2）B: 存在能超越有效性/逻辑真的超-系统概念系统，并通过该概念系统可

① NOT PROB 意为“非概率”。

② 感谢提此建议的无名者。

以概括得出逻辑是正确的吗？

（3）C：存在正确的系统吗？

（4）D：逻辑系统必须要全局应用，如再现无关主客体的推理，或者局部正确的逻辑（如只在话语的有限领域正确）可能吗？

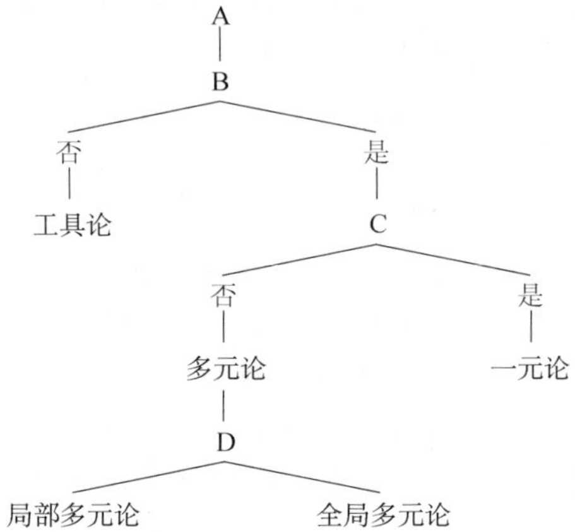

因而，一方面，工具论的立场对前两个问题的回答是否定的。它基于这样一种观点，即认为一种系统的“正确性”观点是不合适的，人们更应该问其是否更丰富、有用、便捷……，而不是正确的问题。“工具论者只允许这种‘内部问题’，即逻辑系统是否可靠，对系统的全部并且唯一的原理/句法的有效论证在系统中是否成真。”[Haa78, p. 224] 另一方面，一元论者和多元论者对上述问题的回答则是肯定的，区别在于一元论者只承认一种，并且是唯一的逻辑系统，而多元论者承认多种。因而，它们在第三个问题上的回答相反。注意，这些问题的区分仅同经典逻辑与偏离逻辑的二分法有关。其原因在于，一元论的经典逻辑及其外延是“正确系统”的片段，而对多元论的传统逻辑及其外延都是正确的。

同样，尽管一种超-系统的有效性/逻辑真概念，并借此概括正确的逻辑系统是什么，对工具论者而言并不存在，但是对一元论者和多元论者而言却存在，既存在于单一方式又存在于多元方式中。多元论者的进一步区分集中于一套确定的逻辑系统的应用范围。全局多元论者赞同逻辑系统应用于表征无关主客体的推理，局部多元论者则持逻辑系统仅在有限话语中正确的观点。

下一个要分析的问题是这些观点各自所持的立场，即异常逻辑（deviant logics）是否与经典逻辑对立。为了回答这一问题，我们看下图：

（i）表征的形式论证	（ii）L 中的有效性对应于
	（iii）的存在
（iii）非形式论证	（iv）超-系统的有效

一方面，一元论者以肯定方式回答这个问题，并以（ii）和（iv）的确符合“正

确逻辑”的方式支持观点（i）渴望表征（iii）。另一方面，局部多元论者以否定方式通过将（iv）相对于话语的具体领域来回答这个问题，而全局多元论者要么分裂（i）和（iii）之间的关系（即否认一个异常系统的形式论证表征同一个非形式论证作为经典逻辑的论证），要么分裂（ii）和（iv）之间的关系（否认异常系统中的有效性试图与超-系统性有效性一致，正如经典逻辑中的有效性试图与超-系统性有效性一致）。最后，工具论者完全反对（iv）。

4. 结构逻辑方法

这类分析（始于[Sco71]）是由塔斯基（Tarski）[Tar83]所做的逻辑推论的研究和根茨（Gentzen）[SD93, Pao02]所做的自然演绎的研究而激发的。它在非常抽象的结构层次描述了推论的一种类型，给出了它的纯组合学（combinatorics）。在人工智能中，它被证明对于研究不同类型的拟真推理是非常成功的 [KLM90]，实际上是作为非单调推论关系的一般框架 [Gab85]。另一个已经证明它本身的领域是动态语义学，在它那里，动态推论的并非一个而是许多新概念将被分析[vBe96a]。逻辑结构分析的基本观点如下：

逻辑推理的概念能由它的基本组合属性完全描述，由结构规则表达。

结构规则（即指令）告诉我们，例如，当我们插入附加前提（“单调性”）时，或者我们可以安全地禁锢有效推理[“传递性”（transitivity）或者“截断”（cut）]，一个有效推理仍然有效。为了更详细地理解这个观点，你必须理解它如何刻画经典逻辑的特征。接下来我们使用逻辑序列，一个有限的前提在序列的左侧，一个结论在序列箭头的右侧（$\Sigma \Rightarrow C$）。而 X, Y 和 Z 是形式规则的有限集，A, B 和 C 是单一形式规则。

1）经典推论

经典推论的结构规则如下：

（1）自反性：

$$C \Rightarrow C$$

（2）缩减：

$$\frac{X, A, Y, A, Z \Rightarrow C}{X, A, Y, Z \Rightarrow C}$$

（3）序列：

$$\frac{X, A, B, Y \Rightarrow C}{X, B, A, Y \Rightarrow C}$$

（4）单调性：

$$\frac{X, Y \Rightarrow C}{X, A, Y \Rightarrow C}$$

（5）截断规则：

$$\frac{X, A, Y \Rightarrow C \quad Z \Rightarrow A}{X, Z, Y \Rightarrow C}$$

这些规则表明经典推论有如下属性：任何前提包含它本身（自反性），删除重复的前提不会引起任何麻烦（缩减）；前提可能被改变序列而不改变有效性（一组序列），增加新信息不会使先前的结论无效（单调性），而且前提可能被包含它们的序列替代（截断）。总之，这些规则允许我们将前提当作一组没有深层相关结构的纯数。这在经典逻辑中起重要作用，见证了导论性教科书必须谈论的“推论概念的简单属性”①。结构规则也被广泛地用于完备性证据②。

这些规则是结构性的，因为它们没有提及逻辑语言的任何具体符号。特别地，没有任何连接词或者量词包括在内。这使得结构规则不同于推理规则等，比如，后件的合取，或者前件的析取，它们固定了合取与析取的意义。

在这个方法指导下，哈克先前的逻辑外延分类被包括在内，因为一个规则可能适合经典逻辑及其外延：命题的、一阶的、模态的、类型-理论的，等等。以上所列逻辑形式中的每个规则反映了经典推论的集合-理论定义的一个属性[Gro95]，这连同某些概念的滥用要求在（模型的）结论中包括（模型的）前提的交集：

$P_1,\cdots,P_n \Rightarrow \mathrm{C}$ 当且仅当 $P_1 \cap \cdots \cap P_n \subseteq \mathrm{C}$。

现在，为了证明一组结构规则完全刻画了推理的类型，表征原理是存在的。对于经典逻辑，一个版本已由范•本特穆（van Benthem）在[vBe91]中给出：

命题 1：单调性、缩减、自反性和截断完全决定经典推论的属性。

证明：设 R 是对象的有限序列和满足经典结构规则的单一对象之间的任何抽象关系 。现在定义：$a^* = \{\mathrm{A} \mid \mathrm{A}$ 是对象的一个有限序列比如 $\mathrm{A}Ra\}$。

则容易说明如下两个断言：

（1）如果 $a_1,\cdots,a_k Rb$，那么 $a_1^* \cap \cdots \cap a_k^* \subseteq b^*$，

使用截断和缩减。

---

① 在 [Men64, Page 30]，经典逻辑的简单属性介绍如下：

a. 如果 $\Gamma\subseteq\Delta$和 $\Gamma\vdash\varphi$，那么$\Delta\vdash\varphi$。

b. $\Gamma\vdash\varphi$ 当且仅当有 Γ 的一个有效亚集Δ，结果$\Delta\vdash\varphi$。

c. 如果 $\Gamma\vdash x_i$（对所有 i）和 $x_1,\cdots,x_n\vdash\varphi$，那么 $\Gamma\vdash\varphi$。注意，第一个规则是非单调性的形式，第三个是截断。

② 如在[Gro95, p. 46]的注释：“在一阶逻辑或者命题模态逻辑的亨金（Henkin）建构中，最大一致集的概念是主要部分，但是它需要经典结构规则。例如，“序列、缩减和扩展能使你想到一个论证的前提作为一个集合；自反性被需要来说明这一点，因为最大一致集合、成员资格和导出性相符”。

（2）如果 $a_1^* \cap \cdots \cap a_k^* \subseteq b^*$，那么 $a_1^*, \cdots, a_k^* Rb$，

使用自反性和单调性。　　$\dashv$

这个定理中省略了序列（permutation）。它的确被证明是从单调性和缩减导出的。

至此我们已经表明：经典演绎推论遵循自反性、缩减、序列、单调性和截断的易形式（easy form）。表征原理说明，这些规则完全描述了这类推理。

2）非经典推论

对于非经典推论，经典结构规则可能是失效的。著名的例子是普遍存在的“非单调逻辑”。然而，这并不是说没有任何结构规则支持它们（经典结构规则）。这一点当然是要发现经典原则（或者完全的新结构规则）的适当再形成（reformulation），这些经典结构规则与其他类型的推论匹配。比如，许多推理的非单调类型的确满足单调性的一个弱形式。仅当这些前提包含它们时，增加前提是被允许的：

（1）谨慎单调性：

$$\frac{X \Rightarrow C \quad X \Rightarrow A}{X, A \Rightarrow C}$$

动态推论是非单调的（将任意的新过程插入前提序列能够扰乱初期的效果）。但是它也与其他经典结构规则存在冲突，如截断。不过表征原理还是存在的。因此，“更新到检验”的动态类型方式（过程不能被扰乱哪怕一次）由单调性和截断的如下限制形式，其中增加和省略只被允许在左侧：

（2）左单调性：

$$\frac{X \Rightarrow C}{A, X \Rightarrow C}$$

（3）左截断：

$$\frac{X \Rightarrow C \quad X, C, Y \Rightarrow D}{X, Y \Rightarrow D}$$

对动态类型的宽泛调查和分析见[Gro95，vBe96a]。人工智能中非经典推论的宽泛领域的精致表征原理见[Mak93, KLM90]。然而非经典结构规则的其他使用发生在相干逻辑、线性逻辑和范畴逻辑中（见[DH93, vBe91]，[Gab94b]）。

以这种方式描述推论的概念，就决定了它以基本指令表来处理论证。尽管这不能提供一个更雄心勃勃的语义学，或者甚至一个充分的证据理论，但它至少能够提供有价值的线索。如果用合取项的引导规则适当地被扩展的话，这个结构规则的引起联想的根岑（Gentzen）类格式转变为一个连续的演算。然而，如何以自然的方式实施还不是很清楚，这一点我们将在此后的溯因关联的部分讨论。

逻辑推论的结构分析是一种元层次（metalevel）的说明，它是基于结构规则而不是语言的，因为它不考虑逻辑合取项或者常量，在这方面不同于哈克的方法。

三、溯因解释论证：逻辑推论

现在对溯因推论的逻辑本质进行初步评价，这些本质设定了我们后续讨论的场景。逻辑推论的标准模式是：结论 C 遵循了一组预设 P。这一遵循演绎方法的形式规则植根于数学中的公理传统，从欧几里得的原理中继承和发展而来，即从一组确定的基础定理可以得出平面几何中所有的真。这并不是该种逻辑系统的首例，但却一直是数学及其他形式的科学研究所遵循的模式。每个命题都通过证据与先前公理、定义或命题相连。这种方法是正向链接的，即从一组有限的前提到结论的图示推理，而且是完全确定和单调的①。

而且，在这种环境中至少有两种研究有效性的方法：一种是系统的，基于模型和诠释的概念（每一种能保证 P 为真的模式都能确保 C 为真）；另一种是句法的，基于从 P 到 C 的证据理论的偏差。这两种说明都表明一种从前提到结论的正向推理：$P \Rightarrow C$，并且其产生的结论是不可反驳的。我们简要回顾使溯因的推论形式同这种形式规则不能轻易符合的特征：这些在前一章节中出现过。最主要的是，溯因中结论是给定的，前提（或者部分前提）是该推论过程的结论：$P \Leftarrow C$。而且所追溯的前提，必须同该推论的背景理论相一致，因为它必须是解释的，并且这种解释可能会随着背景理论的修正而变化。最后，当我们追溯的是都可以作为解释的不同前提时，就需要有一种偏好的概念，以选择最好的或者最小的。这些不同的特征，相比于经典逻辑而言，虽然没有标准，但是同相临领域还是密切相关的。例如，它与科学哲学中经典的解释研究 [Car55, Hem65]，以及人工智能中对常识推理的不同观点[McC80, Sho88, Gab96] 相联系。据称，这也是对一般逻辑适当的广义设定[vBe90]，最初由伯纳德 ·波尔扎诺（Bernard Bolzano，1781—1848）在他的《科学教育》[Bol73]中提出的计划。当然，我们在前一章中讨论皮尔士的溯因时也反映了前弗雷格逻辑（pre-Fregean logic）的典型特征：逻辑和一般方法的界限还不是固定的。我们认为，现在的后弗雷格逻辑（post-Fregean logic）研究逐渐朝这种广义研究的方向发展。更准确地说，我们需要更仔细地重新研究已涉及的溯因特征，为这种广义的论述提供策略上的参考。

1. 推理方向：正向和反向

直觉地说，一种从前提 P_1, P_2 到结论 C 的有效推论允许不同方向的思考。在正向的推论中，给定了前提，我们可以得出最强的，或者是某种最合适的结论（顺

① 然而这不是说，正如希尔伯特曾经喜欢主张的，所有数学推理可以还原到公理系统。根据哥德尔不完备定律我们知道，通过公理系统方法数学中的推理有明确的限制规则。同时，数学观点作为实验的和经验的科学是在哲学[Lak76]及计算机科学[Cha97]近期的工作中创立的，这表明公理系统不能穷尽所有数学推理。

便注意，后者的概念已经引入了对语境的明确依赖，而且良好的观念是：最强的结论仅仅是 $P_1 \wedge P_2$，但通常是不合适的）。经典逻辑在反驳时也会出现反向的思想。如果结论 C 为假，其前提之一必定为假。如果我们知道得更多，P_1 为真而且结论为假，我们就可以反驳具体的前提 P_2。因此，经典逻辑中，存在着正向证明和反向反驳的二元性。许多学者都在关注这种二元性。贝丝在发展自己的语义树结构的反驳方法时，甚至系统研究过该性质[Bet69]。从一个方向阅读，封闭的语义树结构最后可能无法分析推论的反例，从另一个方向阅读，该推论会产生一个根岑类型的序列导出物（我们将在下一章计算的溯因时使用“树结构”一词）。贝丝的语义树结构可以作为科学辩护的发展过程中“分析”方法和“综合”方法之间的历史对立的形式模型（见第一章）。从方法论上说，这些方向只是同一枚硬币——某种合适的推论观的正反两面。

同理，在溯因中，我们看到了不同方向的相互作用。但是这次反向并不意味着提供反驳，而是提供确证。我们依然寻求能支持结论的合适前提[①]。

我们这类问题的观点如下。在最后的分析中，方向的区分是相对的。重要的不是溯因的方向，而是两种事物的相互作用，正如我们在第二章中所论证的，你应该在推论⇒的基本概念的选择，以及关于我们用于解决该问题的搜索策略的独立问题之间做出区分。正向推理是自下而上地使用⇒，而反向推理则是自上而下地使用⇒。沿着这个思路，本章我们将集中讨论推论⇒的概念，将进一步地搜索程序留到下一章即更具计算性的第四章中。本章中，溯因的直觉的反向对我们并不重要，只是作为有趣的谈论方式。相反，我们将关注针对溯因推论的合适的基本概念。

2. 推论的形式：前提和背景理论

逻辑推论的标准形式本质上是双重的，即假设从前提到结论的转换：

$$\frac{P_1, \cdots, P_n}{C}$$

这些是“局部步骤”，它们发生在某些背景理论的语境中，是隐性或显性的（正如我们在第二章中所见的）。在标准形式中，背景理论或者被省略，或者与其他前提归并在一起。这种方式通常是合适的，特别是在背景理论能被理解的情况下。但是，在有些情况下，我们并不想在不同类型的前提的不同作用之间做出区分，因而一个更丰富的形式就是适当的。这种形式已经被提出，不是在经典逻辑中，而是在科学哲学、人工智能，以及关于论据理论（argumentation theory）的非形式研究中。这些经常在显性前提和隐性背景假设之间作出区分。更激进的是，

① 本例中，相应的反驳也是一个正向过程：如果被溯因的前提被证明为假，就应该被放弃并必须提出一个替代的假设。有趣的是，[Tij97]（诊断推理中溯因研究的最近的实践说明）将该观察的两种“肯定的”确证相融合，并用替代物的“反驳”来解释。

前提设定，甚至背景理论自身，通常都具有层级结构（hierarchical structure），这些结构为推论中的命题产生了各种“出口”。这是一种实在论的图景，详见[Joh83]等的认知心理学著作。

在亨普尔的科学解释的说明中（见第五章），前提扮演着科学规律，或初始条件，抑或是具体解释项的角色，包含了以下形式：

科学规律+初始条件+解释事实

⇓

观察

在对条件表述的研究中，在科学哲学和哲学逻辑的边界，还能找到许多类似的例子。著名的“拉姆塞测验”（Ramsey Test）预设了背景假设中显信念的修正[Sos75, vBe94]，这些必须再次适当地结构化。人工智能和计算机科学中提出了更详细的关于理论的层级观。[Rya92]定义了“有序的理论描述”，即可以任意地安排某些包含在推理实践中的各项原则(相似观点的其他实现使用形式规则的标记，像[Gab96]中标记的演绎系统）。而在亨普尔的说明中，对前提的建构确保科学解释能涵盖规律和事实间的相互作用，赖安（Ryan）的动机在于解决推理中不同前提间的冲突，即一些句子比另一些句子更抵触修正。这种动机接近于我们将要在第八章中详细讨论的伽德福斯（Gärdenfors）的理论。这些观点的工作版本在诊断中的溯因研究中被发现[Tij97]，它能够被看作我们在本章后面的说明的一个版本，其中增加了一些偏爱的结构。更结构化的前提和理论观点在情境语义学中也能够被发现，它控制推论的不同类型的“限制”（见[PB83])。

上述所有建议中，产生推论过程的理论并不只是一个随意装入形式规则的袋子，而是装入一个有组织的结构，其中前提在层级结构中占据一个位置，并起到明确而不同的作用。这些附加特征需要在更丰富的推论形式中获得，以完成更复杂的推理任务。直觉的“有效性”可能部分地基于这种类型以及前提所发生的状态。我们再引用一些例子，详细说明我们的观点。

在论据理论中，[Tou58]中提出了一个有趣的建议。图尔密（Toulmin）关于推论的基本观点是受律师所做的推理类型的启发，他们需要根据司法程序进行辩护才能得出论断，这些比单纯的数学证据更丰富。图尔密的推理格式包括了这些程序的必要标记：

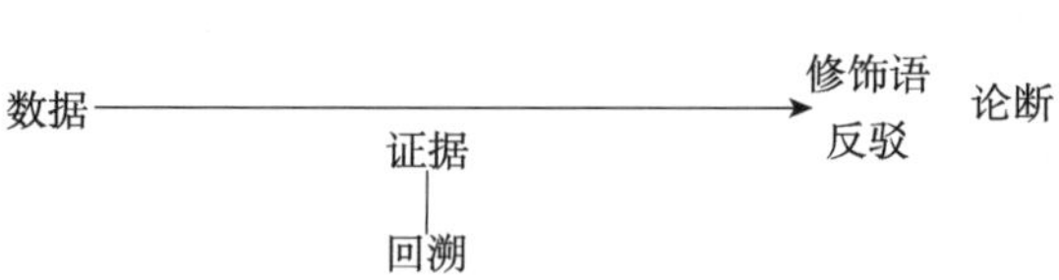

每项论断通过引用(如果印刷的话)支持这个转换的背景假设(某人的保证)，从某种相关数据中得到辩护（这里有一个动态过程：如果证据本身受质疑，则需

要进一步回溯）。而且，表明该推论的所谓强度是得出任何论断的一部分（“修饰语”的来源），通过列举几项能使论断无效的可能异议（反驳）的主要类型来“反驳”。[vBe94]将该形式同人工智能中的一些问题联系起来，因为该形式似乎很好地描述了常识推理。图尔密的模式也被提议作为一种机制使智能系统来执行解释[Ant89]。

因此，我们重申，在数学之外的模型化推理，需要一个更丰富的形式。还要注意上述建议是句法的。找出上述区分之间的纯语义关联可能还要更加困难：因为它们似乎涉及一个推理程序而非命题内容（例如，尽管个体事实和普遍规则之间的区分可能并不像看起来那样直截了当）。图尔密图式中的不同方面将在接下来的内容中回归。对图尔密而言，推论强度是一个参数，被设定与所讨论的主题一致（有趣的是，推理的内容-依赖也是认知心理学家的一项周期性发现：见初期提到的[Joh83]）。在第二章中，我们已经为同样的溯因策略进行过辩护。而且，图尔密图式中的程序特性很符合产物-过程的区分。

至于溯因解释推论中的基本构件，本书的剩余部分中，我们将我们自己限定在以下三元格式中：

$$\Theta|\alpha \Rightarrow \varphi$$

这种适度的步骤证明我们在许多方面已经与标准逻辑分离。回想第二章中诱发这个变化的某些因素，理论 Θ 需要被阐明可以有许多理由。溯因推论的有效性同背景理论密切相关，因为 Θ 中出现某些其他解释 β 将会实际上否决 α 作为一种解释。而且我们称为“触发器”的解释是关于理论 Θ 的具体条件及观察 α。一个事实的解释可能与一种理论相关，而与另一种理论可能不相关。在理论 Θ 和 α 间作出区分，允许我们强调具体的解释（这是我们以前所无法拥有的），而且控制不同的解释形式（事实、规则，甚至是新理论）。但肯定的是，如果我们采用上述更丰富的格式探究的话，我们的说明将会变得更敏感。

3. 推论强度：一个参数

初看起来，一旦我们有塔斯基的真概念，逻辑推论似乎是一个可明确定义的概念。如果前提在所有模型中都为真，那么遵循该前提的结论必然为真。但是当代哲学及计算传统中已经显示，推论的自然概念对真的需要超过了上述意义的真，或者甚至是将不同属性链接在一起。例如，在围绕在真周围的其他候选项中，统计推论并不需要在结论模型中完全包含前提模型，而只需要一种有意义的重叠，就能够推导出高度的确定性。其他路径引入了新语义学。著名的有邵哈姆（Shoham）关于因果和缺省推理（default reasoning）的观点，它导入了关于模型的偏好序（preference order），仅要求最喜欢的模型 Σ 包括在模型 φ 中。

更激进地，动态语义学通过信息变化的概念替代了真的观点，其目的在于能模拟信息的流动。这场运动导致对塔斯基语义学的重新设计，比如导致量词作用于指派的任务 [vBC94]。该逻辑范式为各种不同的推论概念留下空间 [Gro95, vBe96a]。这种例子就是我们早先提到的更新到检测推论：

“处理Σ中的连续前提，进而将其信息内容吸收到初始信息状态中。最后，检验所发生的状态是否能足以满足结论φ。”

是信息内容而不是真也是情景理论中的重要语义属性 [PB83]。除基于真和基于信息的方法外，当然也存在关于表征推论的不同证据-理论的变化。关于缺省推理的例子有：“仅当φ被反驳时，φ才是可证的。”[Rei80] 而且也包括亨普尔的假说-演绎的科学推论模式本身。

所有这些候选项与我们的溯因解释推论一致。我们认为，溯因不是一种新推论概念，它更像是科学推理的一种主题-依赖的实践，能够得到上述家族中多位成员的支持。实际上，从多方面考虑溯因推论是很有吸引力的，因为推论保留了真值和解释力。事实上，如果适当地界定，两者可能是等价的。业已证明，由于溯因是一种反向演绎的形式，正像演绎是保存真一样，溯因一定是保存假的（[Mic94]）。然而，[Fla95]令人信服地论证了这场特殊运动的反驳。而且，正如我们已经直观地讨论过的，溯因不只是一种反向的演绎。

我们的选择是更深刻地研究溯因推论作为经典推论的一种强化形式。与之相关的是，这种强化形式提供了与人工智能和科学哲学之间的良好联系，而且为广泛而系统地研究溯因推论提供了一个有用且简单的开端。我们可以将这种选择放在历史语境中，即伯纳德·波尔扎诺的工作中，他是一位 19 世纪的哲学家、数学家（及神学家），从事不同种类推论的研究。我们提供一种简要的探索，为我们以后的技术考虑提供一些视角。以下为波尔扎诺的纲领。

波尔扎诺的演绎性（Ableitbarkeit）概念长期以来一直被认为是塔斯基逻辑推论概念的先驱 [Cor75]。然而，二人在很多方面都不同，并且依据我们的广义逻辑观来看，它们看起来完全不同。有学者已经从哲学 [Tho81] 和逻辑 [vBe84a] 的观点对其进行了研究。

波尔扎诺科学理论中的一个目标在于说明，为何形成一种理论的科学论断与一套独断的命题相对立。出于该目的，他明确定义了演绎性观点，即从前提中抽取结论形成“相容命题”的逻辑关系，而对那些相容命题，当它们一致地被完全替换时，某些观点集使得所有命题为真。另外，相容命题必须共享常识观念。波尔扎诺使用“替换”（substitutions）这个概念本身很有趣，但就我们的目的而言，我们将这些替换（某种程度上有点粗略）与使用“模型”的标准相一致。汤普森（Thompson）将波尔扎诺和塔斯基的分歧归结为前者是认识上的，而后者是本体上的。这些差异在技术上产生了强烈的影响。对于波尔扎诺，前提必须是一致的（至少共享一个模型），而对塔斯基则不需要如此。因而，从冲突的角度看，塔斯基允许一切，而波尔扎诺则完全不是。

再重述我们的三重格式，波尔扎诺的演绎性概念可以表述如下（见[vBe84a]）：

$\Theta|\alpha\Rightarrow\varphi$，如果

（1）Θ 和 α 的合取是一致的。

（2）对于 Θ 加 α 的每个模型证明了 φ。

因此，波尔扎诺的概念可以被看作（从时代错误的角度）是塔斯基的推论外加一致性的附加条件。但波尔扎诺并未就此止步，对其演绎性的更好提炼出现在其准确演绎性（exact deducibility）的概念中，即对“相关性”提出了更高要求。一个现代版本涉及包含项-最小性（inclusion-minimality）的溯因项的集合，它可以被转化为如下形式（同样带有某些历史偏见）：

$\Theta|\alpha\Rightarrow^{+}\varphi$，如果

（1）$\Theta\mid\alpha\Rightarrow\varphi$。

（2）不存在 α 的合适子集 α，α'，可以使 $\Theta\mid\alpha'\Rightarrow\varphi$。

这意味着，除了与背景理论一致外，前提集合 α 必须是“完全可解释的”，其中它的子部分完全不能产生导出物（derivation）。注意，这可能导致非单调性。下面是一个例子：

$\Theta|\ a\rightarrow b, a\Rightarrow^{+}b$

$\Theta|\ a\rightarrow b, a, b\rightarrow c\not\Rightarrow^{+}b$

出于某些理由，波尔扎诺的逻辑研究计划同我们的溯因推理研究（以及对通用非单调性推论关系的研究）有关。它暗示了在方法论观点上，我们所需要的并不是发展不同的逻辑作为掌握不同推论类型的方法。而且，他的著作强化了一项早期的论断，即仅通过真值并无法完全理解和解释推理。更具体地说，他的观点仍然有影响。例如，精确演绎性同科学哲学中的解释有惊人的相似性（见第五章）。

4. 作为一种反向演绎的溯因解释推论

本部分中，我们将溯因解释推论定义为一种经典推论的强化形式。我们将沿着人工智能中的溯因思路，以及亨普尔式的解释观，用下雨这个简单例子说明我们的目的，并以如下经典命题逻辑形式出现：

Θ: $r\rightarrow w, s\rightarrow w$

φ : w

一个形式规则 α 算作一个关于 Θ 解释 φ 的首要条件是推论的必要条件。许多形式规则会满足这个条件。除早期提到的明显解释（r：下雨；s：洒水器开启），人们会用它们的合取将任何其他形式规则相联合，即使后者对 Θ（比如，$r\wedge\neg w$）而言是不一致的。人们可以依据事实本身（w），或者，可以完全通过新事实或者新规则（孩子们在玩水，导致了地面变湿）。

推论：$\Theta, \alpha \vDash \varphi$

α's: $r, s, r \wedge s, r \wedge z, r \wedge \neg w, s \wedge \neg w, w, [c, c \to w], \Theta \to w$

其中有些"溯因解释"必须从开始就被排除。我们因而能在左侧加上一致性要求，仅留下如下可能的溯因解释：

一致性：Θ, α 是一致的。

α's: $r, s, r \wedge s, r \wedge z, w, [c, c \to w], \Theta \to w$

如果 φ 无法由 Θ 推出，溯因解释 α 仅仅是必要的。否则，任何一致的形式规则都可以算作溯因解释。因而，我们重复早先提到的溯因触发机制：$\Theta \nvDash \varphi$ 。其自身无法排除上述清单中的任何潜在的溯因项（因为它并没有包括论证 α）。但是，为了避免我们所说的附加解释——那些根本不使用背景理论（像我们例子中的小孩玩水的解释）——它必须要求 α 自身解释 φ 是不充分的（$\alpha \nvDash \varphi$）。特别地，这一条件避免了平凡的自反性解释 $\varphi \not\Rightarrow \varphi$。这样只有如下解释留在了我们的例子列表中：

解释 $\Theta \nvDash \varphi, \alpha \nvDash \varphi$

α's: $r, s, r \wedge s, r \wedge z, \Theta \to w$

现在 Θ 和 α 都有助于解释 φ。然而，我们仍然要面对一些看起来不像真解释（$r \wedge z, \Theta \to w$）的形式规则。因而，我们探索出一个仅承认"最佳解释"的更灵敏的标准。

5. 选择最佳解释

直观地看，选择最佳解释的陈述的一个合理基础就是其简单性。它应该是最小的，例如，在完成它的工作时尽可能弱。这将使我们在上述例子中 r 和 $r \wedge z$ 之间选择前者。正如皮尔士所指出的，我们想使解释"至少能附加已被观察的现象"（见[CP, 6.479]）。这个简单性标准在科学哲学和人工智能中被广为考究。但是，其精确构想仍处于争议中，因为衡量这种简单性是一种滑稽的事。一种尝试掌握简单性的逻辑方法如下：

最弱的溯因解释：

α 是 φ 关于 Θ 的最弱的溯因解释，当且仅当

（1）$\Theta, \alpha \vDash \varphi$；

（2）对其他所有形式规则 β，如 $\Theta, \beta \vDash \varphi$, $\vDash \beta \to \alpha$。

这一定义使得 r 和 s 的解释几乎是上述例子中最弱的，这正是我们所要的。大部分符合，而非全部。因为解释 $\Theta \to w$，一种平凡的解决方法，证明是最小的解释。以下是对这种结果的一个民间观察：

事实1　假定任何理论 Θ 和观察 φ 要用平凡的方法解释，$\alpha = \Theta \to \varphi$ 是弱溯因解释。

证明：显然，我们有 $\Theta, \Theta \to \varphi \vDash \varphi$。而且，让 α' 是任何其他解释。这表明 $\Theta, \alpha' \vDash \varphi$。但是我们也有（通过条件化）$\alpha' \vDash \Theta \to \varphi$，因此 $\vDash \alpha' \to (\Theta \to \varphi)$。 ⊣

$\Theta \to \varphi$ 是一个解决方法，它将总是以一个演绎形式被算作解释，几位科学哲

学家已经注意到了这一点 [Car55]。它已被用作一种论证来表明这个问题如何对溯因项的句法形式加以限制。可以肯定，在这种情形中，这种解释似乎太复杂，以至于不能说明。所以我们将拒绝这个提议，并注意到它不能直觉地认识（更不要说对比）“最小”解释，比如我们所用例子中的 r 和 s。

该文本中也存在最小性的其他标准，其中之一是基于偏好序的。假设一个可用性主张的明确次序，最佳解释则是最偏好的。在我们的例子中，我们可以确定次序，其中不一致的解释是最不偏好的、最简化的。这些偏好进路是很灵活的，而且也能适应于不同的工作直觉。然而，它们仍然要取决于许多因素，包括背景理论。这似乎超出了逻辑框架范围，而指向一种进一步的“经济”决策标准，如效用。典型的例子是皮尔士在选择最有希望的假设时的“研究的经济性”。什么使得一个假设是好的或者最佳的，这个问题很难回答。人们可以借助简单性、可能性或者预测力回答这个问题。为了使问题更复杂，我们通常不将解释的质量同固定的理论进行（局部）比对，而是同整体的“理论+解释”进行（全局）比对。这种观点让我们有更广阔的选择空间。由于我们无法用逻辑的方法阐明这些问题，我们在此将忽略这些维度。

进一步地研究需要更精确的理论结构观点以及推理实践，即沿着我们早先在参考文献①中提到的思路，或者更雄心勃勃的是，遵循科学哲学中流行的“似真性”（verisimilitude）进路（见[Kui87]）。

我们以一个最终观察结束这一部分。也许，为什么“最小性”概念已经证明如此难以捉摸的一个理由仍然是我们早先提及的产物-过程的区分。哲学家们已经尝试用陈述的内在属性和作为产物的推论定义最小性。但是这更体现过程的特征，同执行溯因的某些特殊程序中的计算努力有关。因而，同一项陈述，在一项溯因中可能是最小的，但在另一项溯因中却是非最小的。

6. 溯因解释的特征类型

依据上述我们对溯因解释不同要求的描述，我们提供更具体的标准以供参考。我们考虑溯因解释的五个版本，它们组成以下类型，即清晰、一致、解释、最小及偏好，定义如下：

假定 Θ（一组形式规则）和 φ（一个句子），α 是一项溯因解释，如果：

清晰：

$\Theta, \alpha \models \varphi$

一致：

（1）$\Theta, \alpha \models \varphi$

（2）Θ, α 一致

① 模型偏好（而不是陈述偏好）主要是提供用于溯因的推论机制。

解释：

（1）$\Theta, \alpha \models \varphi$

（2）$\Theta \not\models \varphi$

（3）$\alpha \not\models \varphi$

最小：

（1）$\Theta, \alpha \models \varphi$

（2）α 是最弱的那种溯因解释（不等于 $\Theta \rightarrow \varphi$）。

偏好：

（1）$\Theta, \alpha \models \varphi$

（2）依据给定的偏好序 α 是最佳溯因解释。

当然，我们也可形成其他组合，但是它们将总是呈现许多特征现象，但这些要求并不是依赖于经典推论的。例如，第五章中，一致性和解释性要求也在统计推论中得到了很好的体现。前者也考虑待解释项 φ（因为在概率推理中，即使前提一致，也可能推出两项相冲突的结论）。当一项解释有助于产生解释的概率性时，后者有助于获得。

溯因的一种完整版本将使该形式规则成为可导出的、一致的、解释的及最佳可能的被溯因部分。然而，我们不是涵盖所有这些条件，而是逐一考虑这些条件。这样做澄清了增加到清晰的溯因概念上的每个必要条件的限制类型。我们的标准版本会把这些必要条件置于经典推论底部。但是，我们也简要考察包括其他推论概念的版本。我们发现，当把解释的推理的复杂性的增加与经典推论相比时，我们的不同溯因概念拥有优势，但是也有劣势。

直到现在，我们可以说溯因推论可以用反向演绎加附加条件来描述。然而，这就是我们所说的溯因逻辑的全部吗？以上定义的确无法获得该推理类型背后的理性原则，如上文提及的非单调性。

接下来，我们从本章前面介绍的结构视角出发，描述溯因推论的特征。这种方法已成为跨越非标准逻辑范围的流行方法。我们的系统分析将从该视角探讨不同的溯因类型。

四、溯因解释推论：结构特征概括

1. 一致的溯因解释推论

我们重新回顾一下定义：

$\Theta \mid \alpha \Rightarrow \varphi$ 当且仅当

（1）$\Theta, \alpha \models \varphi$。

（2）Θ, α 是一致的。

首先要注意的是，左边的这两项表现对称：

$\Theta| \alpha \Rightarrow \varphi$ 当且仅当 $\alpha | \Theta \Rightarrow \varphi$

的确，在这种情形下，我们可能在技术上把问题完全简化为一个双重形式：$X \Rightarrow C$，其中 X 代表 Θ 和 α 的合取，C 代表 φ。为了使这些与前面提及的非经典逻辑的结构分析相一致，我们把 X 看做形式规则的一个有限序列 X_1，…，X_k，把 C 看做一个单一的结论。

2. 经典结构规则

在经典推论的结构规则中，缩减和序列保持溯因的一致，但是自反性、单调性和截断则不是，见下例反例：

自反性：$p \wedge \neg p \not\Rightarrow p \wedge \neg p$

单调性：$p \Rightarrow p$，但是 $p, \neg p \not\Rightarrow p$

截断：$p, \neg q \Rightarrow p$，而且 $p, q \Rightarrow q$，但是 $p, \neg q, q \not\Rightarrow q$

1）新结构规则

以下是上述失败规则的一些限制版本，其余对一致性溯因有效：

（1）条件自反性（CR）：

$$\frac{X \Rightarrow B}{X \Rightarrow X_i} \quad (1 \leqslant i \leqslant k)$$

（2）同时截断（SC）：

$$\frac{U \Rightarrow A_1 \cdots U \Rightarrow A_k \quad A_1, \cdots, A_k \Rightarrow B}{U \Rightarrow B}$$

（3）结论一致性（CC）：

$$\frac{U \Rightarrow A_1 \cdots U \Rightarrow A_k}{A_1,\ \cdots,\ A_k \Rightarrow A_i} \quad (1 \leqslant i \leqslant k)$$

这些规则表述如下：条件自反性要求序列 X 导出某些其他序列（$X \Rightarrow B$），因为这确保一致性。同时当它的每个元素 A_i 是由 U 一致地导出时，截断是截断和缩减的组合，其中序列 A_1，…，A_k 可能在结论中被省略。而这一规则反过来一致地导出 B。如果每个元素一致地由某些序列（任意 U）蕴含，结论一致性表明序列 A_1，…，A_k 蕴含了它的元素。这是自反性的另一种形式。

命题 2：这些规则对于一致性溯因是充分的。

证据：三个例子都很容易由对应的经典推论保持的简单集合-理论推理得到检验。因而，唯一需要验证的是，这些规则的结论中所提及的前提必须是一致的。对于条件自反性，这是因为 X 总是一致地蕴含某物。同时对于截断，这是因为 U

总是一致地蕴含某物。最后，对于结论一致性，理由是 U 必须是一致的，而且被包含在所有 A_i 的交叉点，这个交叉点也是一致的。

2）表征原理

给出的结构规则实际上描述了一致性溯因的特征：

命题 3：当且仅当它是以一致性溯因的形式被表征的，推论关系满足结构规则（1）（CR），（2）（SC），（3）（CC）。

证据：规则的可靠性上述已证明。现在考虑完备性方向。设⇒是任何能满足规则（1），（2），（3）的抽象关系。对任意命题 A 的定义

$$A^{*}=\{X\,|X\Rightarrow A\}$$

现在我们说明该表征充分性的如下陈述：

论断：A_1，…，$A_k\Rightarrow B$，当且仅当 $\phi\subset A^{*}{}_1\cap\cdots\cap A^{*}{}_k\subseteq B^{*}$。

证据："仅当"。由于 A_1，…，$A_k\Rightarrow B$，通过规则 1（CR），我们得到 A_1，…，$A_k\Rightarrow A_i$（$1\leqslant i\leqslant k$）。因此，A_1，…，$A_k\in A_i^{*}$，对于每个 i 有 $1\leqslant i\leqslant k$，它给出适当的结论。接下来，让 U 是所有 A_i^{*}的交叉点中的任何序列，对于 1，…，k，即，$U\Rightarrow A_1$，…，$U\Rightarrow A_k$。根据规则 2（SC），$U\Rightarrow B$，比如 $U\in B^{*}$，我们已经说明第二个包含项（inclusion）。

如果使用非空的假设，比如让 $U\in\cap A_i^{*}$，对于 1，…，k，比如，$U\Rightarrow A_1$，…，$U\Rightarrow A_k$。

根据规则 3（CC），A_1,…, $A_k\Rightarrow A_i$（$1\leqslant i\leqslant k$）。根据第二个包含项，那么 A_1，…，$A_k\in B^{*}$。根据函数*的定义，这意味着 A_1，…，$A_k\Rightarrow B$。 ⊣

3）更熟悉的结构规则

上述规则刻画了一致性溯因的特征。即便如此，存在着我们更熟悉的结构规则依然有效，包括单调性和截断的修正形式。例如，我们容易看到⇒满足修正的单调性的形式：B 可能被增加为一个前提，如果这个增加不危及一致性。而且后者可能由它们"隐含"任何结论来表明：

（1）修正的单调性：

$$\frac{X\Rightarrow A\quad X,B\Rightarrow C}{X,B\Rightarrow A}$$

由于这不是上述所列的部分，我们期望从以上原则获得导出物。而且的确存在一个：

（2）修正的单调性导出物：

$$\cfrac{\cfrac{X,\ B\Rightarrow\ C}{X,\ B\Rightarrow X'_is}\,1\qquad X\Rightarrow A}{X,\ B\Rightarrow A}\,2$$

这些导出物也有助于我们如何用非经典结构规则完美地推理。另一个例子是如下修正的截断的有效形式。

（3）修正的截断：

$$\frac{X\Rightarrow A\quad U,\ A,\ V\Rightarrow B\quad U,\ X,\ V\Rightarrow C}{U,\ X,\ V\Rightarrow B}$$

这可以从如下导出：

（4）修正的截断导出物：

$$\dfrac{\dfrac{U,X,V\Rightarrow C}{U,X,V\Rightarrow U's,V's}{}_{1} \qquad \dfrac{\dfrac{U,X,V\Rightarrow C}{U,X,V\Rightarrow X'_i s}{}_{1} \qquad X\Rightarrow A}{U,X,V\Rightarrow A}{}_{2} \qquad U,A,V\Rightarrow B}{U,X,V\Rightarrow B}{}_{2}$$

最后，我们检查一些经典的结构规则，它们的确仍然像以往一样有效，表明规则（3）的力量：

（5）序列：

$$\dfrac{\dfrac{\dfrac{X,A,B,Y\Rightarrow C}{X,A,B,Y\Rightarrow X \quad X,A,B,Y\Rightarrow A \quad X,A,B,Y\Rightarrow B \quad X,A,B,Y\Rightarrow Y}{}_{1}}{X,B,A,Y\Rightarrow X \quad X,B,A,Y\Rightarrow B \quad X,B,A,Y\Rightarrow A \quad X,B,A,Y\Rightarrow Y}{}_{3} \quad X,A,B,Y\Rightarrow C}{X,B,A,Y\Rightarrow C}{}_{2}$$

（6）缩减（一个样本案例）：

$$\dfrac{\dfrac{\dfrac{X,A,A,Y\Rightarrow B}{X,A,A,Y\Rightarrow X'_i s,A,Y'_i s}{}_{1}}{X,A,Y\Rightarrow X'_i s,A,Y'_i s}{}_{3} \qquad X,A,A,Y\Rightarrow B}{X,A,Y\Rightarrow B}{}_{2}$$

这样，被定义为经典推论加一致性必然要求的一致性溯因推理，具有自反性、单调性和截断的适当形式，对于这些特征，一致性溯因推理被保证前提仍然是一致的。序列和缩减不受一致性必然要求的影响，因此，经典形式仍然是有效的。更一般地，前面的例子表明，修正所有经典结构原则的简单方法，是通过加入一个附加前提来保证一致性的。

同样简单的是，我们对推理概念特点的描述，的确提供了在本章第三部分介绍的波尔扎诺的演绎性概念的一个完整的结构描述。

3. 解释性溯因（解释性）推理

解释性溯因的解释性推理（简称解释性溯因）被定义为清晰溯因（$\Theta,\alpha\vDash\varphi$）加上必然性条件（$\Theta\nvDash\varphi$）和不充分性（$\alpha\nvDash\varphi$）。然而，我们将考虑一个更弱的版本（它仅仅考虑前者的条件），并分析其结构规则。从技术的观点看，这实际上有点容易。这个完全版本仍然受到普遍关注，因为它描述了两个前提集的“必要的协作”，以得到一个结论。我们将在第五章中联系科学解释的哲学模型对此做进一步的分析。我们改述我们的观点为：

弱解释性溯因：

$\Theta\mid\alpha\Rightarrow\varphi$ 当且仅当

（1）$\Theta, \alpha \vDash \varphi$。

（2）$\Theta \nvDash \varphi$。

首先要注意的是，我们必须放弃前提的这个双重格式和结论。这个概念是非对称的，因为 Θ 和 α 具有不同的作用。给定这样一个三重格式，我们需要结构规则的一个更精细的观点，比如，目前存在两种单调性，一个是当形式规则被增加到解释时，另一个是当它被增加到理论时：

（1）溯因解释的单调性：

$$\frac{\Theta \mid \alpha \Rightarrow \varphi}{\Theta \mid \alpha, \mathrm{A} \Rightarrow \varphi}$$

（2）理论的单调性：

$$\frac{\Theta \mid \alpha \Rightarrow \varphi}{\Theta, \mathrm{A} \mid \alpha \Rightarrow \varphi}$$

前者是有效的，而后者是无效的。（反例是 $p|q, r \Rightarrow q$，但 $p, q|q, r \not\Rightarrow q$）。解释的单调性表明，对事实的解释不能是无效的，当我们强化这种解释时，只要该理论没有得到修正。

这里是关于弱解释溯因的一些有效原则。

（1）弱解释自反性：

$$\frac{\Theta \mid \alpha \Rightarrow \varphi}{\Theta \mid \varphi \Rightarrow \varphi}$$

（2）弱解释截断：

$$\frac{\Theta \mid \alpha, \beta \Rightarrow \varphi \quad \Theta \mid \alpha \Rightarrow \beta}{\Theta \mid \alpha \Rightarrow \varphi}$$

此外，缩减和序列的经典形式在该条（bar）的每一边都是有效的。当然，我们不应该用该解释槽中的要素改变该理论的要素序列，反之亦然。当这些原则与上述单调性的有效形式一起被使用时，我们推测给定的原则完全刻画了弱解释溯因概念的特点。

4. 有合取项的结构规则

纯结构规则不包括任何逻辑合取项（译者注：即连接符）。然而，存在自然的合取项，它们可能被用于溯因推论中。例如，所有布尔数学系统操作能够被用于其标准意义。这些也将产生推论的有效原则。特别地，以下著名的经典规律支持现在研究的溯因推论的所有概念：

（1）Θ-前件的析取：

$$\frac{\Theta_1 \mid A \Rightarrow \varphi \quad \Theta_2 \mid A \Rightarrow \varphi}{\Theta_1 \vee \Theta_2 \mid A \Rightarrow \varphi}$$

（2）后件的合取：

$$\frac{\Theta \mid A \Rightarrow \varphi_1 \quad \Theta \mid A \Rightarrow \varphi_2}{\Theta \mid A \Rightarrow \varphi_1 \wedge \varphi_2}$$

这些规则将在我们关于溯因的提议的计算中起作用，我们后面会阐明这一点。

以下是另一种借助否定和经典导出性表达单调性的方法：

$$\frac{\Theta \mid \alpha \Rightarrow \varphi \quad \Theta \mid \alpha \nvdash \neg\beta}{\Theta \mid \alpha, \beta \Rightarrow \varphi}$$

在我们所列的溯因的其他版本中，我们得出几点简单的观点。我们没有在任何技术的意义上承诺去描述这些观点。

5. 最小和偏好溯因解释推论

现在考虑我们的最小溯因的版本。有人表明 $\Theta, \alpha \vDash \varphi$ 和 α 是最弱的这种解释。相比而言，根据某些给定的偏好序，偏好溯因表明 $\Theta, \alpha \vDash \varphi$ 和 α 是最佳解释。对于前者，除了上述关于前件的析取规则外，没有任何我们看到的其他规则是有效的。但是它的确满足如下传递性（transitivity）的形式：

（1）最小溯因的传递性：

$$\frac{\Theta \mid \alpha \Rightarrow \varphi \quad \Theta \mid \beta \Rightarrow \alpha}{\Theta \mid \beta \Rightarrow \varphi}$$

对于偏好溯因，目前还没有任何已经形成的结构规则，原因是形式规则中的相关偏好序本身需要在我们的推理规则的形成化中被获得。单调性的一个有效形式化将是遵循如下路径的某种东西：

（2）偏好溯因的单调性：

$$\frac{\Theta \mid \alpha \Rightarrow \varphi \quad \alpha, \beta < \alpha}{\Theta \mid \alpha, \beta \Rightarrow \varphi}$$

在我们看来，这个不再是一个结构规则，因为它增加了一个数学关系（<的偏好序），该关系一般是根据该推理本身被表达的。然而，这会引起争论，它的解决依赖于每个逻辑工匠（artisan）喜欢用什么逻辑进行表征。在任何情形下，这个形式超越了本书的研究范围。

6. 非标准推理的结构规则

目前，所有的溯因版本都是基于经典推论的。在这一部分，我们简单地探讨结构行为，当推理的基本概念是非标准时，正如在偏好演推中那样。而且，我们在逻辑编程中插入关于溯因和归纳的结构规则的一些术语。

1）偏好推理

说明作为偏好演推的推理参数意味着 $\Theta, \alpha \Rightarrow \varphi$，如果（仅）最偏好的模型 $\Theta \cup$

α 被包括在模型 φ 中。这会产生一个完全不同的结构规则集。这里是一些有效的例子，转化为我们的三元形式规则[KLM90]：

（1）自反性：

$$\Theta, \alpha \Rightarrow \alpha$$

（2）谨慎单调性：

$$\frac{\Theta \mid \alpha \Rightarrow \beta \quad \Theta \mid \alpha \Rightarrow \gamma}{\Theta \mid \alpha, \beta \Rightarrow \gamma}$$

（3）截断：

$$\frac{\Theta \mid \alpha, \beta \Rightarrow \gamma \quad \alpha \Rightarrow \beta}{\Theta \mid \alpha \Rightarrow \gamma}$$

（4）析取：

$$\frac{\Theta \mid \alpha \Rightarrow \varphi \quad \Theta \mid \beta \Rightarrow \varphi}{\Theta \mid \alpha \vee \beta \Rightarrow \varphi}$$

有趣的是，我们会更详细地看到，当我们增加了“一致性”和“解释”的进一步条件时，这些规则会发生什么变化。总之，所发生的仅仅是，我们进行了结构修正，这与前面对经典推论的修正很相似。因此，对一个偏好证据引擎而不是经典推论的选择，似乎与溯因的行为构成正交关系。

2）Prolog 计算的结构规则

通过结构规则的分析可能也执行具有一个更程序化特点的概念⇒。特别是，前面提及的 Prolog 计算的情形服从清晰的结构规则（见[vBe92, Kal95, Min90]）。它们的形式有点不同于经典形式，因为我们需要表征前提的更多 Prolog 程序结构，包括规则前部的信息（同样，卡尔斯比可（Kalsbeek）[Kal95]给出逻辑程序的结构规则的一个完备计算，包括作为截断操作的那种控制装置）。这些系统（在上述推理中）的根岑类型连续计算的特征表达是形式$[P] \Rightarrow \neg \varphi$ 的序列，其中 P 是一个（命题的 Horn 从句）程序，φ 是一个原子。一个目标的失败被表达为$[P] \Rightarrow \neg\varphi$（意思是 φ 有限地失效）。在这种情形下，有效单调性规则必须考虑增加前提的位置，因为 Prolog 对其程序从句的次序是敏感的。因此，在下列规则中，第一个是有效的，但第二个是无效的：

（1）右单调性：

$$\frac{[P] \Rightarrow \varphi}{[P; \beta] \Rightarrow \varphi}$$

（2）左单调性：

$$\frac{[P] \Rightarrow \varphi}{[\beta; P] \Rightarrow \varphi}$$

反例：$\beta = \varphi \leftarrow \varphi$

溯因逻辑程序的完备结构计算问题将不在本书中陈述。我们只是简单提及，“溯因更新”（abductive update）的一个自然规则如下：

原子溯因更新：

$$\frac{[P]\Rightarrow\neg\varphi}{[P;\varphi]\Rightarrow\varphi}$$

下一章，我们将暂时地返回到溯因作为一个过程的结构规则。

3）归纳的结构规则

与溯因不同，枚举归纳是一类推理，它解释一组观察，并对进一步的观察做出预测（见第二章的讨论）。我们先前的后件合取规则已经暗示如何对进一步的观察做出说明，假如我们说明下面的逗号作为形式规则中的合取（在常见的根岑演算中，右边的逗号被解释为析取）：

$$\frac{\alpha\Rightarrow\varphi_1\quad\alpha\Rightarrow\varphi_2}{\alpha\Rightarrow\varphi_1,\varphi_2}$$

也就是说，假如 α 也独立地说明它，当一个形式规则 φ_2 被添加时，一个对于 φ_1 的归纳解释 α 仍然是一种解释。注意，这个规则是一类单调性，但是这一次增加是在结论集一方，而不是在前提集一方。更一般地，一组形式规则的一种归纳解释 α 对于更多输入数据 ψ 当它解释它时仍然是有效的：

关于观察的（归纳）单调性：

$$\frac{\Theta\,|\,\alpha\Rightarrow\varphi_1,\cdots,\varphi_n\quad\Theta\,|\,\alpha\Rightarrow\psi}{\Theta\,|\,\alpha\Rightarrow\varphi_1,\cdots,\varphi_n,\psi}$$

为了提出一套规则来描述归纳解释的特点，我们将对其属性做进一步的分析，但是这超越了这个论题的范围。然而，我们所预见的是，从结构的观点看，研究枚举归纳将会使标准结构分析产生又一个转向，即对结论中的变化给出说明。

7. 进一步的逻辑问题

目前，我们的分析仅碰到了这个广泛领域的皮毛。在这一部分我们讨论推理的溯因类型的许多更技术化的逻辑方面。这能够确认进一步的问题，该问题似乎与理解溯因的逻辑属性相关。

1）完备性

普通的完备性原理有如下形式：

$$\Theta\vDash\varphi\quad\text{当且仅当}\ \Theta\vdash\varphi$$

根据我们的三元格式（ternary format），我们认为会产生某些相似的等价，并对逗号两边的前提做出一种可能的不同处理：

$$\Theta,\alpha\vDash\varphi\quad\text{当且仅当}\ \Theta,\alpha\vdash\varphi$$

对于目前我们已经描述的溯因的任何版本，我们能够获得如此完备的结果吗？

这里有两个极端：

对于上述溯因的特征的表征论证，可能被重新插入一个非常简单的完备性原理的类型（见第七章[vBe96a]）。特别是对一致性溯因，我们先前的论证本质地表明：$\Theta, \alpha \Rightarrow \varphi$ 遵循一套三元序列 Φ，当且仅当它仅使用上述导出的规则（CR），（SC），（CC）能够从 Φ 被导出。

这些表征论证可被看做“穷人”的完备证据。因为它们是一种没有逻辑算子的语言。更丰富的语言通过专家算子生成，完备性论证需要被使用的表征的相应“更新”（对于范畴和相干逻辑的情形，这种向上路径的一种详细分析见 [Kur95]。对于推理的动态类型[Gro95]详细地考虑同一个问题）。在某些层次，不能期望有更完备的原理。所期望的证据理论概念$\vdash$的复杂性通常是递归地可枚举的（Σ_1^0）。然而，我们此后的分析表明，运用谓词-逻辑语言，语义溯因$\vDash$的复杂性将会高得多。理由是，它将可导出性与非导出性相混合（由于一致性条件）。

所以，获得有意义的完备性的最佳机会是运用中间语言，如命题逻辑语言。在那种情形中，溯因仍然是可以决定的，而且我们也希望发现它的简单证据规则（在命题逻辑中，完全公理化同时发生的“证据”和“错误”在技术上是相似的研究见[Tam94]）。当增加命题算子$\neg$, $\wedge$,$\vee$时，我们能够把我们的表征论证转变为成熟的完备证据吗？我们已经看到，我们的确获得了像前件的析取和后件的合取这样的自然有效原则。然而，不存在任何普遍方法，它能够将一个表征结构与更熟悉的命题完备性论证结合起来。一个成功转化的案例（虽然不重要）见[Kan93]，但是必要的困难在[Gro95]得到确认。

这里不是要解决完备性问题，而是为一致性溯因的序列计算仅仅提出以下公理和规则（我们标记为$\vDash_c$），接下来是：

（1）公理：$p \vDash_c p$

（2）合取规则：

$$\wedge_1 \frac{\Theta \vDash_c \varphi_1, \quad \Theta \vDash_c \varphi_2}{\Theta \vDash_c \varphi_1 \wedge \varphi_2}$$

以下是有效的，假定 α, ψ 是具有唯一肯定命题字母的形式规则：

$$\wedge_2 \frac{\alpha \vDash_c \alpha, \quad \psi \vDash_c \psi}{\alpha, \psi \vDash_c \alpha}$$

$$\wedge_3 \frac{\alpha, \psi \vDash_c \varphi}{\alpha \wedge \psi \vDash_c \varphi}$$

（3）析取规则：

$$\vee_1 \frac{\Theta_1 \vDash_c \varphi \quad \Theta_2 \vDash_c \varphi}{\Theta_1 \vee \Theta_2 \vDash_c \varphi}$$

$$\vee_2 \frac{\Theta \vDash_c \varphi}{\Theta \vDash_c \varphi \vee \psi}$$

$$\vee_3 \frac{\Theta \vDash_c \varphi}{\Theta \vDash_c \psi \vee \varphi}$$

（4）否定规则：

$$\neg_1 \frac{\Theta, A \vDash_c \varphi}{\Theta \vDash_c \varphi \vee \neg A}$$

$$\neg_2 \frac{\Theta \vDash_c \varphi \vee A \quad \Theta \wedge \neg A \vDash_c \psi}{\Theta \wedge \neg A \vDash_c \varphi}$$

我们容易看到，这些规则对$\vDash$作为一致性溯因的说明是充分的。但是这个演算已经与最普通的逻辑系统不同。首先，不存在任何替代规则，由于$p \vDash p$是一个公理，而一般来说，$\psi \vDash \psi$除非ψ仅拥有肯定命题字母，在这种情形中它被证明是一致的。就它本身而言，这并不引人注目（比如，几种模态逻辑没有一个有效的替代规则而存在），但是这当然并不寻常。而且要注意，“把事物移动到左侧”（$\neg_2$）的规则不同于它们的经典对应物，而且其他规则（$\wedge_3$）是熟悉的，但在这里要增加一个保证一致性的条件。即使是这样，人们仍然能够用一个像这样的演算做实际练习。

例如，不包括否定的经典命题逻辑的所有有效原则在这里是可导出的。语义地说，这将产生意义，正如肯定的形式规则总是一致的，而不需要专门的预防措施一样。另外，对于一个典型有效的序列如$p \wedge \neg p \vDash p \wedge \neg p$①，这个演算没有提供任何证据。

2）偏离：溯因解释推理的一般语义观

一般来说，我们能够把一个三元推理关系$\Theta|\alpha \Rightarrow \varphi$看作模型集$\Theta$, α和φ之间的一个三元关系 C（T, A, F）。结构规则所做的是将这些关系仅限制在所有可能性的一个子类（subclass）上（这类分析与自然语言语义学中概括化的量词类似。它可以在[vBe84a]关于逼真的模型理论中找到，或者在科学哲学中[vBe96b]关于一般推理的关系中找到）。当增加足够的规则时，我们可以通过更简单的概念表征一个推理关系，仅包括由我们的三个论证集导出的模型“区域”的一个先验相关 $2^3=8$ 的部分。

在这种情形下，先前的表征论证甚至可能通过包括逻辑算子而被加强，我们

① 理由是，它们的无截断经典证据（满足子形式规则属性）仅包括合取与析取，对于两个规则我们拥有标准规则。

只提供一种标记。可以容易地看到，在析取出现的场合，我们的解释性溯因对于它的可导出的论证 α_i 满足完全布尔数学系统的“分配性”（distributivity）：

$$\Theta \mid v_i \alpha_i \Rightarrow \varphi \quad \text{当且仅当 对于某些 } i, \Theta \mid \alpha_i \Rightarrow \varphi$$

像这样的原则能够被用于减小一个推理关系的复杂性。比如，谓词论证 A 现在可能被减小到一个明智的论证点，因为任何集合 A 是所有单体（singleton）$\{a\}$ 加上 $a \in A$ 的联合体。

3）复杂性

本部分阐述溯因的不同版本的复杂性。非单调逻辑对于模型化常识推理和科学探寻要比经典逻辑好。但是它们在表达力方面获得的好处通常是以更高复杂性为代价的，而且溯因没有任何例外。我们简单地将溯因的复杂性与经典逻辑的复杂性做比较，虽然没有任何明确的结果，但是我们却有某些猜测。特别是，我们从谓词逻辑开始审视一致性溯因。

谓词-逻辑的有效性是不能通过丘奇原理（Church's Theorem）判定的。它的精确复杂性是 Σ_1^0（该有效性是递归的、可枚举的，但不是递归）。（要理解这个结果，考虑一下可导出性的等价断言：“存在一个 P：P 是 φ 的一个证据”）。更一般地，对于算术层级中概念的可定义性，Σ（或者 Π）概念是指通常的前束（prenex）形式。复杂性在这里是通过审视量词前束被测量的，紧随发生的是一个可决定矩阵谓词（matrix predicate）。一个下标 n 表明 n 量词在前束中变化。（如果一个概念既是 Σ_n 又是 Π_n，它被称为Δ_n）。可满足性的补充概念也是不可判定的，在形式 Π_1^0 中是可定义的。现在，溯因推论在这个层级中进一步向上移动。

为了说明一致性溯因不是Δ_2^0-完备的，我们有如下陈述。陈述“Θ, α 是一致的”是 Π_1^0，而陈述“$\Theta, \alpha \vDash \varphi$”是 Σ_1^0（见上述观察），因此，它们的合取使用著名的前束操作可被写成以下形式中的任何一种：

$$\exists \forall DEC \quad \text{或者} \quad \forall \exists DEC$$

因此，一致性溯因处于Δ_2^0 中。这种分析给出了一个上界限，但是我们不能比其做得更好，所以它也有一个下界限。为简约起见，假设一致性溯因是 Σ_1^0，那么我们能够将任何形式规则 B 的可满足性有效地还原到溯因推论 $B, B \Rightarrow B$，因此我们将得到可满足性也是 Σ_1^0。但是波斯特（Post）原理表明，一个既是 Σ_1^0 又是 Π_1^0 的概念必须是可决定的。这是矛盾的，因此 $\Theta, \alpha \Rightarrow \varphi$ 不是 Σ_1^0。同样地，一致性溯因不能是 Π_1^0，因为有另一个还原：这次是从任何形式规则 B 的有效性到真，真$\Rightarrow B$。

一致性溯因不是Δ_2^0-完备的。虽然它处于Δ_2^0 而不是 Π_1^0 中。后者不足以充分到证明其坚硬性（hardness）和完备性，因为我们必须说明每个Δ_2^0谓词都可能被还原到一致性溯因，而且我们仅能够证明它可以被写作 Σ_1^0和 Π_1^0的一个合取，表明它属于Δ_2^0的一个相对简单的部分。

通过相似的论证，我们能够表明先前的弱解释性溯因是在Δ_2^0中，我们考虑的其他变体也是如此。因此，本章中我们对经典推论增加修正的策略是代价昂贵的，因为它增加了其复杂性。另外，我们似乎仅付出这一次代价。无论我们立刻增加一个或者所有溯因的必要条件，关于复杂性它没有产生任何差别。关于具有最小性和偏好的情形，我们没有好的任何相似的结果，因为它们的复杂性将依赖于我们（未指明的）偏好程序。

复杂性在许多实际重要的情形中可能是较低的。首先考虑更匮乏的语言。特别是对于命题逻辑，所有我们的溯因概念仍然是明显的、可决定的。然而，它们的精细结构将是不同的。命题可满足性是 NP-完备的，而有效性是联合- NP-完备的（Co-NP-complete）。

另一个方向将限定我们对谓词逻辑有用片段的注意。例如，没有函数符号的一般从句具有一个可决定的推论问题，因此我们有如下命题：

命题 4：所有我们的溯因解释推理概念在一般从句上是可决定的。

最后，在上述意义上测量的复杂性可能遗漏溯因推理的某些好的特性，比如，溯因项的搜索空间的可能自然界限。[EG95]中发现了一项基于逻辑的溯因复杂性的详细研究，考虑不同类型理论（命题的、从句的、Horn 的）以及几种最小性测量。

8. 语言的作用

我们的溯因概念完全是为任意的形式规则工作的，因此它们对任何专门形式语言没有丝毫的偏见。但是在实践中，我们通常能够处理更简单的形式。例如，观察φ通常是原子的，解释α也是如此。以下是说明什么可能发生的几个观察：

句法限制可能针对“特殊效果”。例如，我们对最小溯因的讨论包含“卡尔纳普的诡计”，它表明选择$\alpha = \Theta \to \varphi$将总是对最小解决有效。但是注意，当只有原子解释被允许时，这种平凡化不再起作用。

这里有另一个例子。假设Θ仅由命题 Horn 从句构成。在这种情形中，我们能够直接决定一个原子结论的最小溯因。一个简单的例子将说明这个一般方法：

假设

$$\Theta=\{q \wedge r \to s, p \wedge s \to q, p \wedge t \to q\}\varphi\{q\}$$

$$q \wedge r \to s, p \wedge s \to q, p \wedge t \to q, \alpha ? \Rightarrow q$$

（1）$\Theta,\alpha \models ((p \wedge s \to q) \wedge (p \wedge t \to q)) \to q$

（2）$\Theta,\alpha \models (p \wedge s) \wedge (p \wedge t) \vee q$

这就是说，我们首先使Θ中所有形式规则的合取都是q置于前部，并建构q的蕴含（1），获得一个形式规则，该规则总是一个溯因解决（一个比$\Theta \to \varphi$稍微简单的形式）。然后建构一个等价且更简单的形式规则（2），其中每个分离（disjunct）也是一个溯因解决（注意它们中的一个是平凡溯因）。这样，执行这个过程涉及一个简单理论，而不是必须从事一个复杂推理过程来产生溯因解释，这是一个相对容易的事情。

最后，我们提及另一个部分语言的、部分本体论的问题，该问题自然地出现在溯因中。正如科学哲学家已经观察到的，在解释中，"个别事实"与"一般规律"之间似乎存在一个自然区分。大体上说，后者属于理论 Θ，而前者作为解释项和待解释项出现。然而直观地看，这种区分的逻辑基础似乎不存在于句法中，而是相反地存在于事物的本质中。我们如何做出这样的区分？（[Fla95]提及这个问题，将它作为理解溯因，甚至执行溯因的一个主要未解决问题。）这里我们所思考的是必须解决此问题的方法。解释在某些具体境遇中被发现，在那些境遇中我们能够检验具体事实。而且，我们举出一般规律，与这个境遇没有关系，它们包括我们居于其中的那类境遇的一般推理。后者的图景不是经典逻辑给予我们的。相反我们将必须思考一个混合的境遇（比如计算机程序中塔斯基的世界，见[BE93]），在那里我们拥有两个信息源：一个是当下境遇的直接探寻；另一个是一般演绎（假定对于这个境遇它是合理的）。于是，溯因的适当形式成为"原理证明"和"模型检验"的一个混合（见[SUM96]）。可惜的是，这超出了本书的研究范围。

五、讨论与结论

1. 溯因解释推理是一个逻辑系统?

溯因概念作为一种逻辑推论的观点，最早可以回溯到皮尔士对不同逻辑推理类型的区分上，即溯因扮演着假设推论的角色。因此，其确定性低而且单调性强。尽管这些因素使其很难被处理，但是确实是它自己类型的一种独特的逻辑系统，它通过哈克的研究方法①可以归入归纳的类型。它与经典逻辑分享语言，而且溯因的结论仅通过经典推论的方式是无效的(但是溯因具有演绎类型的基本推论关系)。它甚至在某种程度上与归纳的第二个特征一致，即其中不大可能出现"假设"/已知的情况，即"假定"/前提为真而结论为假的情况，继而我们能够以试探的方式断定该结论为真。但是溯因也可以归为偏离系统，例如在解释性溯因版本中，其中前提确实有助于断定结论，它们得出结论的方法是相关的。换句话说，语言是相同的，但推论关系更要求结论。

在逻辑的其他归纳与演绎系统的一个更大领域中，溯因解释方式的不同类型使我们拥有一种多元且全局的逻辑观，例如，哈克承认有多种逻辑系统，它们之间与其说是竞争关系和对手关系，不如说是互补关系，因为它们每一个都有一个

① 尽管溯因并未明确包括在哈克的分类系统中，但哈克承认其地位[Haa78,p. 12n]。

具体的有效性概念，对应于一个超-系统的概念，以及一种严格的使论证有效的方法，因此谈论一个逻辑系统正确与否是有意义的，而且有多种意义。最后，对于溯因来说，这个全局观表明它必须寻求全局应用，同主题无关，因而可以在科学推理和常识推理中被发现。

2. 溯因解释推论作为一种结构化的逻辑推论

前面章节中我们将溯因作为一种推论类型进行研究，已经提供了广阔图示中更多的细节。一个形式规则算作一个真正解释的不同条件，产生了推论的不同溯因类型。而且，后者可用于推论的不同基本概念（经典的、偏好的、统计的）。这个作为结果的溯因性解释逻辑与科学哲学中现有的提议相关联，而且甚至可以回溯到波尔扎诺的可推导性（deducibility）概念。它们在本质上倾向于是非单调的。对一些关键案例的进一步逻辑分析揭示了许多更深入的结构规则，尤其是一致性溯因完全被特征化。最后，我们还探讨了关于各类型具体溯因的可能的完备系统，以及溯因普遍的复杂性。

在抽象的元逻辑层面上对溯因解释推论进行分析，允许纯结构视角的观点分析。我们已经获得其裸骨架（bare bone），并研究它的推论类型——关于自身（自反性）、处理新信息（单调性）的能力、重复信息（缩减）的损失、前提呈现的次序（序列）以及处理论证链的能力（截断）。简言之，我们检验了溯因推论关于其反作用于改变世界的能力。正如其所证明的，上述属性没有一个实际是平凡溯因的问题，因为它受经典推论支配，因而观察到了和经典推理同样的行为。上述推论的任何方法容易允许反身性和新信息有效。而且在平凡溯因中，前提次序并不影响推理的结果。最后，截断是一项易遵循的规则。与之相反，一致性溯因甚至不是经典意义上的自反的，而且反过来，一致地解释的每个形式规则都是自反的（或者它通过别的东西被一致地解释），因而保证了一致性。一致性溯因对信息的增长也同样敏感，因为不一致信息根本无法进入。但是如果新数据同理论一起具有解释力，它就可能增加新信息。最后，一致性溯因还处理了一些类型复杂的截断问题，因而给出了一种链接论证的方法。两种类型的溯因推理共有的唯一规则是重复的形式规则和序列的缩减。

这里我们所考虑的是我们分析的主要结果。我们可以看到，溯因解释推论是一种更结构化的推论形式，其行为同经典逻辑相异，但仍具有明确的推论结构。此过程所产生的对经典结构规则的修正，甚至可能出于它们自身的兴趣——我们将这一领域看作是对逻辑学的新挑战。注意，我们并未将溯因的“逻辑”特征定位于（修正的）结构规则的任何具体集合上。如果出版的话，我们会说，自反性、单调性和截断的某些修正的版本似乎是必要的，但是我们必须能够发现一个单一形式结构，它会永久起作用（见 [Gab94a]和[Gab94b]中的关于后者观点的充分讨论）。另外，值得注意的是，我们的三元推论格式，一方面说明了理论和解释的不同作用，另一方面得出了结论。这也产生了更精致的推论规则观，其利害关系我们已经说明。

3. 溯因解释推论和几何学

然而，我们所提议的结构特征仍留下一个未回答的问题，即在何种意义上结构特征可以产生逻辑，产生一个充分的句法的或者语义的特征。甚至，即使技术上的结论已经得到描述，但一些读者仍然怀疑溯因推理是否可以真正地作为逻辑，或许它更适合成为一种推理的特殊类型。毕竟我们接受溯因推理作为一种逻辑，就要接受一种系统，这种系统只能产生实验性结论，而非经典逻辑情形中产生的确定性。我将对这些问题做如下具体概括：

（1）一致性溯因的结构特征在何种意义上可以产生逻辑？

（2）非经典推论如溯因真的是逻辑吗？

对于第一个问题，其答案关乎数学技术问题，即对于一种无算子的逻辑语言，它意味着重新构想使表征原理成为一种完备性原理（回顾一下，虽然结构规则是纯的，但它们没有任何合取项）。此外，溯因的句法特征需要逻辑语言延伸到公理和算子上，以形成一种具有合取项的规则，并且建构一种适当的逻辑溯因演算。这种从一种结构特征获得的一种句法的推进方式，伴随着其他逻辑如动态的、相干的和范畴逻辑的发展，已经成功地被做了研究。关于溯因的语义学，也在这个方向上运用语义树结构的扩展版本，取得了一些解释性工作（见下章）。但是，我猜想，一种溯因版本，如同时认可所有条件的版本，的确会产生一种不完备的逻辑。

对于第二个问题，其解答涉及一个术语问题，即我们究竟想用“逻辑”这个概念指代什么。尽管对推论的结构分析已证实富有成效，而且在[Fla95]中作为描述逻辑的一种卓越工作已经被提出，许多逻辑学家仍然对此提出质疑，并且拒绝承认真实的“逻辑推论”对于非标准类型的结果的地位。

这种境遇在某种程度上让我们想起 19 世纪非欧几里得几何学的出现。欧几里得几何学在第五假设（平行公理）被推翻从而产生新的几何学之前，一直被作为唯一的几何学。其中最突出的是，罗巴切夫斯基（Lobachevsky）的几何学承认不只有一种平行，而黎曼几何学不承认任何平行。这些几何学的合法性最初也遭受了质疑，但是其影响逐渐扩大①。在我们的语境中，是推理类型而不是几何学占据核心位置，不是一项而是多项假设遭受了批判检验。拒绝单调性产生了非单调性逻辑家族，拒绝序列缩减产生了动态推论的类型。另外，线性逻辑通过拒绝缩减被创造。所有这些替代逻辑都可以反映不同的人类推理模式，从而得到经验上的

① 逻辑的类似还可推广得更远，因为这些新几何学有时被标为“元几何学”。

证实。

非经典推理模式能否成为真正的逻辑这一问题，类似于非欧几里得几何是否可以作为真正的几何学。这一问题在很大程度上是术语的问题，而且我们可以决定——如奎因在另一种场合所做的那样（见[Qui61]）——只保守地用“逻辑”这个词有限制地描述变化，而用“推理”这个词或其他合适的替代术语描述更广阔的范围。无论如何，根据结构规则的分析确实帮助我们阐明溯因的有趣特征，无论是逻辑的或非逻辑的。

4. 结论

总之，我们已经表明，溯因可以作为推论的一种纯逻辑概念进行有益的研究。当然，我们并没有穷尽这种观点——但是我们留给其他逻辑学家对其做充分研究。我们声明这种分析也没有像第二章所讨论的那样，完全穷尽了溯因的所有本质特征；相反，对我们研究视角所能达到的范围有明确限制。尽管我们已经成功地描述了一个解释是什么样的特征，甚至说明其在添加或删除信息的条件下如何进行推论，但是却完全没有论及溯因解释的产生问题。后者作为一个过程将是下一章要讨论的主题。另一项明确的限制是我们被限定在“新奇”情形中，其中理论和观察之间没有任何冲突。对于“反常”的情形，我们需要深入到理论的修正中，这将是第八章中所论述的。届时，我们将重新从现在的线索开始，包括溯因的一种完整版本，其中包括了我们所有累积的条件。后者是我们讨论亨普尔的演绎-法则解释模型所需要的。

5. 相关工作

溯因一直被认作是一种具有少数例外的非单调逻辑，没有研究将其作为一种逻辑推论进行描述。在[Kon90]中，溯因的一般理论被定义为具有一致性及最小性附加条件的经典推论，而且也被证明通过赖特（Reiter）的因果理论[Rei87]得到说明，其中一个判断是反常性的一个最小集，该反常性与一个系统的观察行为一致。溯因也被提议作为一个程序机制，其中输入 Q 是一个溯因刺激因素（目标），我们对 Δ'感兴趣，因为 $\Delta+\Delta'$解释 Q（用某些适当的基本推论）[Gab94b, p. 199]。

另一种进路，尽管是独自发展的，却同我们更接近，它由彼得 · 弗拉赫（Peter Flach）在其博士论文《猜想：一种归纳逻辑研究》[Fla95]中所发现，我们简要描述其观点并同我们的工作相对照（下面所述中一部分是基于其提议的最新版本[Fla96a]）。

1）弗拉赫的归纳逻辑

弗拉赫的论文是关于猜想推理的逻辑研究，并被运用到关系数据库得到补充。一种归纳推论关系≺（≺⊆ LxL, L 是命题语言）是一组形式规则；$\alpha \prec \beta$ 被解释为："β 是解释 α 的一种可能归纳假设"，或者为："β 是由 α 确证的一种可能归纳假设。"这种区分主要是为了消除悖论境遇（the paradoxical situation），该境遇是由亨普尔的确证推理的充分条件产生的[Hem43, Hem45]，其中一条证据 E 就能够确证任何假设①。因此，我们提出两种系统：一种是针对确证逻辑，另一种是针对解释逻辑，每一种都提供了对其特征描述的一种合适的表征原理。这两个系统共有一组归纳原则，其主要区别在于：解释没有成为解释前可能就被强化了（H5），确证的假设不用被证明不成立可能就被弱化（H2）。为了给出这些系统共有一类原则的观点，我们论述其中两种，科学哲学中众所周知的证实原则和证伪原则：

I1 如果 $\alpha \prec \beta$ 和 $\vDash \alpha \wedge \beta \rightarrow \gamma$，那么 $\alpha \wedge \gamma \prec \beta$

I2 如果 $\alpha \prec \beta$ 和 $\vDash \alpha \wedge \beta \rightarrow \gamma$，那么 $\alpha \wedge \neg\gamma \nprec \beta$

它们表明：当一个假设 β 在证据 α 的基础上被暂时终结，而且从 α 和 β 得出的一个预测被观察到时，那么 β 对于 α 和 γ（I1）不是对于 α 和 $\neg\gamma$（I2）算作一个假设（后者的一个推论是，自反性仅对于一致性形式规则是有效的）。

2）同我们工作的对比

尽管弗拉赫的研究进路在标记符号和术语上与我们的研究存在差异，但还是在几个方面有联系。他的哲学动机是基于皮尔士和亨普尔的，其方法论也是基于结构规则的，而且我们同意解释项和待解释项均是一个逻辑参数（而不是固定于演绎中）的观点，以及需要用计算的观点补充逻辑进路。然而一旦我们深入到细节中，无论从哲学的观点还是在逻辑的观点看，我们的建议说明了某些基本的差异。

弗拉赫与亨普尔的工作在确证上分道扬镳[Hem43, Hem45]，而我们的工作是基于后来关于解释的建议 [HO48, Hem65]。这导致我们的基础原则中产生了一个矛盾。其中一个例子是（一致的）自反性；这是弗拉赫的通用归纳原则，但由于解释性溯因而被我们所拒绝（因为一项亨普尔的解释充分条件暗示其是无效的，见第五章）。注意，这一属性反映了在确证和解释之间的差异比 H2 和 H5 更基本：证据确证自身，但是它无法解释它自己②。我们系统的技术建构方面也存在差异。尽管弗拉赫的归纳推理概念可以被看做逻辑演推的一种强化形式，但是附加条件的表征明显是在规则中而不是在推论关系中。然而，两种方法之间存在有趣的类

① 这种情况源于接受反身性（H1:任何观察报告都是由自身所确证的）而且，一方面，论述如果观察报告确证了一项假设，则同样确证了它的各项结论（H2）；另一方面，如果观察报告确证了一项假设，它也确证了逻辑地演推它的各项形式规则（H5）。

② 弗拉赫正确地指出，亨普尔自己对悖论的解决是在他的确证逻辑中放弃条件（H5）。我们的观察是，亨普尔后来所发展对解释逻辑的一种独立说明[HO48, Hem65]，意味着他明确区分了确证和解释。事实上，亨普尔的逻辑对后者的区分主要是在原则上而不是在上述提及的区分上。

比，这有待我们进一步解决。我们总结出一般论述：我们的两种方法都凸显了一致性的重要性，这一点在亨普尔关于确证和解释的充分条件，以及在人工智能中的溯因方法中同样也是关键因素。这样，当获得一般猜想推理的本质属性时，波尔扎诺的可导出性观点又出现了。

第四章　作为计算的溯因

一、导　言

前面几章中，我们对溯因的逻辑分析在某种意义上是纯结构的。它们有可能陈述溯因的解释逻辑如何运行，但是无法说明溯因解释是如何产生的。本章中我们将转向一种作为计算过程的溯因问题。现在已经有多种计算溯因的框架，其中包括逻辑编程和语义树结构。前者是一种普遍的观点，而且开启了溯因的逻辑编程[KKT95]和[FK00]的整个领域。后者在[MP93] 和[AN04]中也被用来建议处理溯因问题，而且也符合我们的旨趣。语义树结构是一种有良好动机的标准逻辑框架。正如我们在前一章所介绍的，在这些结构中，不同的搜索策略可通过非标准行为计算几种版本的溯因。而且，我们能够自然地计算多种类型的溯因项(abducibles)：原子（事件）、连接关系或是受限制条件。这超出了溯因逻辑编程的框架，其中的溯因项是来自溯因项的特定集的原子。

本章分为六部分。在本导言之后，我们将给出溯因作为计算的概述。第二部分中回顾了语义树结构的框架，并且提出将树结构的特征延伸到公开的、封闭的和半封闭的结构，以便为溯因解释建立基础。在第三部分，我们首先建议溯因作为树结构扩展的一个过程，每一种溯因版本都对应于背景理论的某些适当的“树结构外延”(tableau extension)。继而我们将溯因的形式结构转换为语义树结构的设置，并提出了两种溯因产生的策略。在第四部分，我们提出了算法来计算这些不同的溯因版本。特别是，具有复杂形式的解释都是由较简单的形式组成的。这让我们能识别那些不具备一致原子说明的情形。这也表明在实际的溯因执行过程中，人们可以为第二章所述的不同的溯因结论加上自己的观点。第五部分讨论了树结构溯因的进一步的逻辑方面。我们以一阶逻辑分析了溯因的语义树结构，尤其是这种情形，即其中相应的规则（同理论和否定的观察相应）被限定地满足但却可能产生无限的树结构。而且，我们描述了更深刻的语义分析，第三章中所讨论的结构规则的有效性，加上我们算法的稳定性和完备性。在第六部分，我们分析了前面各部分有关溯因的树结构处理方案的范围及限定后得出了结论，并且描述了用语义树结构探讨溯因研究领域内的相关工作。

总体而言，本章说明了如何执行溯因，如何对于第三章所述的各种溯因版本给出相应的程序。这些尽管不在我们当前的分析中，但还有更进一步的用途。溯因作为修正可以用语义树结构执行。当详细说明科学中的经验进步（第六章）和人工智能中的信念变化（第八章）的关联时，接下来的章节会说明这一点。我们形式上的详细说明能够促进算法的发展，这些可以进一步得到执行，正如我们在其他研究中已完成的那样（见 [Ali97] 附录 A，关于 Prolog 编码）。

1. 程序溯因——计算的视角

从程序视角研究溯因可以有多种选择。一种方法是标准证据分析，如在逻辑证据理论（见[Tro96]），或者在极度依赖证据-理论动机的特殊逻辑系统，比如相干逻辑，或者线性逻辑。通过既有规则的证据搜索将成为发现溯因项的驱动力。另外一种方法将对纯粹的计算算法编程，以产生我们想要的各种类型的溯因。一个中间可能性是逻辑编程，它将证据理论和算法特点结合起来。后者（算法特点）同我们将溯因逻辑作为证据理论外加控制策略（见第二章）的观点更接近。尽管我们事实上将选择一种不同的路径达到算法特点的目的，但是因为其实际上非常重要，我们仍要概括出该路径的一些特征。

2. 在逻辑编程中进行溯因

逻辑编程中溯因的计算可以通过下述过程建构。我们希望产生一字符串 $\alpha_1,\cdots,\alpha_n$，当把现有程序 P 添加入新事实中时，该系列使得早先失败的目标 φ（惊奇事实）通过 Prolog[①]计算⇒p 最终完成：

α 是问题 φ 的一项溯因解释，给出程序 P，则：

$P \not\Rightarrow_p \varphi$ 而　$\alpha, P \not\Rightarrow_p \varphi$

需要注意的是，我们在程序中插入作为事实的溯因项来作为辅助。这是证据搜索机制的逻辑程序的特征之一，然而，其他立场可能会造成不同的导出效果（derivational effects）。本章中，我们仅对上述现象以及其他解决-类型原理的特征做出说明，而不提供进一步的解释，因为我们关注的重点不在此（见[FK00]中关于溯因逻辑编程的其他论文）。

3. 两种溯因计算

溯因是经由 Prolog 解决机制所产生的，而且也验证了一组“潜在的溯因项”。但是正如我们所注明的，有几种刻画溯因计算特征的方法，也有几种将严格事实添加到 Prolog 程序的方法。一种区分两种基本溯因程序的方法在[Sti91]中被发现，它定义了最明确的溯因（most specific abduction，MSA）和最不明确的溯因（least specific abduction ，LSA）。它们的区别如下：通过 MSA 仅产生作为溯因的纯字符串，而通过 LSA 则不是如此。“纯字符串”是一种可能发生在从句的主要部分

① 译者注：Prolog 为“programming in logic”的缩写，是一种逻辑编程语言，因其编程方法更接近于用逻辑语言描述程序，因而能够快速开发程序。其最初被应用于自然语言研究中，现广泛应用于人工智能研究中，如建构专家系统、自然语言理解和智能知识库等。

及开头部分的溯因，而 P 方案中的“非纯字符串”不能通过在程序中的任何从句中得以解决，因而可能仅出现在一个从句的主要部分。下面的例子说明了这两种程序（这是我们早先提到的下雨常识例子的结合）：

程序 P： $r \leftarrow c, w \leftarrow r, w \leftarrow s$

问题： $q : w$

最明确的溯因： c, s

最不明确的溯因： r

当我们想要从“间接原因”中确定“最终原因”的溯因（MSA）时，这种区分是有用的。这些间接原因可以通过其他得以解释（LSA）。

4. 结构规则

第三章中的逻辑结构规则研究就借用了这一类型的框架。这一次，非标准效应可以反映我们证据搜索程序的一些计算特质（见[Min90, Kal95, vBe92, Gab94b]中更多的这种普遍现象）。对于单调性而言，我们已说明（见第三章）在程序的右侧而非左侧插入一个从句，对于计算逻辑程序是有效的。因而，在一个程序的初始添加一个任意的新形式规则可能会使先前的程序无效。（对于这些插入的原子，我们可以更宽容：但是见[Kal95]中一些容易犯的错误）。对于另一些重要的结构规则，我们考虑自反性。其在如下形式规则中是无效的：

自反性： $\alpha, P \Rightarrow_p \alpha$

但是在如下形式规则中无效：

自反性： $P, \alpha \Rightarrow_p \alpha$

而且，这些结果反映了 Prolog 向下的计算规则。其他算法可以有不同的结构规则①。

二、语义树结构

1. 经典方法

1）树结构的构建

语义树结构的逻辑框架是由贝丝[Bet69]和欣迪卡（Hintikka）（[Hin55]）分别在 20 世纪 50 年代提出的反驳方法。尽管我们称其为“贝丝树结构”，但是该方法的现代版本是在[Smu68]中发现的，这也是我们所表述的。语义树结构的一般观点如下：

为了检验一项形式规则 φ 是否遵循一组前提 Θ，我们为 $\Theta \cup \{\neg\varphi\}$ 中的所有句

---

① 尤其是，自反性的成功或失败可能依赖于一种该程序能否表述一个“环形从句” $\alpha \leftarrow \alpha$。而且，自反性在 MSA 之下是有效的，但无法通过 LSA 的计算也成立，因为字符 α 在规则 $\alpha \leftarrow \alpha$ 中是纯字符。

子建立一种由 $T(\Theta\cup\{\neg\varphi\})$ 所指示的树结构。该结构自身是一个二分支树，由其句子的初始集通过使用每个逻辑关联的规则而建立，逻辑关联具体说明树结构是如何分支的。如果该树结构封闭（每项分支都包含原子形式规则 ψ 及其否定），初始集是不满足的，而且蕴涵关系 $\Theta\vDash\varphi$ 成立。否则，如果所产生的树结构拥有开放分支，则形式结构 φ 就不是 Θ 的一项有效结论。

建构树结构的规则如下。有七项规则，它们可以被归结为两种基本类型的转换规则：一类是合取的（α-type），另一类是析取的（β-type）。如果被合并成树结构的每个形式结构一开始就被转换成命题合取或一个析取标准形式是充分的话，前者针对一个真合取是充分的，后者针对一个真析取是充分的。而且，α-类型规则的应用效果是在开放的分支中添加 α_1 其后紧随 α_2 的效果，而对 β-类型规则的结果操作则是产生了两项开放的分支——β_1 和 β_2，它们居于每个开放的分支中。我们的观点如下：

规则A：

$$\alpha \quad\rightarrow\quad \frac{\alpha_1}{\alpha_2}$$

规则B：

$$\beta \quad\rightarrow\quad \beta_1|\beta_2$$

树结构建构的七项规则如下。双否定是被禁止的。真合取将合取项、否定合取分支添加到两个否定的合取项中。真析取分支分为两个真析取项，而否定析取增加两个否定析取项。蕴含（$a\rightarrow b$）被作为析取（$\neg a\vee b$）。

否定：

$$\neg\neg\varphi \;\rightarrow\; \varphi$$

合取：

$$\varphi\wedge\psi \;\rightarrow\; \frac{\varphi}{\psi}$$

$$\neg(\varphi\wedge\psi) \;\rightarrow\; \neg\varphi|\neg\psi$$

析取：

$$\varphi\vee\psi \;\rightarrow\; \varphi|\psi$$

$$\neg(\varphi\vee\psi) \;\rightarrow\; \frac{\neg\varphi}{\neg\psi}$$

蕴含：

$$\varphi\rightarrow\psi \;\rightarrow\; \neg\varphi|\psi$$

$$\neg(\varphi\rightarrow\psi) \;\rightarrow\; \frac{\varphi}{\neg\psi}$$

2）一个简例

为了说明它是如何工作的，我们给出一个极为简单的例子。对于该结构的详细说明，将随本章的论述而逐渐展开。让 $\Theta=\{r\rightarrow w\}$，设 $\varphi=w$，我们要探讨 $\Theta\vDash\varphi$ 能否成立。树结构图如下。在此，空圆○表明有一个分支开放，而交圆⊗表示该分支是封闭的。树结构 $T(\Theta\cup\{\neg\varphi\})$ 如下：

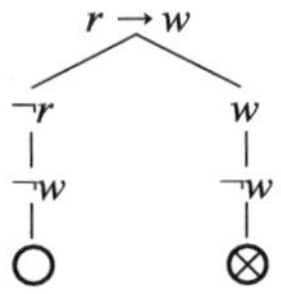

所产生的树结构是开放的，说 $\Theta\nvDash\varphi$。开放分支蕴含着“反例”，即出现了 Θ 为真而 φ 为假的情况（r,w 为假）。更一般地，建构原则是这样的：一个树结构必须通过使用建构规则而被扩展，直到节点内的形式结构不存在任何合取项，而且成为字符串（原子或者其否定）。而且，这个建构过程必须确保树结构的每个节点都只能携带一项 Θ 或者$\neg\varphi$ 的子形式规则（subformula）。

3）逻辑属性

我们当前所述的树结构方法有以下基本属性。当全面搜索一个反例时，它们可以通过对规则和动机的简单分析而建立。接下来，我们将注意力集中于证实那些顶端的形式结构，先暂时搁置对于结论问题而寻找反例的初始动机。这种描述没有造成一般性的任何损失。假设为一个理论 Θ 而设立树结构，即 $T(\Theta)$：

（1）如果 $T(\Theta)$ 有开放分支，Θ 是一致的。每一项开放分支都对应着一种检验模型。

（2）如果 $T(\Theta)$ 使得所有分支封闭，则该理论是非一致的。

另外，更多的计算特征体现在，给出一些初始的确证问题，树结构中的规则应用次序并不影响结果（在命题逻辑中）。该树的结构可能不同，但是关于一致性的结论是相同的。而且，回到逻辑结论问题的形式规则上，我们得出，语义树结构是一种牢固的且完整的系统：

$\Theta\vDash\varphi$ 当且仅当存在 $\Theta\cup\{\neg\varphi\}$的封闭树结构。

假设上述规则的效用减弱了完全性（complexity），树结构就是命题逻辑的一种决策方法。这同谓词逻辑（其中部分内容会在本章第五部分中详细说明）是不同的，在那里量词规则可能会导致不受限制的重复。而在后者（谓词逻辑）的情形中，树结构方法仅是半-决定的（semi-decidable）。对于命题逻辑的情形，我们有：如果形式规则的初始集无法满足，树结构则在有限的步骤中关闭。但是如果它满足条件，则树结构成为无限的，没有终结，同时也记录了一种无限的模型。在本部分中，我们只需考虑命题逻辑的情形。

一种更综合的观察是，树结构有两面。当推演关系不成立之时，自上而下地阅读，开放分支记录下了反例。当推演关系成立时，自下而上地阅读，封闭的树结构很容易作为一种根岑连续微积分证据而得到重建。这并不是该方法的偶然现象。事实上，正如我们在第一章中所注意到的，贝丝的树结构可以被视为对古希腊的分析及证据综合方法的现代形式化研究。

树结构广泛应用于逻辑中，而且还有许多更有趣的属性。更详细的表述，请读者参阅文献[Smu68, Fit90]。为了以下论述的便捷，我们给出了关于树结构的主要观点的快速参考清单。

封闭分支：当树分支包含一些形式规则及否定的时候就会封闭。

原子封闭的分支：当树分支包含一些原子形式规则及否定的时候就会封闭。

开放分支：当树分支不封闭时就是开放的。

完整分支：如果 Γ 中发生的每项 α（参见我们前面所述的两种主要形式规则类型），α_1 和 α_2 都发生在 Γ 中，而 Γ 中发生的每项 β，β_1 或者 β_2 至少有一项发生在 Γ 中，则树分支 Γ 是完整的。

封闭树结构：当所有分支都封闭时，即为封闭树结构。

开放树结构：所有分支中至少有一项分支开放，即为开放树结构。

完整树结构：当所有分支或者是完整的，或者是封闭的，则该树结构是完整的。

X 的证据：形式规则 X 的证据对 $\neg X$ 而言是封闭树结构。

$\Theta \models \varphi$ 的证据：$\Theta \models \varphi$ 的证据对 $\Theta \cup \{\neg\varphi\}$ 而言是封闭树结构。

2. 我们的扩展方法

1）树结构的扩展与封闭

为了计算溯因，我们这里提出一些扩展语义树结构框架的建议。我们描述一种方法为一种理论表征一种树结构作为其分支的联合，以及扩展和描述树结构扩展类型的操作。命题语言和常规合取项（连接词）一起被设想的，其形式结构有三类：字符（原子或其否定），α-型（合取形式），或者 β-型（析取形式）。

2）树结构表征

给出一个理论 Θ，我们通过整合其各项分支表征其相应完整的树结构 T(Θ)。每项分支都与标记那个分支的那组形式规则相一致，即：

$T(\Theta) = [\Gamma_1] \cup \cdots \cup [\Gamma_k]$，其中 Γ_i 可能开放或者自动封闭的。

我们对树结构的处理都是基于完整的树结构，所以我们从现在起就称它们为树结构。

3）树结构与分支扩展

树结构一般由一项形式规则经过一些普通的扩展规则（前面部分已解释）扩展而来。扩展可以用多种方式修正树结构。这要依赖于所添加的形式规则的格式和在原树结构的理论表征中的其他形式规则。如果增添了原子形式规则，则扩展的树结构就像初始树结构，连同这个形式规则附加在它的开放分支的底部。如果这个形式规则有更复杂的形式，该扩展的形式规则可能看上去非常不同（比如，析取引起每个开放分支分裂为两部分）。总之，当将一个树结构扩展为一个形式规则，对开放分支产生的效果可能仅有三种类型：①添加的形式规则不封闭任何开放分支；②它封闭所有开放分支；③它可能封闭某些开放分支而使其他开放。为了计算一致的和可解释的溯因，我们需要清晰地区分这三种扩展树结构的方式。我们分别将它们标记为开放、封闭和半封闭扩展。接下来我们将更精确地定义这些观点。

4）分支扩展

假定一个理论 $T(\Theta)$，将形式规则$\{\gamma\}$添加到它的每个分支 Γ_i，其定义由以下+操作给出：

（1）$\Gamma_i+\{\gamma\}=\Gamma_i$ 当且仅当 Γ_i 是封闭的。

（2）如果 Γ_i 是完全开放分支。

案例 1　$\{\gamma\}$是一个字符。

$\Gamma_i+\{\gamma\}=\Gamma_i\cup\{\gamma\}$

案例 2　γ 是一个 α-类型（$\gamma=\alpha_1\wedge\alpha_2$）

$\Gamma_i+\{\gamma\}=((\Gamma_i\cup\{\gamma\})\ \alpha_1)+\alpha_2$

案例 3　γ 是一个 β-类型（$\gamma=\beta_1\vee\beta_2$）

$\Gamma_i+\{\gamma\}=\{(\Gamma_i\cup\{\gamma\})+\beta_1)\cup((\Gamma_i\cup\{\gamma\})+\beta_2\}$

也即，将形式规则 γ 添加到一个分支，或者是 Γ_i 本身，当它封闭时，或者是它产生的分支的联合。操作+被限定在分支上，但是它容易推广到以下的树结构：

（3）树结构扩展。

$$T(\Theta)+\{\gamma\}=def\cup\{\Gamma_i+\{\gamma\}|\Gamma_i\in T(\Theta)\}\qquad 1\leqslant i\leqslant k$$

我们概念也允许嵌入$((\Theta+\gamma)+\beta)$。注意，操作+仅仅是表达普通树结构扩展规则的另一种方式。因此，从空树结构开始,每个树结构可以被看作一个适当系列+扩展步骤的结果。

5）分支扩展类型

假设一个开放分支 Γ_i 和一个形式规则 γ，我们有如下扩展它的可能性：

（1）开放扩展：

$\Gamma_i+\{\gamma\}=\delta_1\cup\cdots\cup\ \delta_n$ 是开放的，当且仅当每个 δ_i 是开放的。

（2）封闭扩展：

$\Gamma_i+\{\gamma\}=\delta_1\cup\cdots\cup\ \delta_n$ 是封闭的，当且仅当每个 δ_i 是封闭的。

（3）半封闭扩展：

$\Gamma_i+\{\gamma\}=\delta_1\ \cup\cdots\cup\ \delta_n$ 是半封闭的，当且仅当至少一个 δ_i 是开放的和至少一个 δ_j 是封闭的。

扩展也能够通过概括以上定义被限定在整个树结构上。下面几个举例将说明可能发生的不同境遇。

3. 举例

假设 $\Theta=\{\neg a \vee b, c\}$。

$T(\Theta)=[\neg a \vee b, \neg a, c] \cup [\neg a \vee b, b, c]$

（1）开放扩展：T（Θ+ {d}）（d 不封闭任何分支）。

$T(\Theta)+\{d\}=[\neg a \vee b, \neg a, c, d] \cup [\neg a \vee b, b, c, d]$

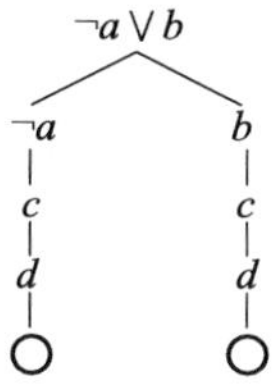

（2）半封闭扩展：T（Θ+{a}）（a 仅封闭一个分支）。

$T(\Theta)+\{a\}=[\neg \mathrm{a} \vee b, \neg a, c, a] \cup [\neg a \vee b, b, c, a]$

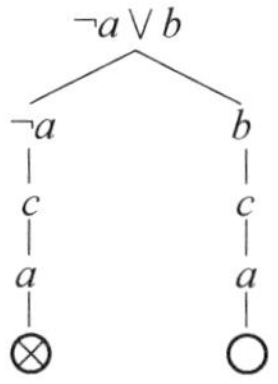

（3）封闭扩展：T（Θ+ {¬c}）（¬c 封闭所有分支）。

$T(\Theta)+\{\neg c\}=[\neg a \vee b, \neg a, c, \neg c] \cup [\neg a \vee b, b, c, \neg c]$

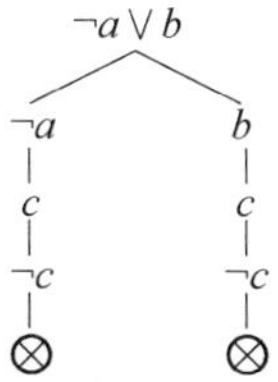

最后，总结一个先前的观点，这些扩展类型与如下方式的一致性相关：

1）一致扩展：

如果 $T(\Theta)+\{\gamma\}$ 是开放的或者半封闭的，那么 $T(\Theta)+\{\gamma\}$ 是一个一致扩展。

2）不一致扩展：

如果 $T(\Theta)+\{\gamma\}$ 是封闭的，那么 $T(\Theta)+\{\gamma\}$ 是一个不一致扩展。

假定这个特征，就容易计算一个给定的树结构，以及每个扩展类型的字符集。在我们上述的例子中有如下这些集合：

开放 $=\{x \mid x \neq a, x \neq \neg c, x \neq \neg b\}$

半封闭 $=\{a, \neg b\}$

封闭 $=\{\neg c\}$

这些建构对于溯因计算是非常有用的。

4. 分支与树结构封闭

我们将会看到，当计算溯因时，假设一个 Θ 和一个形式规则 φ，平凡溯因解释是那些封闭公开分支的 $T(\Theta \cup \neg\varphi)$ 形式规则。为了计算这些规则和其他溯因类型，我们需要定义一个树结构的“整体部分”和“部分封闭”。第一个是所有字符的集合，它封闭该树结构的每个开放分支；第二个是封闭一些但不是所有开放分支的那些字符。出于技术的方便，我们定义分支和树结构这个两个的整体封闭和部分封闭。我们也需要一个辅助概念。一个字符的否定或者是它的一般否定（如果这个字符是一个原子），或者是基本原子（如果这个字符是否定的）。

假设 $T(\Theta)=\Gamma_1\cup\cdots\cup\Gamma_n$

（这里的 Γ_i 只是 $T(\Theta)$ 的开放分支）：

1）分支整体封闭（*BTC*）

封闭一个开放分支 Γ_i 的字符集合：

$BTC(\Gamma_i)=\{x\mid \neg x \in \Gamma_i\}$，其中 x 分布到字符。

2）树结构整体封闭（*TTC*）

那些字符的集合立即封闭所有分支，比如 *BTC* 的交集：

$$TTC(\Theta)=\bigcap_{i=1}^{i=n} BTC(\Gamma_i)$$

3）分支部分封闭（*BPC*）

那些字符的集合封闭该分支但不封闭所有其他开放分支：

$$BPC(\Gamma_i)=BTC(\Gamma_i)-TTC(\Theta)$$

4）树结构部分封闭（*TPC*）

由 *BPC* 的联合形成的集合，比如所有部分封闭树结构的那些字符：

$$TPC(\Theta)=\bigcap_{i=1}^{i=n} BPC(\Gamma_i)$$

特别地，*BPC* 的定义可能看起来令人尴尬，因为它根据分支和树结构整体封闭定义部分封闭。它的动机在于计算部分解释的方法，成为的确能封闭分支的形式规则（所以它们做“解释”），而不封闭所有分支（所有它们是“部分的”）。我们将以合取形式使用后者来建构解释。

根据我们的目的定义了所有需要探讨的语义树结构的框架后，我们继续溯因解释的建构。

三、溯因的语义树结构

本节中，我们将说明溯因作为一种树结构外延的主要观点。首先，一个树结构自身可以表征有限的理论。我们会通过一些更详细的例子说明这一点。从现在起，为了简化这个观点，我们将 $\Theta\cup\{\neg\varphi\}$简写为 $\Theta\cup\neg\varphi$（即我们忽略了括号）。

1. 举例

假设 Θ={$b,c\rightarrow r,r\rightarrow w,s\rightarrow w$}，并假设 φ={w}。

一个 Θ 的树结构，即 T（Θ）如下：

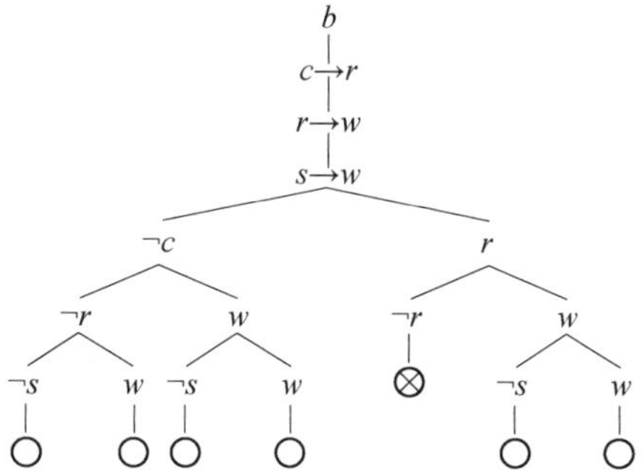

该结论是开放的树结构。因而，该理论是一致的，而且各开放分支都对应着满足的模型。例如，第二项分支（从左至右）表明通过判定 c,r 为假且 b,w 为真，给出模型 Θ，因此我们也从该分支得到了两种可能模型（一个使 s 为真，另一使 s 为假）。总体而言，建构树解构时，分支描绘了该形式规则可能的真假值（或者 $\neg c$ 或者 r 使第一个分离，那时每一个或者$\neg r$ 或者 w，等等）

当添加形式规则时（由此扩展了树结构），许多可能的模型可能消失，因为分支开始封闭。例如，添加了$\neg\varphi$ 时（如$\neg w$），结论如下：

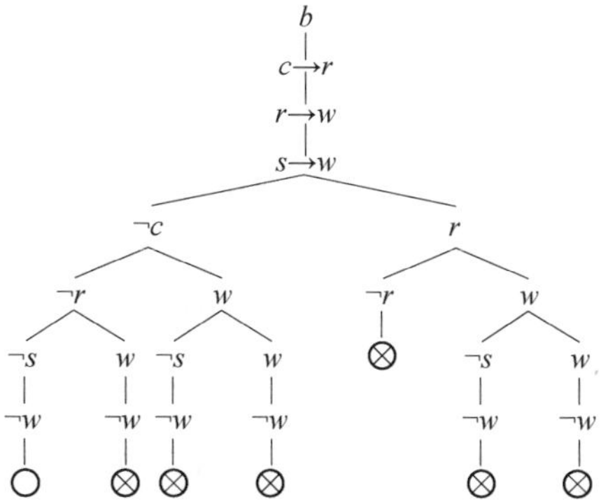

请注意，尽管产生的理论仍保持一致，除了一项之外，所有分支都已封闭。尤其是，我们前述的大多数模型都不再满足，因为$\neg w$ 也为真。仍有一项开放分支，表明存在满足 $\Theta\cup\neg w$ 的模型（c,r,s,w 为假，b 为真），即表明了 $\Theta\not\models w$。

2. 溯因语义树结构：主要观点

树结构方法的一项吸引人的特质是，当 φ 不是 Θ 的一项有效推论时，我们获得推论不成立的所有情形，并由开放分支以图示的方式表征（如上所示，后者可以作为对 $\Theta\cup\neg\varphi$ 模型的描述）。这个事实意味着，如果这些反例是“通过修正理论得到改正”，通过增加更多的前提，我们或许能够使 φ 成为某些（最小地）扩展的理论 Θ 的一个有效的推理。这的确是溯因问题的全部。因此，溯因可能在这个框架中作为一个扩展过程被形成，即用封闭开放分支的适当形式规则扩展一个树结构。

在我们上述的例子中，剩余的开放分支有以下相关（字符）部分：

b
|
$\neg c$
|
$\neg r$
|
$\neg s$
|
$\neg w$
|
○

以下是（一些）增加到树结构的形式规则，它们将封闭这个分支（因此，整个树结构是）：

$$\{\neg b, c, r, s, w, c\wedge r, r\wedge w, s\wedge w, s\wedge\neg w, c\vee w\}$$

注意，这里的几种陈述形式可以算作溯因，特别是那些析取形式（如 $c\vee w$）创造了两个分支，它们两个都是封闭的（此后我们将考虑这些不同案例）。而且注意这一组中的大多数形式规则（除了 $\neg b$ 和 $s\wedge\neg w$）是初始树结构 Θ 的一个半封闭的扩展。

3. 溯因的产生

原则上，对于先前的所有溯因版本（见第三章），我们能够计算溯因。一个直接计算的方法如下：

首先根据平凡版本计算溯因，然后排除所有那些不遵循不同附加必要条件的溯因。

这个策略首先将我们的溯因形式规则翻译成如下的语义树结构的形式安排：

假设 Θ（一组形式规则）和 φ（一个句子），α 是一个溯因解释，如果：

平凡的：

$T((\Theta\cup\neg\varphi)\cup\alpha)$ 是封闭的。（$\Theta,\alpha\models\varphi$）。

一致的： 平凡溯因+

$T(\Theta\cup\alpha)$ 是开放的（$\Theta\not\models\neg\alpha$）

解释的： 平凡溯因+

（i）$T(\Theta\cup\neg\varphi)$ 是开放的（$\Theta\not\models\varphi$）

（ii）$T(\alpha\cup\neg\varphi)$ 是开放的（$\alpha\not\models\varphi$）

至于“溯因条件”，我们必须声明，对溯因项的搜索空间的限制，作为执行上述条件的任何一个的形式规则集，原则上是无限的。因此，我们将限制条件加到词汇表上以及溯因的形式规则的形式上：

1）对词汇表的限制

α 处于理论的词汇表中，且观察：

$\alpha \in \mathrm{Voc}(\Theta \cup \{\varphi\})$。

2）对形式的限制

α 的语法形式或者是一个字符，字符的合取（没有重复的合取体（conjuncts）），或者是字符的析取（没有重复的析取体（disjuncts））。

一旦清楚了我们对溯因项的搜索空间是什么，我们会继续我们的讨论。需要注意的是，当平凡溯因的计算仅仅包括封闭的分支时，其他版本使用封闭和开放分支的检验。比如，计算一致性溯因的一个算法会按照如下两个步骤推进：

3）产生一致性溯因（第一个版本）

（1）产生所有平凡溯因，成为那些形式规则 α，对于 $T((\Theta \cup \neg\varphi) \cup \alpha)$ 是封闭的。

（2）除去所有那些 α ，对于 $T(\Theta \cup \alpha)$ 是封闭的。

特别地，按照这个方法产生一致性溯因的算法必须产生与 Θ 不一致的所有解释。这意味着有许多封闭 $T(\Theta)$ 的方法，该方法将在步骤（2）中必须被除去。这当然是浪费。更糟糕的是，当不存在任何一致解释时（平凡的除外），以致我们想要放弃，我们的程序仍然产生不一致的解释。我们的其他版本也持相同的观点。

当然，存在这样一个对程序的偏爱，它以合理有效的方式产生溯因。我们将说明如何利用树结构的表征结构设计这些，这种方法避免了不一致形式规则的产生。以下是我们的观点。

4）产生一致性溯因（第二个版本）

（1）产生所有形式规则 α，它不封闭 $T(\Theta)$ 的所有（但是一些）公开分支。

（2）检验 α 产生的形式规则是什么，以便 $T((\Theta \cup \neg\varphi) \cup \alpha)$ 是封闭的。

也就是说，首先产生形式规则，该规则以一致的方式扩展到背景理论，然后检验这些形式规则中的哪些是溯因解释。我们在后面将说明，这个由第二个程序产生的一致的形式规则不必然是浪费的。它们可能是“部分解释”（在合取形式中解释的一个组成部分），或者是析取形式中解释的部分。

换句话说，一致的溯因是那些形式规则，“如果它们此前一直在理论中，它们就会封闭那些在 $\neg\varphi$ 被并入树结构后仍然保持开放的分支”。

在我们上述的例子中，两种算法版本之间的差异如下（仅考虑产生的原子形式规则）。版本 1 产生一个形式规则（$\neg b$），它由于不一致而被消除，第二个版本中产生一致的形式规则（$\neg w$），它由于没有封闭对应的树结构而被消除。

四、用树结构计算溯因

在语义树结构中，我们计算平凡溯因的策略如下。当仔细为潜在溯因项寻求搜索空间时，我们将使用树结构作为一个普通推论检验。计算被分为解释的不同形式，首先是原子解释，其次是字符的合取，最后是析取中的解释。这里我们简述这些解释形式的主要观点，并给出每一类的一个例子。这里没有程序的详细算法，但是它们可以在 [Ali97]和[VA99]中找到①。

1. 平凡溯因

1）原子平凡溯因

支持原子解释建构的观点非常简单。一个是只计算那些原子形式规则，该规则封闭 $T(\Theta \cup \neg\varphi)$ 的每个公开分支，精确地对应于它的全树结构封闭（TTC（$\Theta \cup \neg\varphi$））。这里是一个例子：

假设 $\Theta = \{\neg a \vee b\}$　　$\varphi = b$。

$T(\Theta \cup \neg\varphi)$ 的结构如下：

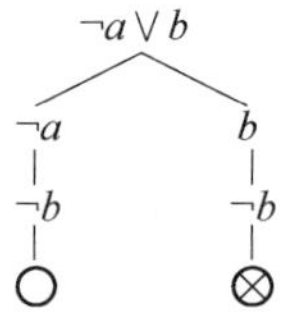

这两个可能的原子平凡溯因是$\{a, b\}$。

2）合取的平凡溯因

单一原子解释可能总是存在的，或者它们可能不是唯一关注的一个。合取形式（$\alpha = \alpha_1 \wedge \cdots \wedge \alpha_n$）中的解释情形与原子解释的建构相似。我们寻找封闭分支的字符，但是在这种情形中，我们要封闭一些但不是所有公开分支的字符。这些是“合取解释”的合取项，它们属于 Θ 的树结构部分封闭（如属于 TPC（$\Theta \cup \neg\varphi$））。每个这些部分解释通过封闭一些（不是全部）公开分支使得事实 φ“较少有惊奇”（less surprising）。它们一起构成一个溯因解释。

作为这个特征的一个推论，没有任何部分解释是一个原子解释。也就是说，

① 溯因的实施表明，在实践中它并不特别难以使用（它可以解释其诉诸于程序员）。它可能是一个复杂的一般概念，但加以严格限制时，它引起一个可行的程序任务。在[Ali97]中发现一个执行平凡溯因（原子的、合取以及析取解释一起）的主程序 Prolog 编码（为 Arity Prolog 编写）。在[VA99]中执行爪哇语言为我们前面部分中提出的溯因策略提供了必要成分（第一个版本）。这证明是一个好选择，因为在客体引导的程序中高层次抽象描述客体对象和分类，允许形成树结构、操作及其对应函数和程序之间的一个直接映射。在逻辑编程中这比执行更具有优势，其中该过程与解决规则相连接。

一个合取解释必须是部分解释的一个合取。动机就是这个。我们要建构一种非冗余（non-redundant）的解释，在这种解释中，每个字符做某些解释。而且，这个条件允许我们在我们的算法中限制解释的产生。我们不要创造什么是直觉地“冗余”的联合体。例如，如果 p 和 q 是溯因解释，那么 $p \wedge q$ 不应该被作为解释产生。因此我们增加如下条件：

非冗余性

对于一个理论Θ 和一个形式规则 φ，假设一个溯因解释 α，α 是非冗余的，如果它要么是原子的，要么是 α 的非子形式规则（不同于 φ）是一个溯因解释。

如下例子以非冗余的合取形式给出一个溯因解释：

假设 $\Theta = \{\neg a \vee \neg c \vee b\}$,和 $\varphi = b$。

相应的树结构 T（$\Theta \cup \neg\varphi$）如下：

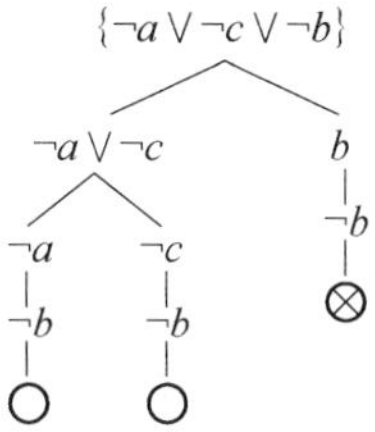

这个唯一的原子解释是微小解释$\{b\}$。这个合取解释是$\{a \wedge c\}$，其中没有一个合取项是一个原子解释。

3）析取平凡溯因

为了与计算实践保持一致，我们有时把析取形式的溯因解释看作蕴含（这已被$\neg\alpha_i \vee \alpha_j$ 和 $\alpha_i \rightarrow \alpha_j$之间的命题等价所证实）。这些特殊解释通过将它分为两部分封闭了一个分支。析取解释是从原子和部分解释被建构的。我们将不详细地分析这种情形，但是提供所发生事实的一个例子。

假设 $\Theta = \{a\}$ $\varphi = b$。

树结构 T（$\Theta \cup \neg b$）如下：

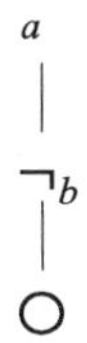

首先注意，这些可能的原子解释是$\{\neg a,\ b\}$，其中第一个解释是不一致的，第二个解释是平凡解决。而且，不存在“部分解释”，因为仅仅存在一个公开分支。以析取方式给出的解释是通过结合原子解释建构的，即，$\{\neg a \vee b\}$。这种将它增加到树结构的效果（T（$\Theta \cup \{\neg b\} \cup \{\neg a \vee b\}$））如下：

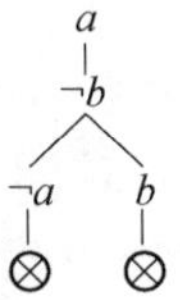

这个例子是我们第二章例子的一个表征，其中在某类云（a）和雨（b）之间有一个因果联系，即 a 引起 b（$a \rightarrow b$）。

4）计算平凡溯因的算法

我们计算平凡溯因算法的一般观点被展示如下：

输入：

（1）一组由逗号分离的命题形式规则表征理论 Θ。

（2）一个字符形式规则 φ 表征“要被解释的事实”。

（3）前提条件：Θ, φ 以至于 $\Theta \not\models \varphi, \Theta \not\models \neg\varphi$。

输出：

产生溯因解释集：$\alpha_1, \cdots \alpha_n$，以致：

（1）$T((\Theta \cup \neg\varphi) \cup \alpha_i)$ 是封闭的。

（2）α_i 遵从词汇表、形式限制以及遵从非常冗余的条件。

程序：

（1）计算 $\Theta + \neg\varphi = \{\Gamma_1, \cdots, \Gamma_k\}$。

（2）获得那些 Γ_i，它们是开放分支：$\Gamma_1, \cdots, \Gamma_n$。

（3）原子平凡解释

a.　计算 $TTC(\Gamma_1, \cdots, \Gamma_n) = \{\gamma_1, \cdots, \gamma_m\}$。

b.　$\{\gamma_1, \cdots, \gamma_m\}$ 是原子平凡解释的集合。

（4）合取平凡解释

a. 对于每个开放分支 Γ_i，建构其部分封闭：$BPC(\Gamma_i)$。

b. 检验是否所有分支 Γ_i 都有一个部分封闭，对于其他不能存在一个合取解决（这种情形到达结果）。

c. 每个 $BPC(\Gamma_i)$ 包含那些部分封闭树结构的字符。合取解释通过获得每个 $BPC(\Gamma_i)$ 的一个字符被建构，并使它们合取。一个典型的解决是如下的一个形式规则 β：

$$a_1 \wedge b_1 \wedge, \cdots, \wedge z_1 \qquad (a_1 \in BPC(\Gamma_1), b_1 \in BPC(\Gamma_2), \cdots, z_1 \in BPC(\Gamma_n))$$

d. 每个 β 的合取解决被还原（可能存在重复的字符）。这个合取形式的解决集是 $\beta_1, \cdots, \beta_1$[①]。

e. 结论。

---

① 不存在任何冗余解决。理由是每个合取解决 β_i 是由“潜在解释”的一个合取形式的，其中没有一个本身是一个溯因解决。

（5）析取平凡解释

a. 通过以下组合方式建构析取解释：原子解释包含其中，合取解释包含其中，与原子解释共同连接，而且原子解释和合取解释都与 φ 连接。我们仅仅说明这些建构中的两种：

b. 从原子解释集产生析取对，并建构它们的析取（ $\gamma_i \vee \gamma_j$ ）。

c. 对于每个原子解释 γ_i ，同 φ 建构如下析取:（ $\gamma_i \vee \varphi$ ）。

d. 以上组合的结果是以析取形式的解释集。

e. 判定冗余解释先前的集。除去所有这些。剩余的是析取形式的解释。

f. 结论。

2. 一致性溯因

现在的问题是利用一致的附加必要条件计算溯因解释。出于此目的我们将遵循与平凡溯因相同的陈述（原子的、合取和析取的），并给出它们的构造（construction）的关键点。我们的算法遵循先前描述的策略（见第三章第二节），也就是说，它首先为 Θ 在初始树结构上建构那些一致的扩展，Θ 在某些方面封闭，然后检验其中的哪些事实上是一种解释（比如，为 $\Theta \cup \neg\varphi$ 封闭树结构）。不管怎样，这是我们避免产生不一致的方式。它证明，在原子合取的情形中，解释有时是必然不一致的，因此我们确认这些情形，并阻止我们的算法做任何事情（以便我们不产生此后被抛弃的形式规则）。

1）原子一致性溯因

当计算平凡原子解释时，我们现在要避免任何计算，仅当存在不一致解释（除平凡解释外）。这里是一个有助于我们从这种方式得到一个主要问题的观察。当 $\Theta+\neg\varphi$ 是一个开放扩展（回想 φ 是一个字符）时，原子解释必然是不一致的。所以，我们能够阻止我们的算法在这种情形中产生任何东西。

事实 1　无论何时 $\Theta+\neg\varphi$ 是一个开放扩展，而且 α 是一个非平凡原子溯因解释（比如，不同于 φ），它遵循 Θ, α 是不一致的。

证明：假设 $\Theta + \neg\varphi$ 是一个开放扩展，α 是一个原子解释（ $\alpha \neq \varphi$ ）。后者表明（（ $\Theta + \neg\varphi$ ）+ α ）是一个封闭扩展。因此， $\Theta + \alpha$ 也必须是一个封闭扩展，因为 $\neg\varphi$ 没有封闭任何分支。但是，$\Theta + \alpha$ 是一个不一致扩展。比如 Θ, α 是不一致的。$\dashv$

这个结果不能被概括为溯因项的更复杂形式（我们此后会看到，对于析取形式的解释，开放扩展不需要产生不一致性）。假使 $\Theta + \neg\varphi$ 是一个半封闭扩展，那么我们必须做切实有效的工作，并遵循上述简述的策略。这是算法中的关键点。不是直接建立 $\Theta \cup \varphi$ 的树结构，并与它的开放分支一起工作，我们必须从 Θ 的开放分支开始。

2）算法

（1）假设 $\Theta, \neg\varphi$ 是作为输入，其结果是：$\Theta \nvDash \varphi, \Theta \nvDash \neg\varphi$。

（2）计算 $\Theta + \neg\varphi$。如果它是一个开放扩展，那么根据（事实 1）不存在任何原子一致的解释，继续到步骤（6）。

（3）计算字符集 $\{\gamma_1, \cdots, \gamma_n\}$，对于它 $\Theta + \gamma_i$ 是一个半封闭扩展。

（4）从上述集选择那些 γ_i，对于它（$\Theta + \neg\varphi$）$+ \gamma_i$ 是一个封闭扩展。

（5）上述集是一致原子解释集。

（6）结论。

3）合取一致解释

对于合取一致解释来说，我们能够避免任何计算，当仅存在“公然的不一致性”时，它必然通过先前相同的观察获得。

事实 2 任何时候 $\Theta + \neg\varphi$ 是一个开放扩展，$\alpha = \alpha_1 \wedge, \cdots, \wedge \alpha_n$ 是一个合取溯因解释，它保持 Θ, α 是不一致的。

这个证明与原子的证明情形类似。

为了建构部分解释，合取解释的组成部分，关键观念是从那些形式规则建立合取，对于那些形式规则，$\Theta + \gamma_i$ 和（$\Theta + \neg\varphi$）$+ \gamma_i$ 都是半封闭扩展。理由如下：前者的条件保证这些形式规则的确从初始树结构封闭至少一个分支。后者的条件抛弃原子解释（对于它（$\Theta + \neg\varphi$）$+ \gamma_i$ 是封闭的）和平凡解决（$\gamma_i = \varphi$ 当（$\Theta + \neg\varphi$）$+ \gamma_i$ 是开放的），并关注非冗余性作为一个副作用。于是，合取从这些形式规则被建构，而且为 $\Theta + \neg\varphi$ 引起一个封闭扩展的那些规则是被选择的合取解释。

以下是算法的简述：

（1）假设 $\Theta, \neg\varphi$ 是作为输入，其结果是：$\Theta \nvDash \varphi, \Theta \nvDash \varphi$。

（2）计算 $\Theta + \neg\varphi$。如果是一个开放扩展，那么不存在任何合取一致解释（通过事实 2），继续到步骤（8）。

（3）计算字符集 $\{\gamma_1, \cdots, \gamma_n\}$，对于它 $\Theta + \gamma_i$ 是一个半封闭扩展。

（4）在上述集中选择那些 γ_i 对于它（$\Theta + \neg\varphi$）$+ \gamma_i$ 是一个半封闭扩展。这是部分解释的集：$\{\gamma_1, \cdots, \gamma_m\}, m \leqslant n$。

（5）从部分解释集建构合取，从长度 k（开放分支的数量）开始，到长度 m（部分解释的数量）结束。标记这些合取如下：$\rho_1, \cdots, \rho_s$。

（6）从上述选择那些 ρ_i，对于它（$\Theta + \neg\varphi$）$+ \rho_i$ 是一个封闭扩展。

（7）上述集合是一致合取解释的集合。

（8）结论。

这个合取表明，假定理论是一致的，在析取形式中总是存在一致的解释：

事实 3 假设 $\Theta \cup \neg\varphi$ 是一致的，以析取形式存在一个溯因一致解释。

证明这个事实的关键点是，一个解释可能被建构为如下形式：

$\alpha = \neg X \vee \varphi$，对于任何 $X \in \Theta$。

3. 解释性溯因

至于解释性溯因，回顾那些形式规则 α，当理论不再解释观察（$\Theta \nvDash \varphi$）而且不能通过它们自己（$\alpha \nvDash \varphi$）做解释时，它们仅被建构，但是与理论（$\Theta, \alpha \nvDash \varphi$）组合起来做解释。

假定我们的先前算法构造（construction），它证明第一个条件总是“内置”，因为我们所有的程序从这样一个假设开始——即树结构对于 $\Theta \cup \neg\varphi$ 是开放的[①]。至于第二个条件，它的实现实际上意味着阻止构造平凡解决（$\alpha = \varphi$）。除这个解决外，我们的算法不再产生一个 α 以便 $\alpha \nvDash \varphi$，证明如下：

事实 4　假定任何 Θ 和 φ，我们的算法不再用 $\alpha \vDash \varphi$（除了 $\alpha = \varphi$ 产生溯因解释 α。

证明　回顾我们的境遇：$\Theta \nvDash \varphi$，$\Theta, \alpha \vDash \varphi$，我们确定 Θ 和 α 是一致的。现在首先假设 α 是一个字符。如果 $\alpha \vDash \varphi$，那么 $\alpha = \varphi$，这是一个平凡解决。接下来假设 α 是一个合取，由我们的算法产生。如果 $\alpha \vDash \varphi$，那么其中一个合取项必须是 φ 本身（其他唯一的可能性是 α 是一个不一致合取，但是这被我们的一致性检验排除）。但是我们的非冗余过滤器可能自己已经产生合取项，然后由于其平凡性而被拒绝。最后，假设 α 是一个析取解释。给定上述条件，它们在我们的算法中被检验过，我们知道 Θ 与至少一个析取项 α_i 是一致的。但是这个析取项本身在 Θ 的出现过程中也将能够导出 φ，而且它自己会说明 φ。因此，通过我们的冗余检验，我们已经产生这个析取项本身，而不是更复杂的解释，而且我们处于先前的情形中的一个之中。⊣

因此，修正上述算法中的任何一个来处理解释性溯因的计算是一件容易的事情。当 $\alpha = \varphi$ 且这能够在原子解释的模块中被解决时，我们仅需要避免这个平凡的解决。

4. 溯因的优点

关于这一点需要问的一个问题是，我们的算法是否直观地产生了被观察现象的好解释。我们的一个例子（见第四章第一节的析取平凡溯因）说明，对一个事实和一个没有因果知识（在条件形式中没有任何形式规则）的理论的溯因解释，如果这样一个事实是以一致的方式被解释的话，必须以析取形式出现。而且，事实 3 表明，假如初始理论是一致的，在析取形式中一致性解释总是可获得的。然而，产生一致性解释不保证这些是好的或者相关的。这些进一步的属性可能依赖

① 接受先前版本的这个条件一直是可能的。然而，需要注意，在 $\Theta \cup \neg\varphi$ 是封闭情形中，溯因计算是平凡化的，因为树结构总是封闭的，任何形式规则算作一个平凡溯因，任何一致的形式规则作为一致性溯因。

于理论本身的本性，依赖于它是否与观察产生一个好的组合。如果这个理论是一个坏理论，它将产生坏的或者怪诞的解释。如下例子说明了这一点。

1）一个坏理论

假设 $\Theta=\{r\rightarrow w, \neg r\}$　　$\varphi=w$　　$\alpha=\neg r\rightarrow w$。

树结构 $T(\Theta\ \cup\ \neg\varphi\cup\ \alpha)$ 被描述为如下形式：

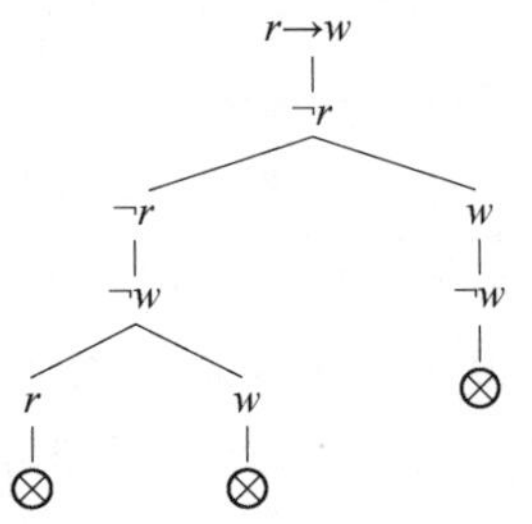

与我们的下雨例子联系起来解释，我们的算法会产生如下一致的“解释”，即草坪为什么是湿的（w）。假设下雨引起草坪变湿（$r\rightarrow w$），而且现在不下雨（$\neg r$）。一种解释是，“不下雨导致草坪变湿”（$\neg r\rightarrow w$）。但是这种解释似乎是草坪变湿的事实显得不重要，情形似乎是这样，不考虑下雨不下雨！

解释这个事实的一个好的但更复杂的方式是得出结论，即该理论不足以丰富到解释为什么草坪是湿的，然后寻找这个理论的某些外在事实（比如洒水器在工作，它们使草坪变湿）。但是这将等于放弃词汇表假设。

因此，产生好的或者坏的解释不仅仅是一个适当地定义推论的基本概念的事情，或者是设计一个适当程序的事情。一个像上述这种不适当的理论可能是坏解释的真正原因。换句话说，产生一个“好解释”的东西不是溯因项本身，而是溯因项与背景理论和相关观察的相互作用。坏理论产生坏解释。我们的算法不能修正这个，仅说明它而已。

2）讨论

当最小性被当做简单性时，在每个首先只计算原子解释的溯因版本中拥有一个模块，这已经给出我们某些最小解释的说明（见第三章）。至于合取解释，正如我们此前注意到的，它们的构造是计算非平凡“部分解释”的一种方法，它通过封闭一些而不是全部公开分支支持其反驳，使得一个事实较少显得令人惊奇。人们可能将这种方法与一个更一般的问题——“接近的”逻辑推论的更弱概念——联系起来。最后，析取形式的解释能够以各种方式被构造出来。比如，人们能够组合原子解释，或者形成所有部分解释的合取，然后用 φ 构造一个条件句。这表达了我们的观点，即溯因解释是以一个组合方式被建构的：复杂解决是从更简单的解决构造出的。

此外要注意，我们不是在构造所有封闭开放分支的可能形式规则，因为我们一直谨慎地不产生冗余解释（见第四节），最后，尽管有这些预防措施，正如我们注意到的，当与某种观察相结合的背景理论是不适当的时候，坏的解释可能偷越。

五、进一步的逻辑与计算问题

我们的算法树结构分析提出了许多进一步的逻辑问题，我们这里将做简短讨论。

1. 规则、可靠性和完备性

由我们的树结构产生的溯因推论能够被看做是推理的三元概念。它的结构属性能够用我们在第三章中的更抽象概念所做的同样方法得到研究。但是先前的结构规则在这个算法环境中失去了它们的某些点。例如，它遵循我们的树结构算法，即一致性溯因不遵循单调性，或者在它的 Θ 或者在它的 α 论证。我们在第三章中论述的一个替代物如下。如果 $\Theta,\alpha \Rightarrow \varphi$，而且 $\Theta, \alpha, \beta \Rightarrow \gamma$（其中 γ 完全是任何结论），那么 $\Theta, \alpha,\beta \Rightarrow \varphi$。在我们的算法中，我们必须在这里做出区分。我们产生溯因项 α，如果我们总是发现 α 解决 $\Theta,\alpha \Rightarrow \varphi$，那么该算法可能不产生更强的溯因项。（由于字符树结构中分支的封闭模式，我们产生一个解决来说明另一个，这是可能发生的，但是这又是不必须如此的）。至于强化理论 Θ，这可能导致一个具有可能较少的公开分支的初始树结构。在这个树结构框架下，我们的程序可能产生更弱的溯因项，使得 α 合并 Θ 来导出 φ 的最初选择无效。

因此，更相关的是传统问题，即我们的算法是否是可靠的和完备的。 我们必须再次确定在这个环境中这些属性的意思是什么。首先，可靠性应该意味着从算法中获得的任何组合（Θ, α, φ）的确表达了溯因的一个有效情形，正如在第三章定义的那样。至于平凡溯因，我们容易看到，我们拥有可靠性，因为树结构封闭条件保证了经典推论（它是所有我们需要的）。接下来考虑一致性溯因，我们现在要确定的也是，所有溯因项与背景理论 Θ 是一致的。但是这是我们通过使用“部分分支封闭”所发生的事情。这些确信至少留下一个分支要 Θ 开放，因此它们与它一致。最后，“解释性”算法的条件同样地确保该理论不总是解释事实（$\Theta \not\Rightarrow \varphi$），而且 α 也不能自己做这项工作（$\alpha \not\Rightarrow \varphi$）。

接下来我们讨论完备性。这里我们仅做一些相关的观察来说明这个问题（至于我们的动机，见本段的最后部分）。完备性应该意指，任何一个有效溯因推论实际上应该是由它产生的。这是更微妙的事情。显然，我们只能在我们的算法使用的限定语言范围内期望完备性。而且，这个算法“清除”了不相干合取项及其他，它削减了更多的结果。然而，作为一个更有意义的不完备性之源，我们能够评判析取解释的情形。其产生的蕴含总是包括一个字符作为一个后件。这对于一个一般溯因推理是不够的，它可能包括得更多。比如，这就是我们所能够说的。通过对算法的简单检查，人们能够看到，每个存在于一个溯因问题的一致原子解释，将会由这个算法产生。在任何情形下，我们认为完备性在计算溯因的方法上算不上是一个问题。首要的问题是一个给定的溯因程序是否是自然的和简单的。它的结果是否满足一些预先分配的目标，在这个环境中只是一个次要关注的问题。

我们也能够相对独立于我们的公理，再审查可靠性和完备性的问题。以下关于树结构的“封闭”分析是由我们的算法激发的，但是它产生了一个关于什么在继续的较少程序的逻辑观点。

2. 一个替代的语义分析

我们在树结构中产生溯因的策略起作用如下。人们从背景理论 Θ 的一个树结构开始，然后将新观察 φ 的否定$\neg\varphi$ 增加到它的公开分支，接着封闭剩余的公开分支，并服从于某种限制。特别是（对于解释性版本），人们不允许 φ 本身作为一个封闭原子，因为它被看做一个平凡解决。 这个操作可以经由一类“封闭操作”被表达：

封闭（Θ+ $\neg\varphi$）$-\varphi$。

我们现在要采取独立的方式（在某些意义上，“无树结构”）审查这种境遇，在更一般的情形下，遵循析取解释。（如果 Θ 是特别地简单，我们能够设法应付（如先前说明的）原子解释或者它们的合取）。首先，我们回想树结构可以被表征为开放分支的集合 。我们可以假设所有分支是完备的，因此所有相关信息驻留于它们的字符中。这个导致如下观察。

事实5 假设 Θ 是一组句子，并假设 T是Θ的一个完备树结构，同时让π 造访它的公开分支。那么∧Θ（Θ中所有句子的合取）等同于：

$\vee_\pi$在 T 中公开$\wedge_l$一个字符 $l\in$ π

这个事实容易说明，这个合取是每个公开分支的完全描述，这个析取表明任何对于 Θ 的模型必须选择其中之一。这获得通常的命题逻辑的分布式规范形式（distributive normal form）原理。现在我们能够以相似的术语给出我们的封闭操作的一个描述。在它的最一般的形式中，我们封闭一个公开树结构的方法真正地是由放置（putting）定义的：

$\vee_S$ 一组字符$\wedge_\pi$在 T 中开放$\exists_l \in S: l \notin \pi$

这个表达式的内在部分说明，（相关）字符集 S“封闭每个分支”。这个析取表明，最弱的组合仍然会封闭树结构，现在我们有一个惊人简单的连接：

事实 6 封闭（Θ）等价于¬（∧Θ）!

证明 根据事实 1 加上命题的德•摩根（De Morgan）定律，¬（∧Θ）等价于∨π在 T 中开放，$\wedge_l$一个字符 $l\notin$ π。但是一个简单的论证，包括对每个开放分支的选择，表明后者的断言等价于封闭（Θ）。 ⊣

在溯因的情形中，我们继续如下描述。存在一个理论 Θ，和一个惊人的事实 q（比如），该事实不遵循该理论。事实 q 说明 ，因为我们有理论 Θ 的一个开放树结构，$\neg q$ 紧随其后。我们封闭它的开放分支，没有使用平凡解释 q。正如上述描述的，这个所包括的是一个修正的操作，我们将其写作：

封闭（Θ）$-q$

1）例子

假设 $\Theta=\{p\to q, r\to q\}$。树结构 T（Θ ∪ ¬q）$-q$ 如下：

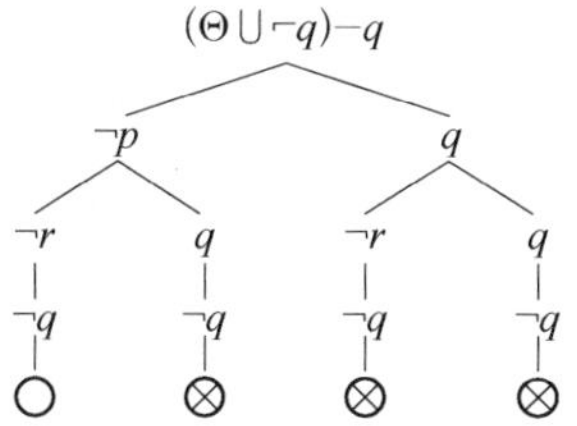

这个被产生的溯因是 p 或者 r。

我们再次以更直接的术语分析这个新操作做什么。

事实 7　封闭（Θ）$-q$ 等价于 ¬[假/q] ∧Θ。

证明。从它的定义容易看到封闭（Θ）$-q$ 等价于[假/q]封闭（Θ）。但是我们有封闭（Θ∧¬q）$-q$ 当且仅当（根据事实 2）[假/q] ¬（∧Θ∧¬q）当且仅当（根据命题逻辑）¬[假/q] ∧Θ。⊣

这个规则可能在先前的例子中得到检验。的确，我们有[假/q] Θ 等价于¬∧¬r，它的否定等价于我们先前的结果 $p\vee r$。

这个分析暗示了我们以前没有考虑的溯因变化。例如，我们不需要阻止所有包括¬q 的封闭，但是仅阻止在最后位置包括¬q 的那些封闭。（比如，“惊人事实”要被解释的否定形式）。在从背景理论 Θ 本身产生的一个分支上，可能存在¬q 的其他无害事件。

2）例子

假设 $\Theta=\{q\to p, p\to q\}$ 。树结构 T（Θ）如下：

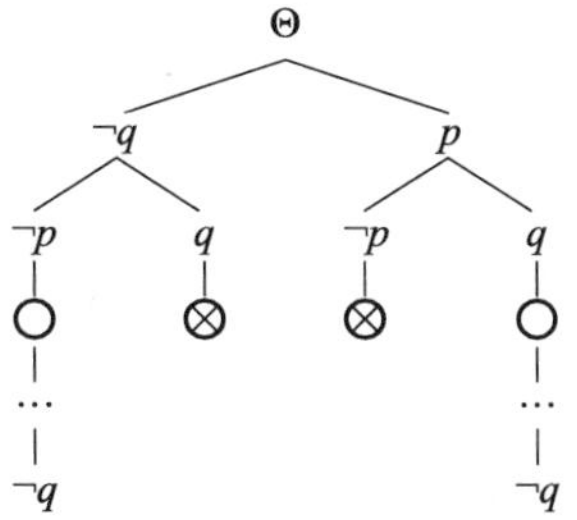

在这种情形下，我们先前的策略将只产生一个结果 p，它能够被我们的假-计算规则检验。然而，新策略将计算一个溯因 p 或者 q，它似乎可能是合理的。

这种分析没有扩展到复杂结论。我们这里留下它的可能扩展待后面解决。

3）树结构和解决

尽管有树结构方法与解决之间的逻辑等价[Fit90, Gal92]，在实际的实施中，溯因的产生显然是非常困难的。逻辑编程中使用的解决方法不明确地处理该语言中的否定，这种事实限制了这类溯因的产生。此外，一方面，逻辑编程中只有原子形式规则作为溯因被产生，因为它们被确认为是那些使得计算失效的字符。另一方面，在语义树结构中，以我们已经说明的合取，或者析取形式来产生溯因形式规则是非常自然的事情。

至于这两种方法之间的相似性，当应用于溯因时，两种框架拥有已被嵌入的解释性条件之一（$\Theta \not\Rightarrow \varphi$）。在逻辑编程中，当一个问题失效时溯因的机制开始工作。在语义树结构中，当对于 $\Theta \cup \neg\varphi$ 的树结构是开放的时，溯因就被触发。

3. 一阶语义树结构中的溯因: DB-树结构模型

溯因问题，当被用于一阶逻辑时，被认为是一个不可能完成的任务 [MP93]。主要理由是，溯因问题（T（$\Gamma \cup \{\neg\varphi\}$ 有一个开放分支）的前提条件的确是不可决定的。我们当然不能避免那种结果，但是能够在具体情形中处理这个问题。

在任何情形中，正如在科学哲学中设想的那样，如果存在某些推测来模型化解释性推论，处理普遍规律的量化规则必须是协调的（incorporated）。为达到此目的，一个要处理的问题是无限分支的存在，它是一个给定树结构的有限满足理论的问题。解决此问题的一个诱人方法将是探究把有无限分支的树结构转换为有限分支的其他结构；在这种方式中，新创造的有效分支将提供允许构造溯因解释的信息。

当语义树结构被用于系统性搜索以解决解释问题时，本节的主要目的是研究无限分支存在的问题。我们提议将所谓的 δ-规则（见下面）修正为 δ'-规则（遵循先前的工作[Dia93]；[Boo84]；[Nep 02]和[AN04]）。在这种方式中，如果一个理论是有限地满足的，那么这个新语义树结构与标准树结构表达了相同的优势，以此获得某些解释的事实。

除对于命题树结构的扩展规则外（见本章第二节第 1 小节），一阶树结构的经典规则如下：

（1）γ-规则：

$$\frac{\forall x\varphi}{\begin{array}{c}\varphi(b_1/x)\\ \varphi(b_2/x)\\ \cdots\\ \varphi(b_n/x)\end{array}}$$

$b_1, \cdots, b_n$ 是所有常量，它们在分支的句子中出现，$n \geqslant 1$（如果没有一个发生，那么 $n=1$），分支的新部分是 $\Phi+\varphi(b_1/x)+\cdots+\varphi(b_n/x)$（$\varphi(b_i/x)$ 是一个 γ-句子，对于所有 $i \leqslant n$）。

（2）δ-规则：

$$\frac{\exists x\varphi}{\varphi\,(b/x)}$$

其中，b 是一个新常量，它不在任何先前的分支句子中出现，该分支的新部分是 $\Phi+\varphi\,(b/x)$，这是一个 δ-句子。

我们对如下那些量化的普遍形式规则感兴趣：$\forall x\exists y\varphi$，那些规则在有限域中是可满足的。正如它证明的，即使这类形式规则可能有一个无限分支的树结构。因此，发现一种方法是诱人的，根据这种方法，能将一个无限的树结构转化为一个有限的树结构，在获得有限开放分支的意义上这是可能的。

我们将如下形式作为例子。标准树结构$\forall x\exists y\mathrm{R}xy$ 如下：

$$\begin{array}{c} \forall x\exists yRxy \\ | \\ \exists yRa_1y \\ | \\ Ra_1a_2 \\ | \\ \exists yRa_2y \\ | \\ Ra_2a_3 \\ | \\ \vdots \end{array}$$

即使形式规则在一个单一域中是可满足的，这个唯一分支仍然是无限的。因此，经典树结构在这里不具有任何使用价值。现在我们将介绍 DB-树结构方法①。接着描述相同的例子，说明一个有限模型可能被发现。

DB-树结构

定义 1：一个 DB-树结构是一个树结构，它是根据命题树结构的普通扩展规则被构造的，即 γ-规则和如下规则：

δ'规则：

$$\frac{\exists x\varphi}{\varphi\,(a_1/x)\mid\cdots\quad\mid\varphi\,(a_{n+1}/x)}$$

其中，$a_1, a_2, \cdots, a_n$ 是所有常量，它们出现在先前的句子中；a_{n+1} 是一个新常量，$\varphi\,(a_i/x)$ 是每个 $i\leqslant n$ 的一个。δ'-句子，分支 Φ 分为如下分支：$\Phi+\varphi\,(a_1/x)$；$\Phi+\varphi\,(a_2/x)$；$\cdots$；$\Phi+\varphi\,(a_n/x)$；$\Phi+\varphi\,(a_{n+1}/x)$。

$\forall x\exists y\mathrm{R}xy$ 的 DB-树结构如下：

① E. Díaz 和 G. Boolos 独立地提出对贝丝树结构的修正，分别首次出现在 [Dia93]和[Boo84]。

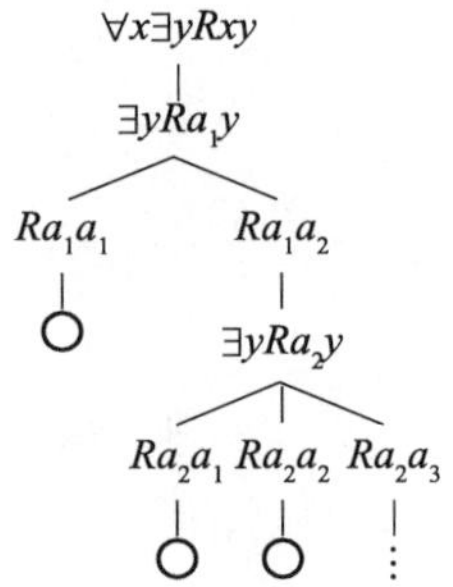

正如所阐明的，$\forall x\exists y Rxy$ 的 DB-树结构有一个完备的开放分支（事实上，是其中的三个），假定 $\zeta(R)=\{<\zeta(a_1), \zeta(a_1)>\}$，根据这个结构一个模型 $M=(D,\zeta)$ 能够以这种方式被定义——M 满足这个分支的每个形式规则。

接下来我们将介绍 DB-树结构的 n-可满足性和 n-演推概念，以便为后续概念 n-溯因问题打好一个坚实的基础。

定义 2：DB-树结构的一个分支对于 $n\geqslant 1$ 有深度 n，当且仅当 n 是出现在分支中的（不重复）常量的数目。

定义 3：一个有限句子集 Γ 对于 $n\geqslant 1$ 是一个 n-可满足的，当且仅当存在基数 n 的一个域 D，在这个域中 Γ 是可满足的。

定义 4：假定一个有限句子集 Γ 和一个句子 ψ，对于 $n\geqslant 1$，Γ 以符合形式 n-演推 ψ：$\Gamma \models n\ \psi$ 当且仅当 $\Gamma\cup\{\psi\}$ 是 n-可满足的，而且不存在基数 m 的任何域，$m\leqslant n$，对于此 $\Gamma\cup\{\neg\psi\}$ 是 m-可满足的。

定律 1：一个有限句子集 Γ 是 n-可满足的，对于 $n\geqslant 1$ 当且仅当 Γ 的 DB-树结构有一个开放分支，该分支处于深度 n。

这个结果在别处被证明（见[Nep99]和[Nep 02]）。这个定律的一个直接必然推论（与定义 4 一起）是如下定律：

定律 2：假定一个句子集 $\Gamma\subseteq L$ 和非量化句子 $\psi\in L$，$\Gamma\models n\ \psi$，对于 $n\geqslant 1$，当且仅当对于 $\Gamma\cup\{\psi\}$ 的 DB-树结构有深度 n 一个完备的开放分支，而且对于每个 $\leqslant n$，$\Gamma\cup\{\neg\psi\}$ 不是 m-可满足的。

这样我们定义了满足（satisfaction）概念和演推（entailment）概念，这两个概念与域基数（domain cardinality）相关。这些概念比表征概念弱，事实上，假定现在只有 Γ 的某些模型（不必然全部）是 ψ 的模型，n-演推可被标记为弱演推 n"。正如被注意到的，对于每个 $n\geqslant 1$，如果 $\Gamma\models\psi$，那么 $\Gamma\models n\psi$，尽管 $\Gamma\models n\psi$ 不蕴含 $\Gamma\models\psi$。也就是说，塔斯基式演推蕴含 n-演推，但相反不是。

而且，这个逻辑操作是非单调的。例如，对于 $n=2$，我们有 $\forall x\exists y Rxy, \neg Ra_2a_1 \not\models 2Ra_2a_2$，但是 $\forall x\exists y Rxy, \neg Ra_2a_1, \forall x\neg Rxx \not\models 2Ra_2a_2$。这里是相应的 DB-树结构的说明：

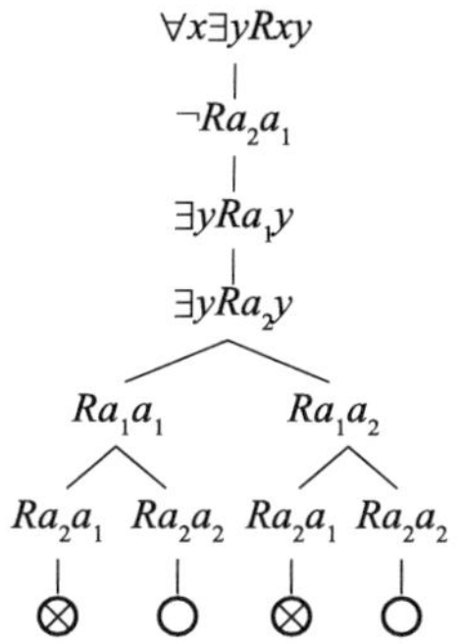

这个树结构由 Ra_2a_2 封闭，它证明第一个演推保留。下一个树结构说明第二个演推不保留，因为深度 $n=2$ 的分支仅仅以前提封闭。

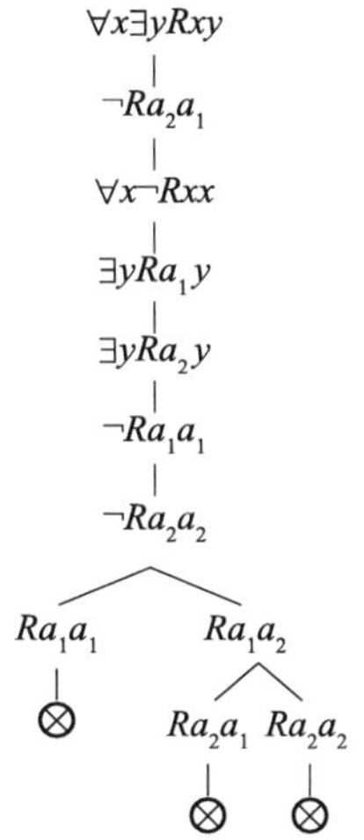

4. 一阶 DB-树结构中的溯因

在这一节，我们将提议使用 DB-树结构与某类溯因问题一起操作。目前我们的方法有限制，它只产生作为溯因解释的字符，但是该方法也能够被扩展到容纳更复杂形式（见 [AN04]）。

定义 5：假定一个句子集 $\Gamma\subseteq L$ 和一个非量化的句子 $\psi\in L$，对于它们而言，$\Gamma\cup\{\neg\psi\}$的 DB-树结构有深度 n 的一个开放分支，（Γ,ψ）n 被指派为一个 n-溯因问题。

定义 6：假定一个 n-溯因问题（Γ，ψ）n, $1\leqslant n<\aleph 0$，α 是一个 n-溯因问题，当且仅当

（1）$\Gamma\cup\{\neg\Psi\}\cup\{\alpha\}$的 DB-树结构封闭了深度 m 的每个分支，对于所有 $m\leqslant n$。

（2）$\Gamma\cup\{\alpha\}$的 DB-树结构有深度 n 的一个完备的开放分支。

这些条件符合经典模型中那些产生溯因解释的条件，正如在第三节第二小节

说明的那样。然而，现在有两个必要条件与“相应的树结构的所有分支”不相关，而是与“相应的具有深度 n 的 DB-树结构的所有分支”相关。

（3）例子。

假设 $\Gamma=\{\forall_x\exists_y R_{xy}\}$，要被解释的事实是 $\psi=\{Ra_1a_2\}$。我们首先构造 $\Gamma\cup\{\neg\psi\}$ 的 DB-树结构：

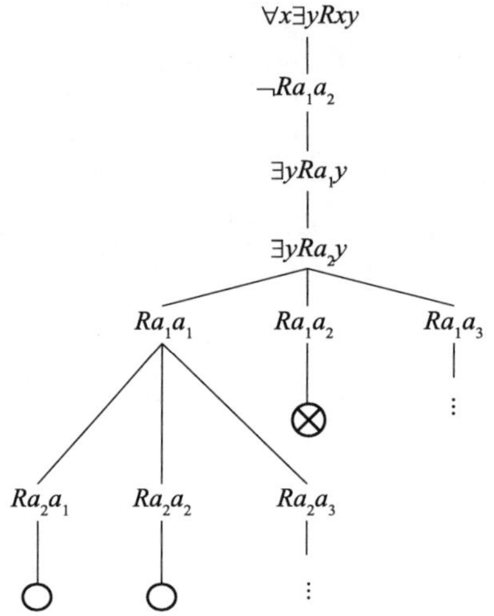

根据第一个条件，一个 2-溯因解决选项是 $\neg Ra_1a_1$，因为这个形式规则将封闭深度 2 的上述开放分支。因此，DB-树结构的所有分支对于

$$\{\forall x\exists yRxy, \neg Ra_1a_2, \neg Ra_1a_1\}$$

其中 $m\leqslant 2$，是封闭的：

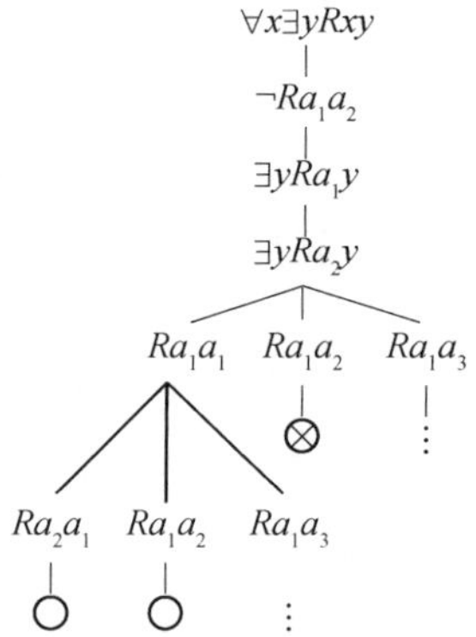

事实上，在这种情形中，不存在更小深度的任何分支，因为 Γ 中的形式规则有两个变量，使得它不可能构造具有较少深度分支的树结构。所以我们能够得出结论：

$$\forall x\exists yRxy, \neg Ra_1a_1 \vDash 2\ Ra_1a_2$$

至于条件 2，DB-树结构对于 $\{\forall x\exists yRxy, \neg Ra_1a_1\}$ 有深度 2 的一个完备开放分支（事实上有两个）：

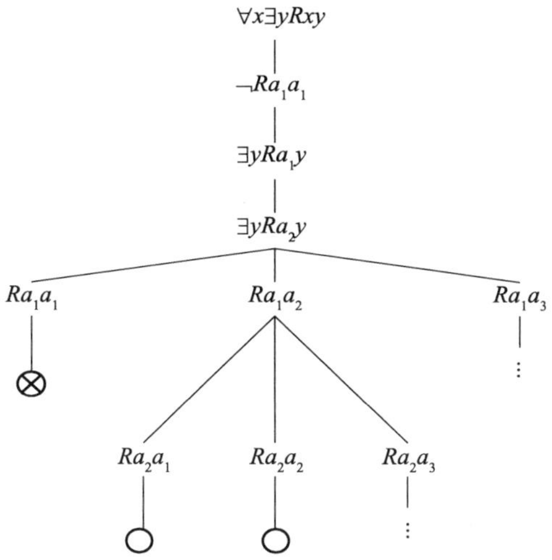

因此，$\neg Ra_1a_1$ 是溯因问题的一个 2-溯因解决（$\forall x\exists yRxy, Ra_1a_2$）$_2$。

这一节我们的主要目的是研究无限分支的存在问题，当语义树结构被用于解决溯因问题的系统搜索时。解决这个问题的一个诱人方法是将一个有无限分支的树结构转换为另一个有限分支的树结构。在这种方式中，新创造的有限分支提供允许构造溯因解释的信息。这是我们最关心的。为达到此目的，我们提议将存在量词的标准 δ-规则修正为 δ'-规则，相应地将我们的树结构方法标记为 DB-树结构，以这样一种方法的话，如果一个理论是有限地可满足的，那么新语义树结构与标准树结构表达了同一优势来获得某种解释性事实。

我们介绍了 n-可以满足性和 n-演推的概念，两个都与一个有限域相关。正如它所证明的，我们的一个主要结果说明，当且仅当它的相应 DB-树结构有深度 n 的一个开放分支，一组句子是 n-可满足的。因此，我们能够为 $\Gamma \cup \{\neg\varphi\}$的 DB-树结构定义 n-溯因问题的概念和它的对应 n-溯因解决，因为一个是深度 n 的一个开放分支，α 作为它的解决，当 $\Gamma \cup \{\neg\varphi\} \cup \{\alpha\}$的 DB-树结构封闭深度 m 的每个分支（对于所有 $m \leqslant n$），而且对于 $\Gamma \cup \{\alpha\}$的 DB-树结构有深度 n 的一个完备开放分支时。

以这种方式形成假设的任何理论被认为有一个预期解释，这种解释对应于一个有着有限经验领域的模型。而且当它是 n-可满足的（$n \geqslant 1$）时，那么它对于每个 $m \geqslant n$ 是 m-可满足的（见上述 Löwenheim-Skolem 定律）。然而，DB-树结构在这种情形中的一个优势是，这个方法获得一个最小模型，即，一个具有最小可能基数的模型。

至此，我们的方法局限于仅产生作为溯因解释的字符，但是我们的方法，能够以自然的方式被扩展，以便容纳更复杂的形式（见[AN04]）。

六、讨论与结论

1. 树结构中的溯因

探讨作为一致计算形式的溯因为我们提供了关于这一现象的深刻洞见。我们的具体算法执行了第三章中的一些观点，这种算法并不完全符合抽象结构框架。溯因源自不同程度的事实（原子、合取、析取条件），而且每种溯因条件对应于新的程序复杂性。在实践中，已经证明修正算法是很容易的事情。当然，这些发现反映了解释的直觉特征。尽管有时很难总体上描述一个解释是什么，但是我们针对特定问题建构一组解释可能更容易。

至于计算框架，语义树结构是执行溯因的一种自然工具。尽管它们对于可能的修正或者扩展是灵活的和启示的，但是它们容纳了判断什么可作为溯因解释的清晰形式表述。导出性和一致性以及这种一致和解释的溯因的组成成分，都自然地结合在树结构中，因为我们操控开放或封闭分支的难易程度是一样的。因此，我们很容易判断一项理论在添加了形式规则后是否依然能保持一致。（根据相同的记号，这类溯因条件在该视角下似乎更自然。）

尽管如此，我们的实际算法并不是第三章中的逻辑形式规则的直接转述（它们可能是非常无效的）。我们的计算策略提供了一种算法，该算法产生一致性形式规则，选择那些可算作解释的原则，并且这种程序证明比同类方法更有效。然而，正如我们通过一些替代物说明的那样，树结构中的溯因不只具有一种形式。从溯因程序观点中浮现的一种最终洞见是，当计算解释时背景理论显示了其重要性。坏的理论同某种观察相结合就会产生坏的解释。复杂的计算也无法改变这一事实。

最后，我们探讨了一阶树结构中的溯因。当常量出现在对应的形式规则中时，通过一阶 DB-树结构方法，我们的进路有简化系统搜索解决某种溯因问题的优势，而标准树结构方法由于产生无限的分支而对于发现一种解决方法不是很有效。也就是说，对于理论，它是有限地可满足的，但是在树结构方法下仍然产生无限的分支。

我们的树结构方法也有明确限制。溯因概念很难处理，因为其中的⇒是某些非标准推论。尤其是，运用一个基本统计推理，概率演推应该如何被表征是不清楚的。我们的溯因计算要依赖于开放或封闭的树结构，这些结构仅能表征可能推论的两种极端情形。尽管这的确只是我们的推测。但是我们称为“部分解释”（封闭一些而不是所有开放分支）的计算，可能会提供一种部分演推的观点，该观点认为解释仅能使人们对一个事实不感到那么惊奇，而无法完全解释它（见[Tij97]中所述关于溯因诊断设定中“近似演绎”的其他方法）。至于树结构框架的其他可能使用，溯因作为修正的情形并没有在此处提及。在第八章中，我们也能看到该方向的进一步应用。

2. 相关工作

近来，语义树结构框架的持续使用已相应地超越了传统的逻辑目的，尤其是在一些计算导向的方法中。在[Nie96]中找到了一个执行“循环描述”（circumscription）的例子。语义树结构和溯因联系在一起在[Ger95]被用于模型化自然语言预设（见第二章语言学中的溯因）。[MP93]中有一种更为人所知的方法，它是我们工作的灵感之源，这种方法我们接下来要描述和比较。下面仅是一个概述，不能完全公正地对它们提议的所有方面进行论述。

1）迈耶和派利的树结构溯因

迈耶（Mayer）和派利（Pirri）的文章论述了命题逻辑和一阶逻辑中计算“最小溯因”的模型。就命题情形而言，他们提出两种特征描述。第一种相当于产生所有一致的和最小的解释（此处的最小性即“逻辑上最弱”，见第三章）。第二种是通过非决定算法产生一个单一最小且一致的解释。一阶逻辑情形根据反向的斯柯伦化（skolemization），利用了联合和他们称为“动态海尔勃朗化（herbrandization）”的形式规则来构造溯因。为了给出产生解释性程序的观点，我们只关注他们的主要步骤：①“最小封闭集”的建构；②溯因解决作为关闭那些集的所有分支的字符的建构；③消除不一致的解决。其所导致的系统以两种方式呈现：一是作为语义树结构，二是作为溯因推理的连续计算。这是对二者之间平行状况的简洁处理。而且，我们给出了谓词逻辑的外延，这种方式可能是对一阶溯因的最重要的处理，而一阶溯因超越了通常的解决框架（在后来的工作中，作者已经能将这种方法扩展到模态逻辑和缺省推理中）。

2）同我们工作的对比

我们的工作一直受[MP93]的启发。但是它在涉及策略和输出上都已发展了不同的方向。①迈耶和派利按照我们先前概述的版本 1 的总策略计算解释。也就是说，他们计算所有封闭的相关树结构，以消除此后不一致的情形。我们正好相反，遵循了版本 2，即我们首先计算那些封闭初始树结构的至少一项分支的一致形式规则，然后检验其中哪些是解释。我们之所以如此是为了处理更强的计算能力。②至于所产生的解释的类型，迈耶和派利的命题算法基本上产生最小的原子解释，或者根本没有解释，尽管我们的方法也提供合取或析取形式。③迈耶和派利的方法同经典树结构框架更接近，而我们的方法则给出了几个新的修正。我们提议了不同的方向和外延，例如当没有任何一致性解释时我们是出于确认的目的区分的。④迈耶和派利的表述的一个有趣点是，它明确显示了计算命题溯因和一阶溯因之间的差异。前者易于计算，甚至考虑到了最小性，而后者本质上是非决定的，但是我们已经说明，即使如此，在一阶树结构中处理溯因也是有趣的情形。⑤ 最后，我们要更深入地探讨（见第八章）而且提出语义树结构作为一致修正工具，这需要一种新的缩减算法。

第三部分　应　　用

第五章　科 学 解 释

一、导　　言

在科学哲学中，我们第三章的逻辑说明遇到了科学解释的观点，即亨普尔所提议的两种科学推理模式：演绎-推理法则和归纳-统计推理[Hem65]。我们揭示了两者虽然都可被看作（溯因的）解释论证的形式，即溯因推理的最终结论。前者基于演绎推理，后者基于统计推理。

在这种对抗中，我们希望从现有分析中学到一些适用范围及限定的内容。我们发现两者有许多相似之处，同时也有许多新挑战。这种数字统计推理的观点给了我们一个机会来扩展第三章中所遗留的逻辑分析，我们也将会遇到更深刻的迫切所得之物（desiderata），然而，这是我们目前的分析所不能解决的。我们在这个领域选择的主题绝不是完整的。

我们将会在科学哲学的一些相关章节（第六章）中涉及其中一部分，但是其他关联也同我们的科学哲学建议有关。我们的某些关注点（像自然语言的认知过程）包括了我们分析范围之外的溯因传统（我们已经在第二章中针对某些观点进行了说明），然而，我们真正发展的关联有一个清晰的意图。我们将这三个领域作为认知科学中本质上相关的三个部分，而且我们也希望阐明溯因是三者达成一致的共同主旨。

二、溯因作为科学解释

整体而言，我们在第一章和第二章的讨论已经表明科学推理可以作为一种溯因过程进行分析。这种推理表现为不同的种类，反映了（在其他模式中）不同的发现模式及不同的“触发”机制。一个发现可能用于解释一种与我们流行的理论相一致的新奇现象，但是它也可以指出理论和我们发现的现象之间的一种反常。而且，科学推理的结果因为新奇性和复杂性程度的不同而呈现不同的变化。一些发现是对观察现象的经验概括，其他则是包罗各种新观念的复杂科学理论。我们将会更专注于一些“局部的”科学解释，在我们看来，它们被认为是某种逻辑论证——溯因解释论证（我们已经意识到在第一章和第二章中存在分歧的观点）。科学推理被看作是溯因推理的某种形式是不奇怪的。皮尔士和波尔扎诺都深受科学中的推理方法的启发而发展了各自的逻辑系统。皮尔士的推理构思可以被看作做亨普尔解释观的先驱，这一点很快就会清楚。当然，“皮尔士应该被认为是归纳-概率说明理论的真正创始人”(参见[Nii81, p. 444]以及 [Nii00]中的详细说明)，这点已经被令人信服地说明了。

我们所探讨的说明逻辑的核心内容正是亨普尔和奥本海默（Oppenheim）[HO48, Hem65]的提议。他们的目的是要为“为什么”这一问题的经验解释建模。为了达到这一目的，他们基于解释项和待解释项（演绎推理和归纳推理）之间的逻辑关系，以及基于待解释项的形式（特殊事件或一般规则性）区分了不同的说明类型。这两种区别共产生了四种模式：两种演绎-法则（D-N）模式及两种统计模式[归纳统计（I-S）模式和演绎统计（D-S）模式]。

遵循一定的结构规则，我们分析了两种处理特殊事件的模式，并将它们描述为溯因的形式。

1. 演绎-法则模式

D-N 模式的基本图示如下：

$$\frac{\begin{array}{c} L_1, \cdots, L_m \\ C_1, \cdots, C_n \end{array}}{E}$$

$L_1, \cdots, L_m$是组成科学理论 T 的一般规律，它同适当的前件条件 $C_1, \cdots, C_n$一起构成了对我们观察到的现象 E 的潜在说明（T,C）。解释项与待解释项的关系是演绎的，已由图中的横线标记出。对待解释项还增加了附加条件：

（T,C）是 E 的一个潜在说明，当且仅当

（1）T本质上是普遍的而 C 则是特殊的。

（2）E 是由 T 和 C 共同导出的，而不是只由 C 导出的。

第一个条件要求 T 必须是一个“一般”理论（至少有一个普遍的量词限定的形式规则）。一个“单一”句子 C 没有任何量词或变量，但是封闭了原子与布尔数学系统的合取项。第二个条件进一步限制了可导出性关系。T 和 C 被要求是 E 的导出物。

最后，要增加如下的经验必要条件：

（T,C）是 E 的一个解释，当且仅当

（1）（T,C）是 E 的一个潜在的解释。

（2）C 是真的。

构成解释项的句子必须为真。对于解释项的地位来说这是一个经验条件。（T,C）

对于 E 仍然是一个潜在的解释，直到 C 被证实。

从第三章我们的逻辑观点看，以上的条件定义了推理的形式。在潜在的解释中，我们会遇到普遍版本（$T,C \vdash E$）的可导出性必要条件，为我们的解释性溯因方式 $C \nvdash E$ 加上一个条件。我们拥有的另一个条件（$T \nvdash E$）是以上没有明确要求的。然而，它是隐含的，因为一个重要的单句不能仅由量词限定的规律导出（它通常被认为是有条件限制的）。一个先前主要的溯因必要条件似乎缺乏的推理仍是一致性（$T \nvdash \neg C$），而亨普尔读物中这个条件当然是预设的。不一致性当然从来没有算作科学解释。最后，D-N 说明不要求最小性来解释：它重新定位这个问题，在好的和坏的解释中做选择，最终被排除在模型的范围之外。总体上，我们主张相同的溯因策略（最小选择在第四章中讲述）。

在相反方向也存在差异。不像第二章中我们的（溯因）解释概念，D-N 说明至关重要地包含了关于待解释项的形式的限制。真的必要条件也是一个主要差异。尽管如此，它非常适合第二章中我们关于皮尔士的讨论：一个溯因项具有一个建议的地位直到它被证实。

似乎很明显的是，解释的亨普尔式演绎模式与我们提议的（溯因）解释论证关系很密切，因为它遵循了我们在第三章所讨论的大多数逻辑条件。如果我们把 D-N 说明与一个演绎模式相匹配，那么第一个要关注的事情是，规律和初始条件在解释中起不同的作用。因此，我们需要概念的一个三元格式：$T \mid C \Rightarrow_{HD} E$。这个事实的结果是，这种推论是非对称的（$T \mid C \Rightarrow_{HD} E \nLeftrightarrow C \mid T \Rightarrow_{HD} E$）。于是，在我们进一步的讨论中使 T 和 C 相分离。以下是再次生成的概念：

亨普尔式演绎-法则推论 $\Rightarrow_{HD}$

$T \mid C \Rightarrow_{HD} E$ 当且仅当

（1）$T,C \vdash E$；

（2）T,C 是一致的；

（3）$T \nvdash E$, $C \nvdash E$；

（4）T由普遍量化的语句组成。

C没有任何量词或者变量。

2. 结构分析

我们现在再根据结构规则分析这个观念。对于这个方法的总动机见第三章。我们仅看到了大量先前讨论过的重要规则，它告诉我们哪一种解释类型是可用的，更重要的是，不同的解释如何可能融合。

1）自反性

自反性是经典的同一律的一种形式：每个陈述都蕴含它本身。这可能会在我们的三元格式中呈现两种形式：

$$E \mid C \Rightarrow_{HD} E \qquad T \mid E \Rightarrow_{HD} E$$

然而，亨普尔式的推论反对这两种形式，因为它们将是不相干解释。假设以上条件（3），它既不是现象 E 应该算作自己的解释，也不应该是理论包含观察现象：因为根本不需要解释（另外，左侧的自反性违背了条件（4），因为 E 不是一个全称命题而是一个原子形式规则）。因此，这样的自反性在解释的结构说明中没有存在的必要。

2）单调性

科学推理中的单调性规则为理论或者初始条件的补充提供了方法，同时保持科学论证的有效。正如我们在第三章已经详细说明的那样，尽管演绎推理本身是单调的，但是关于$\Rightarrow_{HD}$ 的附加条件使单调性的经典形式无效。因此，当“保存解释”，增加一个附加条件时我们必须格外小心。遗憾的是，由于我们附加语言的要求，第三章中的一些技巧在这种情形中不起作用。此外，结果可能是愚弄人的。考虑以下的单调性规则，它们似乎是无害的：

作用于理论的 HD 单调性（无效的）：

$$\frac{T \mid A \Rightarrow_{HD} E \quad T,B \mid D \Rightarrow_{HD} E}{T,B \mid A \Rightarrow_{HD} E}$$

这表明，如果我们根据一个理论用一个解释 A 说明 E，以及根据一个强化理论用另一个解释 D 说明相同的事实 E，那么初始解释将仍然在强化理论中起作用。这听起来令人信服，但如果强化理论与 A 不一致，它就失效。

如果我们添加一个附加要求，即，$T,B \mid A \Rightarrow_{HD} F$，那么我们会得到单调性的一个有效形式。

作用于理论的 HD 单调性（有效的）：

$$\frac{T \mid A \Rightarrow_{HD} E \quad T,B \mid D \Rightarrow_{HD} E \quad T,B \mid A \Rightarrow_{HD} F}{T,B \mid A \Rightarrow_{HD} E}$$

为了保证理论与解释同观察的一致性，这一添加条件强迫要求强化真理论必须解释其他某物（F），然而，当我们仅仅设定两个必要条件时，我们没有能力找到任何可信服的单调性规则。

我们在这里学到的是第三章中这种方法的真实限制条件。鉴于 D-N 复杂性的概念，纯结构分析可能不是最好的方法。我们也可以明确地引进附加条件，而不是以溯因序列形式给它们编码。因此，假设这是一致地发生的，而且没有隐含任何观察到的现象，没有进一步的附加条件，一个理论可能以一个解释而得到巩固。观察到我们分析的复杂性不是病理学的，而是反映事件的真正状态，这一点是非常重要的。它们表明：需要更多的亨普尔式解释的逻辑而不是思考，而且这能在一个更精确的发生中呈现出来。例如，单调性规则的失败意味着，作为逻辑问题，在将科学解释“提升”到更广阔的背景中时，我们不得不更加谨慎。

3）截断

典型的截断规则允许我们束缚导出物，通过蕴含它们的更多前提来代替临时假设。因此，这对于标准推理是必要的。解释能被束缚吗？而且有许多可能的截断规则，其中有些对理论产生影响，有些对条件产生影响。我们考虑一个自然的版本：

HD 截断（无效的）：

$$\frac{T \mid A \Rightarrow_{\mathrm{HD}} B \quad T \mid B \Rightarrow_{HD} E}{T \mid A \Rightarrow_{HD} E}$$

第二章中我们举的下雨的例子会给这个规则一个说明。用多层云（A）来解释雨（B），用雨来解释地面湿了（E），因此用多层云（A）来说明地面湿了（E）。但是这个原则有效吗？看起来似乎是那样，但是需要再有一个衔接。假使 A 本身蕴含 E，提议的结论不随之发生。我们将不得不分别添加这个限制条件，以便获得截断的一个有效形式：

HD 截断（有效的）：

$$\frac{T \mid A \Rightarrow_{HD} B \quad T \mid B \Rightarrow_{HD} E \quad A \nvdash E}{T \mid A \Rightarrow_{HD} E}$$

这个规则不仅有一个附加要求，而且它实际上包含两类推论使其起作用（$\Rightarrow_{HD}$ 和 $\vdash$）。我们还会在后面看到，包含了归纳推论的规则实际上要求这一类型的结合。而且，添加附加要求作为谓词逻辑可能需要保留，这个是半决定的，而且从否定做说明无法保证核对它们。如果我们仍然满足前提所设的必要条件，那么我们会得到单调性的一种有效形式。

4）逻辑规则

一种推理概念有尽量多的次要条件$\Rightarrow_{HD}$，这就相当地限制了我们所能获得的有效结构规则的形式。当然，这个观察表明，在纯结构规则的分析的效用上存在着明确限定，这在当代逻辑的广阔领域中已深受欢迎。要得到至少一些有趣的控制解释的逻辑原则，我们必须引进逻辑合取项。以下是一些有效规则：

（1）　理论的析取：

$$\frac{T_1 \mid C \Rightarrow E \quad T_2 \mid C \Rightarrow E}{T_1 \vee T_2 \mid C \Rightarrow E}$$

（2）　两个待解释项的合取：

$$\frac{T \mid C \Rightarrow E_1 \quad T \mid C \Rightarrow E_2}{T \mid C \Rightarrow E_1 \wedge E_2}$$

（3）　解释项与理论的合取：

$$\frac{T \mid C_1 \Rightarrow E \quad T \mid C_2 \Rightarrow F}{T \mid C_1 \Rightarrow F \wedge E}$$

（4）　待解释项和解释项的析取：

$$\frac{T \mid C \Rightarrow E}{T \mid C \vee E \Rightarrow E}$$

（5）　通过理论弱化解释：

$$\frac{T, F \mid A \Rightarrow E}{T, F \mid F \rightarrow A \Rightarrow E}$$

前两个规则表明，析取和合取的著名典型推理传给了解释。第三个规则说明，被解释项通过背景理论的任何推论能够被强化。然而，要求自身解释被排除是正常的（例如，T 不能解释 T）。而且 F 不等于 T 也是被要求的。这对于早期试图给出有效解释论证的必要和充分条件一直是其中的一个障碍（见[Tuo73]）。第四个规则表明，解释项是如何被弱化到“待解释项”的。第五个规则阐明，假定背景理论能够补偿解释项，解释项就可能被弱化。最后一个规则实际上强调了亨普尔模式的缺陷，这是他自己也承认的。它允许“最小解释”的一个确定的平凡化，它可能通过增加更多的句法限制被再次阻止[见 Hem65, Sal90]。然而，请注意，这些规则并不必然地遵守 D-N 模式早期的句法限制，因为它们在待解释项（规则 2 和规则 3）和形式规则中包括了非原子形式规则，这可能包含作为初始条件（规则 5 中的 $F \rightarrow A$）的量词。这种情形表明，如果我们想用合取项处理规则，我们就必须放弃这些限制（但是，我们不是说亨普尔的模式只对单一事件有用）。而且，完备的 D-N 解释模式既包含单个陈述也包含概括。所以，为了做进一步的分析，我们需要对具有谓词逻辑的量化原则的结构规则做出一个说明。

更一般地，可以说，D-N 模式自产生之日起，几十年来一直处于论争中。不存在一种被普遍接受的演绎说明形式，但是至少我们希望我们这一类型的分析能够为持续的争论注入新鲜的东西：如果可能，我们将把简单但必要的形式问题作为更明确的核心来研究。

3. 归纳-统计模式

亨普尔的 I-S 模式对特殊事件 E 的解释，本质上同 D-N 模式是同一形式的。最根本的不同在于规则的地位。在 D-N 模式中，规则是普遍概括，而在 I-S 模式中，它们是统计规律。这一差别反映在结果中。在 I-S 模式中，现象 E 仅由与解释事实相关的“高概率”[r]导出。

$$\begin{array}{l} L_1, \cdots, L_m \\ C_1, \cdots, C_n \\ \hline\hline E \end{array} \quad [r]$$

在本图中，双线表示这种推理是统计的而非演绎的。这个模式包含了 D-N 模式所有的充分条件，但是在统计规则上进一步添加了一个必要条件，被称为最大特殊性（RMS）；这个必要条件回应了这样一个问题，即亨普尔认识到的 I-S 模式解释的含糊性。与经典演绎模式相反，在统计推论中，从不一致的前提推出相冲突的结论是可能的。第二章我们举的一个例子说明了这一点。

1）I-S 解释的含糊性

假设 T 理论做出如下陈述："几乎所有得了链球菌病毒感染的患者都能在注射青霉素后很快被治愈（L1）；几乎没有一例抗青霉素的链球菌感染者可以在注射青霉素后很快被治愈（L2）；简・琼斯是链球菌感染者（C1）；简・琼斯接受了青霉素治疗（C2）；简・琼斯是一个抗青霉素的链球菌感染者（C3）。"从这个理论可能建构出两种矛盾的论证，一个可以解释为什么简・琼斯能够很快康复（E），另一个可以解释它的否定，为什么简・琼斯不能很快康复（$\neg E$）。

论证 1

$$\frac{\begin{array}{l} L_1 \\ C_1, C_2 \end{array}}{E} \quad [r]$$

论证 2

$$\frac{\begin{array}{l} L_2 \\ C_2, C_3 \end{array}}{\neg E} \quad [r]$$

两个论证的前提是相互一致的，它们都可能是正确的。然而，它们的结论却是相反的，使得这些论证相互冲突。亨普尔希望通过迫使所有的统计规律在论证中达到最大限度具体化来解决此问题。也就是说，它应该包含这个问题域的所有相关信息。在我们的例子中，第二个论证的前提 3 证明了第一个论证的无效，因为规律 1 不是最大限度具体化的，没有包含简・琼斯在 T 的所有信息。因此，理论 T 仅仅能解释$\neg E$ 而不是 E。

RMS 使 I-S 解释概念与一个知识境遇相关，那是被亨普尔描述作为"知识相对性"的某种东西。这个必要条件有帮助，但它既不是一个明确的解决，也不是一个完备的解决。因此，它仍是有争论的①。

这些问题可能在逻辑术语中得到理解。后件的合取对于 D-N 解释是一个有效的原则。它似乎既是一般解释也是一个合理的原则。但是它的使用对于 I-S 解释证明是极其不平凡的。RMS 可能被形成如下半-形式的规则：

最大特异性的必要条件：

一个普遍统计规律 $A \rightsquigarrow B$ 是最大具体化的，当且仅当对于所有 A',使得 $A' \subset A$, $A' \rightsquigarrow B$。

然而，我们应该注意到，当在直观层次存在这个必要条件意味着什么的共识时，关于它的精确形式化不存在任何一致性（[Sal90]对此有简短的讨论）。由于这个漏洞，在我们先前的形式中我们给出 I-S 解释的一个版本，预设了归纳推理

① 其中一个问题是，在两个给定的竞争论证中识别一个最大具体化的规律始终是不可能的。例子是这些情形，其中这两个冲突的规律之间没有任何关系，正如以下 Stegmüller 给出的例子 [Ste83]：大多数哲学家不是百万富翁。大多数煤矿主是百万富翁。约翰既是哲学家又是煤矿主。他是百万富翁吗？

的某些基本概念$\Rightarrow_i$ 。

2）亨普尔式归纳统计推理$\Rightarrow HI$

$T,C\Rightarrow_{HI}E$ 当且仅当

（1）$T, C\Rightarrow_i E$;

（2）T, C 是一致的；

（3）$T\not\Rightarrow_i E$，$C\Rightarrow_i E$;

（4）T 由统计量词限定形式规则组成（它可能包括这样的形式“大多数 A 是 B”）。C 没有任何量词。

（5）RMS：T 中关于 T，C 的所有规律是最大具体化的。

以上的形式规则符合我们早期的溯因要求，但是 RMS 使问题复杂化了，而且还有其他的模糊产生源。亨普尔的 D-N 模式确定谓词逻辑作为它的语言，以使形式上区别开来，并使经典推论作为其基本动力。但是在 I-S 模式中这些组成部分的精确逻辑本性没有被具体说明。

3）统计推论$\Rightarrow_i$的一些说明

统计推论$\Rightarrow_i$可以以定量或是定性的方式来理解。前者可把 $\Theta\Rightarrow_i\varphi$ 读作“φ 是通过高概率推断出 Θ”；而后者可被读作“大部分的 Θ 模式是 φ 模式”。这些是建立归纳推理演算的不同方式[①]。

另外，关于我们的背景理论的语言我们有类似的选项。在背景理论 Θ 中可能发生的一般统计陈述 $A\rightsquigarrow B$，很可能被解释为“在条件 A 下 B 的概率接近于 1”，或者作为陈述形式：“大部分 A-客体的 B-客体”。除注意最后的解释将允许我们使用概括的量词理论外，这里我们将不再使用这些选择。许多结构属性早已被用于研究概率概括的量词（见[vLa96, vBe84b]关于许多可能的方法）。

最后，基于一般演绎推理，推理的统计方法也可能简化 D-N 模式的一些性质。在统计推理中，非导出性的 D-N 概念不需要一个否定陈述，但是需要一个具有（公认的）低概率的肯定陈述。这种解释会有一些有趣的后果，我们将在本章末尾来讨论。它也可能减少复杂性，因为解释的概念成为其形式结构中更一致地“可导出的”东西。

4. 重温结构分析

我们再次简单考虑 I-S 解释的一些结构属性。我们的讨论是非正式的，因为我们并没有确定之前讨论的关键概念的任何正式的解释。

至于$\Rightarrow_i$的自反性，这个原则是失效的，其理由与 D-N 解释的完全相同。接下

① 回顾第三章，可能有两种不同的定性特征，一种是 $\Theta\wedge\neg\varphi$ 是不大可能的，另一种是假设条件 $\Theta,\neg\varphi$ 是不大可能的。

来考虑单调性。由于 RMS 原则，这一次在解释中强化理论会产生新的问题。一个规律 L 对于 $T \mid A$ 可能是最大具体化的，但是对于 $T,B \mid A$ 后者 $T \mid A,B$ 则不必然如此。更糟的是，给统计理论增加前提可能会推翻先前的结论。在上面的青霉素例子中，没有条件 C3 的理论完美地解释了简·琼斯为什么很快地康复。但是增加条件 C3 推翻了推理，反而解释为什么她不能很快康复。如果我们补充说她实际上服用了一些能很快康复的相同疗效的药物（见第二章），推论再次被推翻，于是我们能够再次解释为什么她很快康复了。

这些例子再次表明，归纳统计解释在认知上是相对的。当改变前提条件时，无法保证推理的一致性，因此使得单调性规则无法运用。声称增加条件必须是“最大具体化的”，似乎回避这个问题。然而，假如我们愿意将演绎解释和归纳解释联合起来，我们将能拯救某些单调性（坚持纯形式化没有任何逻辑理由）。下面是一个原则——我们发现它是所使用的精确归纳推理的似真的、模态的进一步详细说明（回顾一下$\Rightarrow_{HD}$表示演绎-法则推理，$\Rightarrow_{HI}$表示归纳-统计推理）：

关于理论的单调性：

$$\frac{T \mid A \Rightarrow_{HI} C \quad T, B \mid D \Rightarrow_{HD} C}{T, B \mid A \Rightarrow_{HI} C}$$

这个规则表明，至少当所增加的条件用一些其他初始条件演绎地解释相关结论时，统计论证在它们的背景理论中是单调的。假如我们能够考虑被扩大的理论 $T, B \mid A$ 的一致性，这将的确是一个有效的形式规则。特别是，所有对 $T \mid A$ 的最大具体化规律，对于 $T,B \mid A$ 仍然是具体的。因为，以演绎和一致的方式推出条件 C，不存在任何增加进行反向推理的某物的位置，或者改变规则的最大特异性。

这里有一个对这个规则的简单说明。一方面，如果简·琼斯通过服用青霉素，她的感染病很快康复了；另一方面，她康复通过服用药物进行了有效治疗（B），当关于这个治疗的断言被添加到理论时，她仍然有很大机会快速地康复。

不用奇怪，在这个环境中也没有任何明显的截断规则。这里不是 RMS 引起这个问题的，因为理论没有改变，而是统计蕴含不可传递这个众所周知事实的改变。我们再次提出一个规则，即将统计解释和演绎解释结合起来，这个规则很可能形成一个代替，以下是我们提议的形式规则：

关于解释项的演绎截断：

$$\frac{T \mid A \Rightarrow_{HI} B \quad T \mid B \Rightarrow_{HD} C}{T \mid A \Rightarrow_{HI} C}$$

这里还有一个对这个规则的简单说明。如果使用青霉素的确解释了简·琼斯快速地康复的话，那么这反过来演绎地解释了她的好心情，青霉素用快速解释了简·琼斯的好心情（这反映了著名的观察论断“大部分 A 是 B，所有的 B 是 C”蕴含“大部分 A 是 C”。注意这个反向链接是无效的）。

萨普斯曾经质问过，我们是否可以制定一个更加一般的表征原理，就是我们用于一致性溯因的那类（见第三章），这为统计解释留下了空间。这可能说明常识推理中演绎和归纳之间易变的界限。然而，探索这个问题没有任何独一无二和容易的路径。我们已经看到，构想出一个 I-S 解释的完备单调规则是很难的。但是，这种失败部分是由这类推理要求太多的条件造成的（在 H-D 模式中也出现同样的问题）。所以，我们能够探索一种关于概率推理的简单概念的演算，更确切地说是演绎与归纳推理的结合。我们仍然必须更精确地规划一种概率推论的观念，我们已经提出完成此目标有几种（定量和定性）选项。因此，描述一种能够容纳统计推理的逻辑推理系统的特征，是一个值得认真分析的问题，但超出了本书的讨论范围。

三、讨论与结论

1. 更相关的关联

在这一部分，我们将简洁地描述归纳支持的观念，表明它与解释概念的关系，并试图寻找它的一些结构特征的线索。而且，我们把萨尔蒙的统计相关概念看作更复杂的后亨普尔式解释观点的一个样本。另外，我们根据第四章的线索来简洁地讨论亨普尔模式一种可能的计算实现。最后，我们在萨伽德（Thagard）的“计算的科学哲学”说明范围内，描述他的解释观念。

1）归纳支持

与解释概念相关的是归纳支持的概念。通过考虑围绕这个观念的一些主张的逻辑原则，我们在目前所给出的一些结构分析的指引下能够探索它的一些特征。直观地说，如果 h 是从 e “导出的”，某物 e 预设了 e 和 h 之间的一些归纳推论逻辑关系，那么，“e 归纳地支持 h，被认为是 eIh”。下面是一些相关原则（见[NT73]关于动因和其他原则）：

（1）（SC）特殊的推论：如果 eIh 和 $h \vdash b$，那么 eIb。

（2）（CC）反向推论：如果 eIh 和 $b \vdash h$，那么 eIb。

（3）（E）演推：如果 $e \vdash h$，那么 eIh。

遵循第三章的思路，对于一些适当的概念$\Rightarrow_{is}$，我们在其正向方式（$h \Rightarrow_{is} e$）中能够获得这样的归纳逻辑关系（eIh）。那么，一个像（CC）这样的原则表达如下：

（4）（CC）如果 $h \Rightarrow_{is} e$ 和 $b \vdash h$，那么 $b \Rightarrow_{is} e$。

使用这个原则我们很容易发现，我们能够从 $h \Rightarrow_{is} e$ 和 $b \vdash h$ 得出 $b,h \Rightarrow_{is} e$。我们也正是诉诸单调性$\vdash$（从 $b \vdash h$ 我们能够推出 $b,h \vdash h$）。然而，尽管我们有从 b 可以演绎地推出 h 这一条件，从 e 唯一归纳地支持 h 这个事实可以推出 e 归纳地支持 b，h 似乎是不正确的，因此，修正这个原则的提议如下[Bro68]：

（5）（CC^*）如果$h \Rightarrow_{is} e$ 和“b 解释h”，那么$b \Rightarrow_{is} e$。

这个版本限制了先前不受欢迎的单调性，因为当解释项通过附加形式规则被强化时，解释关系是不能维持的（见[NT73, p. 225]关于采纳这个原则的讨论）。因此，像解释和确证这样的概念不能遵守经典单调性规则似乎是很明显的，所以适当的形式规则不得不被提出来。我们给证实的情形留下一个悬而未决的问题。这个简单的描述恰恰表明，在结构水平上研究这个概念的可能性，正如我们已经在第三章所做的（溯因）解释论证。

2）萨尔蒙的统计相关性

尽管提出了许多条件，D-N 模式仍然允许解释与待解释项不相关。当解释项与待解释项相关是一个深刻问题时，描述特征问题就超越了形式逻辑的范围。它是一般科学哲学的一个关键争议点。

把相关性作为因果性是一个值得注意的方法。萨尔蒙根据统计相关性首先分析了解释相关性[Sal71]。对他来说，归纳统计解释的问题不是解释项（$T \mid A$）表达待解释项 C 是如何可能的，而是解释项中被引用事实是否给待解释项的概率产生一个差异。因此，不是高概率而是统计相干使得一组前提条件统计地推出一个结论。

现在我们回顾我们所论述的，统计非单调性（$\Theta \not\Rightarrow_i \varphi$）可能会被精炼为“从 Θ 得到低概率 φ”。用这种再解释，我们的确能够测量是否一个增加的前提改变结论的概率，并因此算作一个相关解释。不是所有的联系都是因果性的。萨尔蒙自己用他最初的提议发现问题，然后发展出一个因果解释理论[Sal84]，并在[Sal94]中得到精炼。在这里，解释项和待解释项通过因果过程和因果相互作用相关联。甚至这个最后的版本仍是有争议的（见[Hit95]）。

3）亨普尔模式的计算解释

亨普尔把科学解释作为一个假设产物，而不用处理如此解释产物的过程。但是，正如在第四章我们所做的那样，它似乎自然而然地通过计算搜索程序产生科学解释来增补这种推理分析。我们能够通过做这样的工作来修正我们先前的算法吗？的确，对 D-N 模式来说，简单修正对于我们的算法是充分的（但是，对于普遍规律的处理，我们需要一个树结构算法的谓词-逻辑版本，该版本与我们第四章所提议的 DB 树结构相一致）。然而，对于归纳统计情形，语义树结构似乎是不适合的。我们需要发现一个在树结构中表征统计信息的方法，然后在这个框架中描述归纳推理的特征。对于计算归纳解释的某些更有希望的形式主义被多弗·加贝（Dov Gabbay）[Gab96]称为有“分量”的演绎系统，被麦耶尔·瓦尔（W. Meyer Viol）（见[Mey95]）和范·拉姆巴耿（van Lambalgen）及阿尔钦纳（Alechina）（[AL96]）称为依赖-驱动定性概率推理的其他系统。

4）萨伽德的计算解释

科学解释的程序说明的一条可替代进路是萨伽德在[Tha88]中提出的。解释不能由亨普尔式句法结构获得。相反，它被分析为一个提供理解的过程，该过程是通过“定位”（locating）和“匹配”（matching）机制获得的。解释模式是 PI 程序（归纳过程），它是通过像溯因、类比、概念形成和概括等程序来计算给定现象的解释的，然后通过比较能够建构的程序，说明一种“最佳解释”。

这种方法关系到认知科学中的溯因（见第二章），其中解释被作为一种通过计算机程序模型化的问题解决活动（这类编程与我们第四章包含的复杂模块和记录结构完全不同）。这个观点也给出了当代科学哲学和人工智能之间的另一个连接点。

2. 信念修正中的解释

我们通过溯因与科学解释之间联系的讨论得出一个简短结论。科学哲学中的解释理论主要关注于科学探寻问题。然而，通过伽登福斯提出的关于解释的一些观点（其著作[Gar88]中的第八章），说明如何启发创造一个连接。而且，解释如何被计算而进入信念，在被要求包含信念的这个操作类型中产生了一个差异。

伽登福斯的基本观念是，一个解释，通过提高它的概率，使得待解释项不那么令人惊讶。解释项与待解释项之间的关系与一个认知状态有关，该状态基于包含一组可能世界的概率模型、一组概率测量，以及一个信念函数。解释是产生一种特殊的认知变化、增加待解释项的信念价值的命题。解释项也必须表达初始状态中“相关”信念的信息。这个提议非常类似于萨尔蒙的统计相关性观点，在我们的非导出性的统计表征作为低概率导出性的连接中，我们讨论了这个观点。两者之间主要的差异就在于此。当伽登福斯要求变化提供概率时，萨尔蒙恰好承认概率中的任何变化。伽登福斯的解释概念非常接近我们第四章的“部分解释”概念（只是某些接近但不是所有可用公开树结构分支都接近）。一个自然的研究论题是，我们是否能够实现在树结构中以定性方式产生概率的观念。伽登福斯的提议包含解释程度，提出了一个测量待解释项的解释力的建议。

就解释与信念修正（见第八章）结合为一个逻辑的努力也有一些更广阔的吸引力。这种共存（和可能的相互作用）似乎反映了它比亨普尔模式更接近科学实践，它预设了一个科学进步仅仅是积累的观点。这再次与哲学传统相联系，该传统一直被看作是非逻辑的，甚至是反逻辑的。这些包含了历史的和实用主义的解释[Kuh70, vFr80]，致力于分析作为革命性科学变化情形的反常例子的解释（“科学革命被认为是那些非积累发展的插曲，其中一个较旧的范式全部或者部分地被一个不相容的新范式所替代”[Kuh70, p. 148]）。在我们看来，亨普尔和库恩这两个思想学派，远远不是对立的，而是强调一个硬币的两面。

最后，我们对解释的分析作为两种科学推理的指南，表明科学哲学和人工智能共享了主要目的和目标。而且，这两者都能从逻辑和计算机科学来寻找到工具，从而帮助我们澄清现象，揭示其复杂性。

3. 结论

我们的分析已经验证了第三章中由亨普尔的科学说明模式发展而来的逻辑工具。演绎-法则模式确实是一种（溯因）解释性推论的形式。然而，结构规则提供了有限的信息，尤其是当我们转移到归纳-统计解释时更是如此。在讨论该情况时，我们发现，D-N 模式和 I-S 解释相结合的证据理论，实际上比各自表现更好。即使在缺乏大规模的实证洞见时，我们仍然能够观察到解释的溯因推论观确实与现代非单调逻辑是一致的。

我们的否定结构发现结果本身也产生了有趣的问题。从逻辑的观点看，持类似$\Rightarrow_{HD}$这种没有自反性和单调性的推论概念，对[Gab85]中的论断形成了挑战。加贝论证说认为，自反性、“限定的单调性”和截断原则是三个最小条件，其中任何推论关系都应满足一个真正的非单调逻辑（然而，在后来的[Gab94a] 中，加贝也承认这毕竟不是一种强方法，比如，“其他系统，如相干逻辑，甚至不能满足自反性”）。我们不将这种失败作为一种反对解释性推论观点的论证。正如我们在第三章已经指出的，不存在任何一种普遍逻辑结构规则，它能与每个推论关系匹配。相反，重要的是这种关系“符合逻辑形式”。

非单调逻辑主要在人工智能中得到了发展。作为一种更有趣的观点，我们提到上述统计解释的含糊性也发生在缺省推理中。著名的例子“教友会教徒与和平主义者”正是在本章中实施太格穆勒（Stegmüller）先前引述的另一个版本。更确切地说，赖特（Reiter）[Rei80]提议的一个解决方法实际上被作为 RMS①的一个变种。这些实例是施太格穆勒批评实证主义的科学解释的核心。他得出结论：使用逻辑根本没有任何令人满意的分析。但是这些同样的例子也是启发人工智能研究者发展非标准逻辑的灵感源泉。

本书所述之外还有更多关联。令人生疑的是，当代基于逻辑的人工智能研究可被看作“通过其他方式所追求”的逻辑实证主义。为什么这项工作今天取得的进展比过去的好的一个原因是，亨普尔及其同时代人认为，经典逻辑是模型的逻辑，并解决他们的问题。以现代的视角看，他们的逻辑工具很可能比其研究纲领更加阻碍他们的研究。即使如此，他们也能解决重要的问题，这些问题同样令经典逻辑系统和现代逻辑系统感到棘手的，包括各种各样的实用因素。总体上来说，科学哲学家、人工智能研究者和逻辑学家，似乎有充足的理由达成共识。

以这种更广义的视角分析科学推理也显露出本书的局限。我们尚未真正说明规则和个别事实之间的区别，我们对“相干性”也没有任何好的说明，而且我们还不能深入地理解概率的真谛。而且，许多科学解释涉及概念变化，在这一领域，理论在说明新现象的过程中用新概念得到修正。到目前为止，第三章的逻辑框架和第四章的计算框架都没有为这项更雄雄心勃勃的领域提供任何成果。

① 在[Tan92]中，作者详细说明了该事实，将当前流行的缺省理论同亨普尔的 I-S 模式相联系。

第六章 经验进步

一、导 言

传统的实证主义科学哲学，不仅在语言上，而且在真值问题上，都继承了逻辑研究。也就是说，其目的是使用它的方法作为检验假设或者形成规则的手段。正如我们在先前的章节中看到的，亨普尔式的解释和证实模式寻求建立一些条件，在那些条件下一个理论（由科学规律组成的）与初始条件结合解释某一现象，或者某种证据是否证实一个理论。对于逻辑研究，它一直是由句法的和语义两种方法来描述特征的，前者的说明刻画了导出性的概念，目的是回答以下问题：假设理论 H（一组形式规则）和形式规则 E，H 是从 E 导出的吗？后者描述了逻辑推论观念的特征，并回答以下问题：E 是 H 的逻辑推论吗？（等价于：H 模式是 E 模式吗？）通过真问题，我们仅能得到关于一个给定理论的真或假的“是-否”的回答。这个问题的唯一目的暗示了一个静止的科学实践观，即不存在科学评价或者变化的任何位置。像导出（derivation）、逻辑推论、证实和反驳这些概念，被设想为是对逻辑的或经验的理论的进一步证实。

然而，科学哲学上的一个主要关注点也是理论评价问题。自 20 世纪 30 年代以来，卡尔纳普和波普都注重于真理与证实之间的差异，其中最后一个概念也关注理论评价。像理论及其确认证据的内在一致性、反驳异常，或者甚至它的缺陷等问题，都是一个科学理论关于它自身及其他现存理论需要评价的所有主要考虑点。与此同时，关于理论评价的精确描述和关于科学进步意味着之间基本上还没有达成一致，很明显，这些观念比真理问题更为深刻。这些被追寻问题的答案是对成功问题的回答，它包含了某一理论的成功、失败和缺陷的设定。超越检验和评价的目的，这是有趣和有用的，因为失败和缺陷表明了一个理论的问题所在，这些问题若解决的话，将导致一个理论改进到一个更好的理论。

至于本章的目的，我们把它作为我们基础的一个具体提议，它力求达到目前为止模型化经验进步设定的三个问题，也就是真理、成功和改进的问题，是由西奥·凯珀斯在[Kui00] 和在[Kui99]中最初描述的方法。尤其是，我们面对后者出版的挑战，即为达到经验进步而修正理论任务的操作，即工具主义的溯因任务。在第四章的风格中，我们建议的目标是表明，一个理论的评价和改进能够通过语义树结构框架（一个扩展）被模型化。尤其是，我们对提供缺陷的一个形式特征描述更感兴趣，也就是一个科学理论不能解释但是又与它相一致的那些现象。这种证据完成了理论成功失败的描绘。术语“中立例子”和“中立结果”也被用于这些情形[Kui00]，其中一个（个体）事实与理论相一致，但并不是由理论导出的。这种观念也出现在文献资料的其他地方。例如，劳丹[Lau77]把它们称为“非反驳反常”（non-refuting anomalies），以使其区别于真的“反驳反常”（refuting anomalies）。我们也在认识论中发现了这类陈述。伽登福斯[Gar88]描述了一个行动者关于如下陈述的三个认识状态：①接受；②拒绝；③非充分决定。后者相当于一个行动者的这样一个认识状态，其中她既不接受也不拒绝一个信念，但对它也没有任何看法（见第八章对基于这个提议的溯因作为认识变化的处理）。对于我来说（见第二章和第八章），当我们面对一个“惊奇的事实”时（当理论在逻辑推论下封闭时，它等同于一种非充分决定的状态），我已经把“新奇溯因”描述为被激发的认识操作。这意味着把该理论向另一个能够解释惊奇现象的理论的扩展。

这些类的现象包含证据而不是理论的虚假（像反常现象的情形），但是它是不完备的（[Lau77]），它不能完全解决它应该能够解决的问题。

在当代科学哲学中，完备的理论是没有位置的。如果拥有一个“完备的科学理论”，就意味着它能够在它所能及的范围对所有现象给出否定或肯定的解释[①]。而且，由于认识到需要用初始条件来解释现象，理论的“不完备性”恰恰是某种隐含的东西。因此，我们承认“不完备”特征是科学理论的优点，而不是数学情形中理论系统的缺陷。一个科学理论将总是会遇到需要解释的新现象，对于这一点被谈论的理论是不充分的。然而，这不是说当他们面对特殊的“不确定现象”时，科学家或科学哲学家就放弃了。

我们的建议是，缺陷的存在标志着理论进步方向上的一个条件，暗示着一个理论为了“决定”某一种还未被解释的现象而扩展（或甚至是修改），因此会产生一个“更好的”理论，它能够解决原初理论不能解决的问题。所以，缺陷不仅仅在理论评价上起作用，而且在它的设计和产生上也起着一定的作用。

至于模型化成功和关于缺陷的改进问题的形式框架，逻辑上经典方法是没有用的。由于缺陷相当于“未确定的陈述”[②]，经典逻辑理论不能够提供一个方法来修正逻辑理论，以便“消解”未确定的陈述。然而，经典方法的扩展可能提供适合的框架来表征理论的变化。我们建议扩展语义树结构方法（见第四章），它开始被设计为一个反驳程序，但是在原理证明和模型检验方面，它被用于这里超越了其目的，正如一个理论被扩展为一个新理论，这个新理论又继承了原来理论的

---

① 很明显，物理学的理论对生物分子学中的问题没有给出任何解释。这里的解释仅仅是限于各自理论的范围内的。而且，在我们的解释中，我们忽略了在解释观念和导出性之间的识别而产生的所有熟悉问题，但是这个“完备科学理论”的理解强调缺陷的作用，我们将在后面的章节中看到。

② 在1931年，哥德尔表明，如果我们想让一个理论不矛盾，那么当我们与不完备性发生联系时我们总会存在一个我们不能决定的断言。我们可能会考虑把未确定陈述作为缺陷的极端情形，因为哥德尔并未受限于表明算术理论是不完备的，但是实际上，它是通过设计产生未确定陈述的方法使它成为不完备的。

缺陷。这是一个动机良好的标准逻辑框架，但是在这些结构上，不同的搜索策略能够模型化科学中的经验进步。

本章分为四个部分。通过上述介绍后，在第二部分中，我们描述凯珀斯的经验进步框架，也就是证据类型的特征描述，理论评价和对比的说明，以应对工具主义溯因任务的挑战。在第三部分，我们呈现了我们对经验进步在（扩展的）语义树结构框架中的方法。在本章最后一部分，我们总结我们先前的讨论，并提供我们的一般结论。

二、凯珀斯的经验进步

两种基本观念是由这种方法呈现的，该方法描述了科学理论和证据之间的关系，即证实和证伪之间的关系。出于这个目的，凯珀斯提供了条件演绎证实矩阵。本章的目的就是使用凯珀斯的一个简化的和轻微修正的版本。一方面，我们通过证据类型，也就是成功和失败，而不是像凯珀斯那样通过证实和证伪给出它的特征，而且我们忽略了他描述的两种其他观念，即（非）证实和证明。另一方面，我们不考虑普遍成功和个别问题（失败）之间的区别，这些问题与他的理论改进的进一步特征是相关的。我们的版本是有用的，因为它在特征描述方面，即成功和失败方面，给予缺陷一个特殊位置，而且它允许在我们扩展的树结构框架中有一个相当简单的表征。

1. 成功和失败

1）成功

证据 E 是一个理论的成功，H 与初始条件 C 相关，任何时候：

$$H,C\vDash E$$

在这种情形下，相对于 C，E 证实 H。

2）失败

证据 E 是一个理论的失败，H 与初始条件 C 相关，任何时候：

$$H,C\vDash\neg E$$

在这种情形下，相对于 C，E 证伪 H。

这个特征有逻辑推论（$\vDash$）的经典观念作为一个理论和其证据之间的基本逻辑关系[①]。因此，一个理论的成功（与初始条件一起）是它的逻辑推论，理论的失败是那些形式规则，对于那些规则，它们的否定是逻辑推论。我们必须给出附加的

① 但这并不需要如此。一些其他的语义推论概念（偏好的、动态的）或是导出性（缺陷等）概念，很可能在其他的逻辑系统内能获得证据类型（见第三章，在一些推论概念内对溯因逻辑特征的描述）。

逻辑假设。H 和 C 必须是逻辑上独立的，C 和 E 必须是正确的形式规则，对于证实自身的情形（或者对于证伪 $\neg E$ 的情形），C 和 H 都不能对 E 做出说明。那就是：

（1）逻辑独立。

$$H \nvDash C, H \nvDash \neg C$$

$$\neg H \nvDash C, \neg H \nvDash \neg C$$

（2）C 和 E 都是正确的形式规则。

（3）对条件证实的假设。

$$H \nvDash E, C \nvDash E$$

（4）对条件证伪的假设。

$$H \nvDash \neg E, C \nvDash \neg E$$

注意，逻辑独立的必要条件确保了 H 和 C 之间的一致性，这个必要条件有时被忽略了（尤其是亨普尔，见第五章），但是当逻辑关系是经典逻辑演推的关系时，很明显它是必需的。条件证实和条件证伪的假设有一个附加效果，即阻碍证据被作为一个初始条件（$H, E \nvDash E$）[①]。

2. 缺陷

先前成功和失败的情形不能说明存在于 H,C 和 E（$\neg E$）关系中的所有可能性。它可能是非常好的例子，假设理论 H、证据 E 和所有的前提假设，不存在任何初始条件 C 可用于说明 E（$\neg E$）作为一个成功（或失败）的案例。在这种情形中我们会遇到理论的一个缺陷。对缺陷更准确的描述如下：

当以下条件支持所有可用的初始条件 C 时，证据 E 是理论 H 的一个缺陷：

$$H,\ C \nvDash E$$

$$H,\ C \nvDash \neg E$$

在这种情形下，E 既不证实也不证伪 H。

很明显，当一个理论是完备的时候，它没有任何缺陷的唯一情形出现了。但是正如我们看到的，确实不存在完备的科学理论。发现一个理论的缺陷蕴含着理论改进方向上的一个条件（至少从逻辑观点看）。也就是说，为了改进一个理论（H_1）成为更好的理论（H_2），我们可能会以这样一致方式扩展 H_1，即它的缺陷成为 H_2 的成功。一个理论中缺陷的存在使我们面临它的漏洞，它们的成功解决暗示着理论的进步。如此这样做，我们完成了初始理论（至少关于一些证据），构造了一个更好的理论，它很可能包括附加概率或初始条件。

根据成功、失败和缺陷描述的上述特征，使一些证据的地位总是与一些理论

① 这些附加假设当然暗示了这样一个情形，其中 E（$\neg E$）是一个单一事实（一个字符，因此是一个原子或者一个否定），因为一组普遍陈述 H 自身不能演推单一形式规则，但是我们不想限制我们对此情形的分析，因为以条件形式存在的证据也可能很有趣。

和具体初始条件相关，这一点是清晰的。因此，原则上，一个理论不能对它作为成功或失败的证据给出任何解释，但是仅仅与一个或是更多初始条件有关。另一方面，缺陷表明理论是不充足的，表明可能没有足够的概率对作为成功或失败情形的证据给出说明。但是一个问题产生了：缺陷的特征需要给出适当的初始条件的非存在物一个指称吗？换句话说，仅仅根据 H 和 E 之间的一些条件来描述缺陷-类型证据的特征是可能的吗？在另一节我们证明，在我们的结构框架内那样做确实是可能的。

3. 理论评价与比较

凯珀斯坚持主张“评价的语境”，将它作为一种更适当的方法来指称所谓的“确证的语境“（见第一章）：

“不幸的是，术语‘确证的语境’，无论是否以证伪主义的方式被特别指明，都意味着，像术语‘证实’和进一步‘证实’一样，一个理论的真或假只是唯一的兴趣。我们对 HD-方法的分析清晰地说明，谈论‘确证的语境’将是非常适当的。术语‘评价’将首先根据成功和问题指称理论的分离的和比较的 HD-评价。” [Kui00, p. 132]

凯珀斯建议扩展亨普尔的 HD 方法论，不仅用它来说明检测一个理论，这只给出“真理问题”的答案，而且要评价目的，在这种情形中，它允许人们回答“成功问题”，以便评价一个理论本身，以此为与其他问题进行比照来设定基础。这种方式表明，在理论被证明为假后，对理论进行进一步的修正也许是可能的，它也允许对理论的缺陷做记录，这样做就为理论改进的可能性留有余地。正如凯珀斯正确地陈述的那样，HD-检测导致某一理论的成功和（失败）问题，“而不是中立的结论” [Kui00, 101]。

然而，包括对称的和不对称的（每一类都包括宏观和微观的论证），有几个关于 HD-评价的模式。为了达到本章的目的，我们描述了对称定义的一种简化版本（其中我们不在个别事实和一般事实之间做出区分），并通过以下的比较评价矩阵（comparative evaluation matrix）来表征（[Kui00,117]）：

H_2 / H_1	失败	缺陷	成功
失败	0	−	−
缺陷	+	0	−
成功	+	+	0

除了中立的结果（0），还有三种类型的结果，它们相对于 H_1，（+）更有利于 H_2，有三种类型的结果，相对于 H_1，（−）不利于 H_2。

这种特征产生了以下理论的比较标准，它允许我们描述条件的特征，在这些条件下，一个理论比其他理论更成功：“除了中立结果外，如果有些结果有利于 H_2 而没有任何不利于 H_2 的结果，那么理论 H_2 比 H_1 更成功。”当然，这不是计算一个理论成功（或失败）和与其他理论相对比的问题，而是包含的问题，它自然地会引起以下特征（见 [Kui00,112]）：

理论比较

一个理论 H_2（在时间 t）与理论 H_1 同样成功（或比 H_1 更成功），当且仅当（在时间 t）：

（1）在 H_2 中的失败集合是在 H_1 中失败集合的一个子集。

（2）在 H_1 中成功的集合是在 H_2 中成功集合的一个子集。

（3）至少在以上相关子集的情形中，相关子集是适合的。

这种模式提出了科学中的一种方法论，它的表征是规范的，而且不把自己限制于真理问题中。然而，它仍是科学实践的一种静止表征。用成功、失败、缺陷描述一个理论的特征，是根据应该遵从的三个逻辑条件 H、C、E 给出的。它没有特别指明，例如，一个理论缺陷是如何被确认的？也就是说，决定不存在任何初始条件就能对已给定证据作为成功或失败的一个情形做出解释是如何可能呢？去除（missing）也是改进理论的一种明确方式；也就是说，修正一个理论成为更好的理论的方式。我们仅获得这样的条件，在这些条件下，两个理论，即已经给出的和评价的，与它们的成功和失败进行对比。凯珀斯彻底地意识到需要引入理论修正的问题，这就是如下所描述的。

4. 工具主义的溯因

在最近的提议中[Kui99]，凯珀斯使用以上机制来确定工具主义的溯因任务，也就是说，理论修正的目标是经验进步。我们的出发点是一个理论评价报告（它的成功、失败和缺陷），以及由以下组成的任务。

工具主义的溯因任务

寻求一个理论 H_1 的修正版本 H_2，以便：

相对于可用的数据，H_2 比 H_1 更成功[①]。

凯珀斯对溯因致力于经验进步做了探讨，也就是沿着对称性或非对称性的线路，设计工具主义的溯因。更具体地说，他提出了以下挑战：“以树结构术语操作这种可能性，即一个理论比其他理论与数据‘更一致’。”[Kui99, p. 320] 在这一章，我们用以下的方法来接受这一挑战。我们建议操作以上工具主义对于成功、失败的特殊情形的任务（他的任务Ⅰ）。我们将这个提议纳入我们的语义树结构

① 在被引用的文章中，这被定义为任务 III 的第一部分（任务 III.1）。任务 III.2 要求更进一步的评估任务并由以下陈述组成：“相对于所有将来的数据，H_2 仍然比 H_1 更成功”。而且，有两个先前的任务：任务 I 和任务 II，它们是任务 III 的特殊情形，前者意味着“惊人的观察”情形（潜在的成功或缺陷），而且该任务是用一些假设（或初始条件）扩展该理论，以便使观察成为成功的。这被称为新奇引导的溯因（novelty guided abduction）。后者意味着一个“反常观察”情形（失败），而且它的任务是将该修正成为另一个能够演推观察的理论，这被称为“反常引导的溯因”（anomaly guided abduction）。在我们自己的溯因术语中（见第二章），我指出前者作为溯因新奇性，后者作为溯因反常性。

的扩展框架（见第四章）。

很明显，我们的建议与凯珀斯的基本相同，我们的表征允许一个理论评价和理论改进的更动态的观点，它通过对潜在成功以及对决定观察是缺陷的一致情形的条件，提供了适合计算的初始条件的方法，两者产生了理论改进程序。然而，本章没有具体列出过程，仅仅提供了一般观念和必要的证据。

三、（溯因）语义树结构中的经验进步

1. 缺陷证据类型的特征

接下来，我们的目标是根据扩展类型描述缺陷证据的特征，当缺陷证据用树结构被扩展时，它作用于理论的某一树结构。这个描述的主要动机是回答前一节提出的问题：我们能否大体上知道何时某一形式规则 E 有资格作为一个理论 H 的缺陷情形？让我通过将缺陷证据（见第二部分）转换为树结构开始吧，这里要用缺陷*作为标志以区别于凯珀斯的初始用法：

缺陷*

假设理论的一个树结构 $T(H)$，当以下条件支持所有可用的初始条件 C 时，证据 E 是理论 H 的缺陷*：

$T(H)\cup\{\neg E\}\cup\{C\}$ 是一个开放树结构；

$T(H)\cup\{E\}\cup\{C\}$ 是一个开放树结构；

在这种情形中，E 既不证实也不证伪 H。

虽然这是一个直接的转换，但是它不能获得证据 E（及其否定）作用于树结构的精确扩展类型。为了达到此目的，我们来回顾我们提出的“开放”“封闭”“半封闭”扩展之间的区别。虽然前两个通过那些形式规则被描述了其特征，这些形式规则当被增加到树结构时没有封闭任何开放分支，或者分别封闭所有分支，最后一个通过那些封闭一些但不是所有开放分支的形式规则被例证（根据语义树结构描述扩展特征的规范细节见第四章）。

正如我们要证明的，当一个形式规则 E（和它的否定）对于某一理论 H 在树结构上作用于一个开放扩展时，它有资格作为一个缺陷*。更精确地是：

缺陷*断言

假设一个理论 H 和证据 E：

如果 $T(H)+\{\neg E\}$ 是一个开放扩展，$T(H)+\{E\}$ 也是一个开放扩展，那么 E 是 H 的一个缺陷*。

证据

（i）要证明： $T(H)\cup\{\neg E\}\cup\{C\}$ 是所有 C 的一个开放树结构。

（ii）要证明：$T(H)\cup\{E\}\cup\{C\}$ 是所有 C 的一个开放树结构。

（1）（i）让 $T(H)+\{\neg E\}$是一个开放扩展（$H\nvDash E$）。

（2）假设存在一个 C（$C\neq E$ 是由条件确定的第二个假设保证的），致使 $T(H)+\{\neg E\}+\{C\}$ 是一个封闭扩展。

那么 $T(H)+\{C\}$必须是一个开放扩展，即，$H\vDash\neg C$，但是这与逻辑独立性的第二个假设相矛盾。

（3）因此，$T(H)+\{\neg E\}+\{C\}$ 不是一个封闭扩展，即 $H,C\nvDash E$，这样就得出 $T(H)\cup\{\neg E\}\cup\{C\}$ 是一个开放树结构。

（4）（ii）假设 $T(H)+\{E\}$ 是一个开放扩展（$H\nvDash\neg E$）。

（5）假如存在一个 C（$C\neq E$ 是由条件证伪的第二个假设保证的），致使 $T(H)+\{\neg E\}+\{C\}$是一个封闭扩展。

那么 $T(H)+\{C\}$必须是一个封闭扩展，也就是，$H\vDash\neg C$，但是这与逻辑独立的第二个假设相矛盾。

（6）因此，$T(H)+\{\neg E\}+\{C\}$不是一个封闭扩展，即，$H,C\nvDash\neg E$，因此，推出 $T(H)\cup\{\neg E\}\cup\{C\}$是一个开放树结构。

注意，在证明以上断言时，我们使用到两个对缺陷而言一直没有清晰阐明的假设；一个条件确实在（i）（$C\nvDash E$）中，另一个条件证伪在（ii）（$C\nvDash\neg E$）中。因此，我们声称这些假设也应该包括在凯珀斯的作为限定缺陷的附加逻辑假设中。这个事实给了我们一个更充分的理由去强调缺陷作为理论评价的一个独立而重要情形的重要性。

最后，依据我们提议的树结构扩展对缺陷**证据类型的特征描述如下：

缺陷**

假设理论 $T(H)$ 的一个树结构，任何时候证据 E 是理论 H 的一个缺陷**：

$T(H)+\{\neg E\}$是一个开放扩展

$T(H)+\{E\}$ 是一个开放扩展

在这种情形中，E 既不证实也不证伪 H。

这个解释允许我们仅依据理论和证据来描述缺陷类型证据，不必考虑任何潜在初始条件。从一个计算观点看，这个结果之所以很诱人，是因为当什么也不存在时，它阻碍适当的初始条件的搜索。

以上对缺陷断言的证明，确保我们的特征描述包含凯珀斯的描述，即开放扩展蕴含开放树结构（缺陷**蕴含缺陷*），表明我们对缺陷**的特征描述比初始缺陷*更强。然而，这种反向蕴含（缺陷*蕴含缺陷**）是无效的。对于 $T(H)\cup\{\neg E\}\cup\{C\}$的一个开放树结构，不需要蕴含 $T(H)+\{\neg E\}$是一个开放扩展。这里有一个反例：

让 $H=\{a\rightarrow b,\ a\rightarrow d,\ b\rightarrow c\}$

$E=\{b\}$ 和 $C=\{\neg d\}$

注意，$T(H)\cup\{\neg b\}\cup\{\neg d\}$是一个开放树结构，但是$T(H)+\{\neg b\}$和$T(H)+\{\neg d\}$是半封闭扩展。

2. 例子

接下来，我们通过关于缺陷-类型证据的一个例子，紧接着一个理论改进，来说明语义树结构框架中我们方法的基本原理。

1）缺陷

假设 H_1是一个理论，E 是一个证据：$H_1=\{a\to b\}, E=\{c\}$。

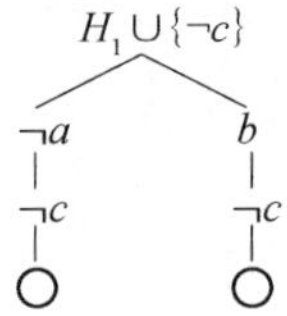

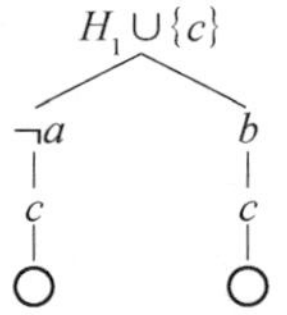

在这种情形中，正如以上两个开放树结构表明的，证据（c）和否定$\neg c$ 都不是理论 H_1的有效推论。而且，为了使证据产生一个成功或失败情形，产生作用于初始条件的任何（字符）形式规则是不可能的（除非考虑平凡的情形，即添加 c 或$\neg c$）。对于这个特殊的例子，或许我们很容易意识到这个事实（a 和$\neg b$ 仅仅是可能性，没有一个会封闭整个树结构），但是一般来说，要处理的核心问题是我们如何能够知道何时某一形式规则有资格作为某一理论的一个缺陷的情形？

于是，我们面对一个真正的缺陷的情形，对于这种情形，该理论对给定的证据没有任何判定，既不肯定也不否定：它只是不能说明它。

正如我们先前所看到的，当树结构与形式规则一起被扩展时，无论何时任何一个形式规则及其否定都不封闭任何开放分支，我们把形式规则描述为一个理论的缺陷。正如我们已经指出的，这类证据不仅表明了理论说明这种缺陷是不充分的，而且提出了理论改进的一个条件，因此标志着经验进步的可能性产生一个程序来执行工具主义的任务（见[Kui99]）。

2）理论改进

接下来我们给出从理论 H_1 扩展到理论 H_2 的一个例子，这区别于形式规则 C 在前者中是一个缺陷，在后者中是成功的。扩展树结构的一个方法是如下通过把形式规则 $a\to c$ 添加到 H_1 获得 H_2：

假设 $H_2=\{a\to b, a\to c\}, E=\{c\}$。

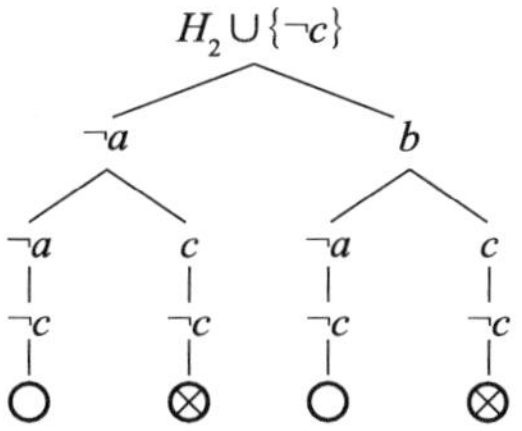

这个树结构仍然有两个开放分支，但是给 H_1 添加一个新形式规则（导致 H_2），就将证据 c 转变为成功或失败的一个候选项，因为它已经封闭了一个（实际上是两个）开放分支，因此它的扩展有资格作为半-封闭状态。现在有可能计算出一个适当的初始条件使 c 在 H_2 中成为一个成功结果，即 a。于是，c 是关于 a 的 H_2 的一个成功结果。

但是 H_1 可能通过其他形式规则得到扩展，可能产生比 H_2 更好的理论。例如，通过扩展初始树结构来代替 $b \rightarrow c$，以下是得到的结果：

假设 $H_3 = \{a \rightarrow b, b \rightarrow c\}$，$E = \{c\}$。

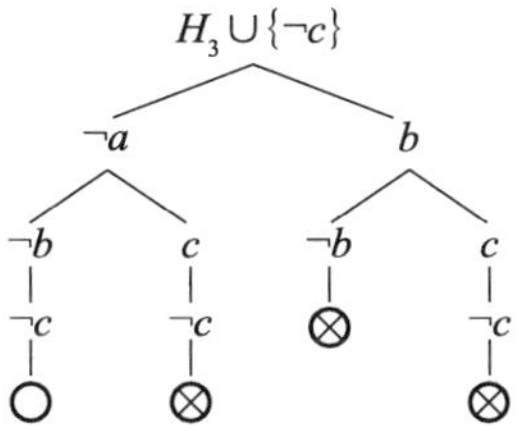

像以前一样，c 是关于初始条件 a 的一个成功结果，但是另外，c 也是关于初始条件 b 的一个成功结果。形式规则 a 以及 b 以非平凡的方式封闭了开放分支。因此，我们在 H_3 中得到比 H_2 中更成功的结果。那么我们考虑 H_3 是确实比 H_1 和 H_2 更好的一个理论？

根据凯珀斯的理论比较标准（见本章第二节第 3 小节），H_2 和 H_3 是比 H_1 更成功的理论，因为在 H_1 中成功子集是 H_2 和 H_3 中成功集的一个适当子集。而且，H_3 比 H_2 更成功，因为在前者情形中 c 是关于两个初始条件的一个成功结果，而在后者的情形中仅有一个条件是关于成功结果的。

我们这里展示的是我们的语义树结构的扩展方法的非正式陈述，像凯珀斯所设想的那样，该方法被用于经验进步而陈述工具主义的任务。

四、讨论和结论

1. 关于成功和失败的特征描述?

读者很可能想知道，它是否也可能从它们的扩展类型来描述成功和失败。在本章中，我们已经集中于缺陷，因此我们将自己限制于描述目前我们所发现的结果，忽略了它们的证明：

成功 如果E 是 H 的成功，那么

$T(H)+\{\neg E\}$是一个半封闭扩展，而且存在一个可用的初始条件c，对于这个条件$T(H)+\{C\}$是一个半封闭扩展。

失败 如果E是H的失败，那么$T(H)+\{E\}$是一个半封闭扩展，而且存在一个可用的陈述条件c，对于这个条件$T(H)+\{C\}$是一个半封闭扩展。

对于这些缺陷，已经证明，相应的有效蕴含是关于缺陷情形的反向蕴含。这意味着封闭树结构蕴含半封闭扩展，但是没有其他方式。实际上，以上反例①对于说明这个失败也是有用的：$T(H)+\{\neg b\}$和 $T(H)+\{\neg d\}$都是半封闭扩展，但是E不是H的成功结果，因为$T(H)\cup\{\neg b\}\cup\{\neg d\}$是一个开放树结构。

2. 结论

本章旨在设法应对凯珀斯在[Kui99]中提出的挑战，也就是操作工具主义溯因中的任务。特别是，不仅在理论评价方面，也在理论改进方面，这里提出的核心问题关系到缺陷在理论改进动力学中的作用。那就是关于成功与改进问题的缺陷的相关性。

凯珀斯的经验改进方法通过在理论的评价报告中包括它们，真正地考虑了理论改进的缺陷（连同它的成功和失败），但是它不能提供它们的一个充分特征描述，对于成功和失败也是同样的方式（前者是通过证实的观点，后者是通过证伪的观点）。而且，这个方法不能精确地说明一个理论的缺陷是如何被认识的，即识别初始条件的缺席如何可能，否则它对作为成功或者失败情形的某一证据要给出说明。

在（扩展的）语义树结构框架中，我们对凯珀斯的经验进步的说明的改进不只是转变为数学框架的问题。对于这个声明至少有两个理由：一方面，运用树结构有可能决定一个现象是某一理论的缺陷情形下的条件；另一方面，这个特征描述产生了理论改进的一个程序。对于第一个问题，任何时候当任何一个形式规则及其否定都不能封闭任何一个开放分支时，我们描述作为理论的缺陷的形式规则的特征（当树结构用它们扩展时），它们在我们的术语中是开放扩展，而且我们证明我们对缺陷的规范特征描述蕴含凯珀斯的特征描述。对于后一个断言，缺陷类型证据不仅表明理论对于说明它们是不充分的，而且对于理论改进提出了一个条件，因此标志经验进步的可能性产生执行工具主义任务的一个程序。

我们已经建议，以新视角探讨逻辑中的经典方法不仅可能被用来表征关于证据的理论的进一步证实，而且也评价理论及其证据，也就是回答真理问题，

① $H=\{a\to b, a\to d, b\to c\}$ 和 $E=\{b\}$。

以及产生比初始理论更好的理论。为达此目的，我们已经表达了（尽管是非正式的）回答成功和改进问题的初始步骤，表明假定一个理论和一个证据，适当的初始条件可能被计算，以便使那个证据成为一个理论的成功（失败）；当这些不可能时，我们已经提出了一种方法来扩展理论，因此改进它以便解释它的缺陷。

第七章 实用主义

一、导　　言

在本章，我介绍的哲学学说被称为实用主义（pragmatism）。作为一种反省（reflexion）方法，它由皮尔士提出，其目的是澄清观点，并在所有时刻由它分析的观点所引导。实用主义提出了一种实验解决的认识目标，并通过遵循实用格言（pragmatic maxim）做到这一点，即用基本规范来固定一种信念，于是产生了它相应的行为习惯。

事实证明，溯因与实用主义密切相关，前者的确是后者的基础。然而，这个联系是一个复杂联系。一方面，为了将溯因与反省方法相联系，我们必须将它设想为一种某类逻辑探究的认识过程，该过程能将惊奇现象转变为一种稳定的信念。而且，实用主义是以实用格言为中心的，即计算观念系统的实际效果的一种向导。另一方面，在它与溯因的联系中为了关注实用主义的实验方面，我们必须注意溯因假说更进一步的方面，这些必然超出了它的逻辑形式化。

本章分为四个部分。在第二部分，我们论述皮尔士的实用主义观念、它的动机和意图以及实用格言。在第三部分，我们论述皮尔士的溯因观念以及它的认识观点的发展。因此，溯因形式化被看作一种信念获得过程，通过这个过程一个惊奇事实产生一个怀疑，这种怀疑而后被一种信念、一种溯因解释所安抚。在第四部分，我们介绍皮尔士修正过的实用主义观念，也就是与他的认识论和他后来关于溯因的观点相联系。实用主义是一种反省方法，该方法构成了它的认识方面，但是它也与行动密切相关，与包含在信念中的那些行为习惯联系紧密，这就是将意义赋予事物的实验方面所构成的内容。在第五部分，我们提出了我们的结论，将皮尔士的实用主义方面与溯因和认识论联系起来。

二、实 用 主 义

1. 实用主义和务实主义

詹姆斯（William James）宣称，是皮尔士创造了我们熟知的实用主义哲学学说。正像皮尔士创造的其他观念一样，这个术语是经过精心挑选的，这次的意图是获取这个概念的两方面：认识的和实践的。

“现在新理论最显著的特征是认识到理性认识和理性目的之间的不可分割的联系；是考虑决定优先使用实用主义这个名称的时候了。”[CP, 5.412]

这个术语本身是从康德的“pragmatisch”中得来的，意思是“与一些（很好）确定的人类目的相联系”，目的在于与其他康德哲学术语“praktisch”相区别，“praktisch”更多的是属于思想范围“那里没有任何实验主义的类型的观念确保在其脚下有坚固的基础”[CP, 5.412]。

然而，以后皮尔士更喜欢称它为“务实主义”（pragmaticism），旨在表明与詹姆斯提出的实用主义观念是不同的。这个术语的历史被皮尔士在以下段落更适当地加以描述[CP,6.882]：

“1871 年，在马萨诸塞州剑桥的一个形而上学俱乐部，我常常把这种原则作为一种逻辑信条来宣传，表征由贝克莱继承的未系统阐述的方法，在交谈中我叫它“实用主义”。在 1877 年 12（11）月和 1878 年 1 月，我在流行的《科学月刊》上详尽地解释了这种学说，我的文集的两部分在法国《哲学杂志》6 卷和 7 卷上出版。当然，这个学说没有得到特别的关注，因为，我已经在首句中评论过了，很少有人关心逻辑。但是在 1897 年詹姆斯教授重塑了这个问题，把它转变为哲学学说，这是我高度认可的一些部分，而我过去关注，现在仍然关注的其他和更显著部分，与完备逻辑相反。关于帕比尼（Papini）教授发现的时间，使实用主义学派喜悦的是，这个学说无法明确定义，无疑似乎将它与任何科学分支中每个其他学说区分开来，于是我得出结论，我那可怜不成熟的格言应该被叫作另一个名称，于是，在 1905 年 4 月我重新将它命名为务实主义。”①

实用主义学说是作为一种哲学方法而不仅仅是作为一种生命哲学提出来的，因此，它仍然标志着另一种不同于詹姆斯的实用主义：

“（从初始陈述）可以看出，实用主义不是一种世界观（weltanschauung），而是旨在作为一种使观点更明白的反省方法。”[CP, 5.13]

2. 实用主义和意义

实用主义是一种回应关于意义理论的方法论原则；它不自称确定真理或现实性，而是决定术语或命题的意义：

“再次充分说明实用主义本身不是形而上学学说，不试图去决定任何事物的真理。它仅仅是一种能够确定费解的词语和抽象概念意义的方法……所有的实用主义者将会进一步同意他们确定词语和概念意义的方法只不过是一种实验方法，根据这种方法，所有成功的科学（其中没有人在他的意义上会包括形而上学）已

① 尽管这个澄清是出于本章的目的，我们指涉皮尔士的作为实用主义的学说。

经达到现在对它们适合的确定性程度；这个实验方法自身只不过是一种特殊的一个更老的逻辑规则的应用，‘通过它们的成果将会认识它们’（By their fruits ye shall know them[①]）。” [CP, 5.464, 5.465]

在这个实用主义术语中，“概念的意义”概念（见 [CP,6.481]）是通过以下条件获得的，通过这些条件找到使用它的主体。首先，它被要求以任何显示它的方式学习认识一个概念，而且这是通过大量熟悉的例子获得的。其次，它被要求执行概念的一个抽象逻辑分析，达到它的基本组成部分的底部。但是这两个必要条件还不能充分地认识一个概念完整的本质属性。为此，格外有必要去发现和认识那些行为习惯。行为习惯是指，所考虑的概念的真理信念自然地产生，即那些习惯在任何主题或想象的环境中产生概念的真理的一个充分条件。

3. 实用主义的格言

实用主义处于它的实用格言——这个学说的基本指导原则——的中心。在它的最初构想中，这个格言内容如下：

“考虑是什么结果可能令人信服地具有实际支持你构想的概念系统拥有的客体。于是你的那些结果的概念系统是你的那个客体的概念系统的全部。”（哲学研究 VII, [CP, 5.18]）

这个原则的核心是，一个客体的概念系统构成它的可想象的实际结果，显现在行为习惯中，正如以下引用的提议：

“为了发展它的意义，我们因此不得不简单地决定推测它产生什么样的习惯，因为一个事物意指什么是简单的就是它包括什么样的习惯。现在，一个习惯的特性依赖于它如何引导我们去行动，而不仅仅在这样的环境下可能产生，但是在这样的条件下可能发生，不管它们如何不可能。” [CP, 5.400]

皮尔士增加了以下关于“行为”的概念：

“这里，从更广阔的意义上理解单词‘行为’是必要的，例如，如果一个给出的概念论断将让我们去承认关于证实的主题的推理形式是有充分根据的，当它没有根据时，在我们推理中的那种影响的认识将显然是一种行为习惯。” [CP, 6.481]

“实用主义格言是一种没有逻辑影响或不同于除了与其他概念和意图有联系的第二种概念的影响的概念，它可能会修改不同于第二种概念的实际行为。” [CP, 5.196]

由这个格言提出的方法提供了一种信念评价的调节原则，并充当我们行为的指南，在这方面它是一种规范原则。实用格言变为获得整个学说主要目的的规则，也就是去澄清观念。

① 译者注：这句话的意思是通过一个事物的结果认识这个事物，即“看树看果实，看人看行为”，这是一种溯因方法。

三、溯因与认识论

1. 皮尔士论溯因

皮尔士著作中的溯因概念与他的哲学的许多方面纠缠在一起，因此不会受作为逻辑推论自身的溯因概念系统的限制。皮尔士提出的逻辑推论概念和有效性概念超越了我们目前逻辑是关于什么的理解。一方面，它们与他的认识论相联系，也就是思想作为逻辑探寻的动态观点，相当于一个深刻的哲学问题，研究综合推理的性质。

在更广阔的意义上，皮尔士的知识计划是去发展一种符号学理论，目的是为思想和语言的说明提供一个框架。关于我们的意图，皮尔士解决的基本问题是综合推理何以可能①。受康德哲学的很大影响，皮尔士的目的是扩展它的类别和纠正它的逻辑：

"根据康德的看法，哲学的中心问题是'先验的综合判断如何可能？'但是先于这个问题的是总体上综合判断如何可能，更一般地，综合推理如何完全可能。当获得这个普遍问题的答案时，特殊问题相比较将会是简单的。这是一把哲学之门之锁。"（[CP, 5.348]，引自[Hoo92], p. 18）

皮尔士提出溯因是关于综合推理的逻辑，即获得新观念的一种方法。正如在第二章已经注意到的，他是给出溯因逻辑形式的第一位哲学家。

从他的工作一开始，探寻逻辑的发展就占领了皮尔士的思想。在早年他认为逻辑由三种推理模式构成，即演绎、归纳和假设，其中每一种都相当于一种三段论形式，通过以下经常引用的例子来说明[CP, 2.623]：

演绎

规则：袋子里的所有豆子都是白的。

例子：这些豆子是这个袋子里的。

结果：这些豆子是白的。

归纳

例子：这些豆子是这个口袋里的。

结果：这些豆子是白的。

规则：袋子里的所有豆子都是白的。

假设

规则：这个袋子里所有豆子都是白的。

结果：这些豆子是白的。

---

① 对于皮尔士把推论分为分析的和综合的（见[FK00]）。

例子：这些豆子是这个袋子里的。

当然，演绎是唯一一种完全确定的推理，推出其“结果”作为一种必然结论。归纳只能在“长期”积累中产生一个确定的规则[CP, 5.170]，假设仅暗示有些东西可能是“这种情形”[CP, 5.171]。他的理论的发展也反映在他用于指溯因的变化的术语中；开始用的是推测和假设，然后交换地使用溯因和逆向推理（retroduction）[CP, 1.68,2.776,7.97]。

此后，皮尔士提出这些推理类型，作为逻辑探寻方法的组成阶段，其中溯因是起点：

“从它的（溯因）联想，演绎能够得出由归纳检测的预言。”[CP, 5.171]

溯因在直接的知觉判断中起作用，其中：

“溯因联想作为一道灵光呈现给我们。”[CP, 5.181]

也因此在整个创造过程中起作用：

“它（溯因）是唯一一个引入任何新观念的逻辑操作。”[CP,5.171]

在这些过程中，正如已经在[And86]提到的，溯因“既是一种洞见也是一种推理”，这些解释不能确定一个独特的观念。皮尔士通过他的工作来重新提炼他的观点。他首先把溯因与以上三段论形式区别开来，然后通过更普遍的概念丰富这个观点：

“形成一个解释性假设的过程。”[CP, 5.171]

而且也使它作为：

“选择一个假设的过程。”[CP, 7.219]

有些事情暗示，他不能总是清晰地区分构造和假设选择。不管怎样，这后一种观点给溯因的逻辑形式结构一定的地位（[CP, 5.189]），这再次产生如下观点（见第二章）：

惊人的事实 C 被观察到。

但是如果 A 是正确的，C 将是一个行动方向问题。

因此，存在一个理由推测 A 是正确的。

我们回顾第二章的内容，除了组成溯因推论的解释成分的这个形式结构外，还有两个其他方面来考虑一个解释性假设，即它的可检验性和经济性。当前者为了给出事实的一个经验解释建构了一个必要条件时，后者是对有无数假设的实际问题做出回应，以检验和指出在可检测的事实中需要选出最佳解释的一个标准。当提出连接实用主义时，我们将会回到本章后来提出的前者的附加标准上。

2. 对皮尔士溯因的解释

溯因概念自始至终困惑着皮尔士的研究者们。有些人已经得出，皮尔士没有完全对溯因坚持一贯的立场[Fra58]，其他人试图去用归纳给出一个共同的说明

[Rei70]，还有一些人声称它是肯定后件式（modus ponens）的反转形式[And86]。在[Kap90]中有一种更现代的观点，它将皮尔士的溯因解释为启发法（heuristics）的一种形式。在[Ayi74]中发现一种解释，它设法使溯因的两个极端形式有意义，一种是作为猜测的本性，另一种是作为理性活动。

最后这个方法一直延续到今天。当[Deb97]提议重新解释理性（rationality）概念来说明这两方面时，[Gor97]表明语言翻译中的溯因推理，这是一种用本能和翻译的理性因素寻求最大可能假说的一个过程。因此，溯因推理是在不同语境中被发现的。在感知解释溯因方面，[Roe97]提出对皮尔士的溯因形式结构的一种重新解释，而[Wir97]使用“溯因能力”的概念来说明语言解释。

这种多样性暗示，皮尔士不仅认识到了推理的不同类型，而且认识到每一类型都有几种程度，甚至有类型之间的混合。在感知的语境中他写道：

“知觉判断将被认为是溯因推理的极端情形。”[CP, 5.181]

另外，当一些猜想工作被包括在推理中时，溯因性归纳被提出来[CP, 6.526]①。安德森（Anderson）在皮尔士的创造性概念中也认识到几种程度的差异。在[Fan70]中明确区分了皮尔士思想演变的三个阶段，这是对皮尔士工作中关于溯因发展的一种细致简洁的说明。在[And87]②中有关于皮尔士的溯因的另一个重要参考文献，它与艺术和科学中的创造性相关联。

3. 皮尔士的认识论

在皮尔士的认识论中，思想是一种动态的过程，本质上是怀疑和信念两种心智状态的相互作用。然而，后者的本质是“决定我们行为的一种习惯的建立”[CP, 5.388]，具有一种我们人类喜欢坚持的一种平静的和满意的状态的特征，前者“刺激我们去探索直到它被毁灭”[CP, 5.373]，它被一种冲动的和令人不愉快的状态所描述，每个人都抗争要摆脱这种状态：

“怀疑的刺激引起一种获得信念状态的斗争。”[CP, 5.374]

皮尔士谈到一种信念状态而不是知识状态。因此，这个“怀疑-信念”对是两个对立状态之间的一个循环。当信念是一种习惯时，怀疑就是其匮乏之物。然而，怀疑不是随意通过提出一个问题就产生的一种状态，正像一个句子不能通过给其加上一个特殊记号就变为一个疑问句一样，一定存在一个真实的和真诚的怀疑：

“真诚的怀疑总是伴有一个外部来源，通常源于惊奇事件；通过像充分想象一个数学原理的条件这样的一个意志行为，一个人自身创造一个真诚怀疑是不可能的，正如通过一个简单的意志行为，他给他自己一个真诚的惊奇一样”（[CP,

---

① 皮尔士进一步区分了三类归纳[CP, 2.775,7.208]和两类演绎[CP, 7.224]。

② 这种多样性在人工智能得到恢复。[Fla96b]暗示人工智能中的现代溯因说明的一些困惑可以追溯到皮尔士的两种溯因理论：早期的三段论推理和后来的推论推理。至于皮尔士哲学的更普遍的符号学方面，在[Kru95]中提出另一个人工智能中描述溯因特征的建议。

5.443]）。

而且，是什么打破了一个习惯令人惊奇：

“对信念而言，在它持续期间它是一个坚强的习惯，像这样迫使那个人去相信，直到某些惊奇打破了这个习惯。”（[CP, 5.524]，我们的强调）

皮尔士区分了打破习惯的两个方法：

“一个信念的打破可能仅仅因为一些新颖的经验”[CP, 5.524]或“……直到我们发现我们自己面对一些与那些期望相反的经验。”（[CP, 7.36]，我强调）

皮尔士的认识模式提出两种惊奇作为每一个探寻的触发器，我们将之与先前提出的新颖和反常相联系（见第二章）。而且，这些天然地与人工智能中信念变化的认识操作相关联（见[Ali00b]和第八章）。

四、重温实用主义

探索方法的目的是澄清观念，这是根据所涉及的那些行为习惯，将意义赋予客观物体。这种方法使实用主义成为一种积极的哲学反省方法。实用主义用一种实验的解决方法提出一种认识目的，精确地提供了一种“理性认知和理性目的之间的一种不可分离的联系”[CP, 5.412]。

这种方法的本质是逻辑的而不是形而上学的：“我使实用主义成为一种仅有的逻辑格言，而不是一种崇高的思辨哲学的原则。”[CP, 7.220] 而且，这个方法本身是由“实用格言”，即一种稳固信念的根本原则指导的；它是一种在理解观念中获得最高澄清程度的规则。这些是实用主义的动机和目的；这个过程的基本逻辑是成为溯因：“如果你认真考虑实用主义问题，你将会看到它什么也不是，只是一个溯因逻辑的问题。”[CP, 4.196]

因此，溯因是作为一种认识观念和一种实用主义观念被提出的。这如何是可能的？正如先前提及的（见第二章），对于一个假设被考虑作为溯因解释，它应该是被解释性的、可检验的和经济的。溯因确实有一种逻辑形式结构，它形成它的解释方面，描述具有争论形式的特征，即所有溯因假设的候选项应该观察到。与他的认识论所相关的是这些方面的第一个特征。特别是，我们先前的分析在这个形式结构中通过惊奇因素被置于中心地位；它与怀疑和信念状态之间的认识转变相关联。这些方面的第二个特征与实用主义的联系相关，因为这个学说提供了一种格言，该格言基于它所服从的实验证明，精确描述了一种算作解释性的假设。

因此，为了理解溯因和实用主义之间的关系，我们必须在两方面超越溯因的逻辑形式。一方面，溯因必须作为一种获得信念的认识过程来理解；另一方面，我们必须考虑实验的要求。接下来我们将呈现溯因与认识论之间的关联，紧接着追寻其中每一个与实用主义的联系。

1. 溯因和认识论

从溯因逻辑和怀疑及信念的心理状态的认识转变之间的联系，清晰地看到这样的事实：惊奇既是溯因推理的触发器，由溯因的逻辑形式规则的第一个前提条件表明，也是怀疑状态的触发器，当一个信念习惯已被打破时。

整个认知过程表明，溯因推理作为一个认识过程被描述为：一个新颖的或一个反常的经验（见第二章）让位于一个惊奇的现象，产生一种怀疑状态打破一个信念习惯，并因此触发溯因推理。这种推理类型的目标是精确地解释那个惊奇的事实，以此来抚平怀疑状态。溯因假设必须成为可检测的和经济的，这是“抚平”而不是“破坏”，要注意皮尔士提出的进一步的标准。这个溯因解释仅仅是一种建议，即将自身转变为一种信念前它必须得到检验。

2. 认识论和实用主义

涉及探寻的两篇文章标志实用主义的诞生，其中皮尔士描述了形成实用主义学说的观念，即“信念的巩固”（The fixation of belief）（1877, [CP, 5.358–387]）和“如何使我们的观念得以澄清”（1878, [CP, 5.388–5.410]）。其中一篇文章首先描述了作为意见解决以及稳固一个信念的方法的探寻目标。它崇尚一种逻辑方法，胜过那些基于诉求权威的、基于坚韧和先验的方法：“第一课是，我们有权要求逻辑应当教给我们什么，如何使我们的想法更明白。”[CP, 5.393] 思想的基本作用是产生一种信念：

“思想行为是通过怀疑的刺激被激发的，而且当信念被获得时便停止；因此信念的产生是思想的唯一作用。”[CP, 5.394]

第二篇文章重申了逻辑方法的重要性，介绍了实用主义格言作为一种指导原则，在理解观念中来达到澄清的最高程度：“我们关于任何事物的观念是我们对其认识到的结果的观念。”[CP, 5.401]我们概念的作用必须是为了发展它们的意义而产生的，它们通过行为习惯而变为有活力的。事实上，后来的实用主义定义是皮尔士提出的，该定义如下：

“实用主义的真正定义可能是什么，我发现很难去说清；但是在我们的本性中它是对现存事实的一种本能的吸引力。”[CP, 5.64]

3. 溯因和实用主义

关于溯因和实用主义之间的联系，我们是在皮尔士为“实用主义——演讲 VII”讨论会所做笔记中发现的（这是一个从来没有发表过的证据）。这次讨论会包含四个部分[①]，其中仅有第三部分“实用主义——溯因的逻辑”与我们的讨论有关（见

① 这部分的题目是：“三个综合命题”“溯因和知觉判断”“实用主义——溯因的逻辑”和“实用主义的两个功能”。

[CP, 5.195] – [CP, 5.206]）。在研讨会的这部分，皮尔士指出，实用主义的问题只不过是溯因的逻辑，正如以下引用所暗示的：

“那么，承认实用主义问题是溯因问题，让我们在这种形式下考虑。什么是最好的溯因？一种解释性假设应该值得算作一种假设的是什么？当然，它必须能够解释事实。但是，还有什么其他条件应该能让它成为好的呢？任何事物的好的问题是，它是否能够实现它的目标。那么，一个解释性假说的目标是什么呢？它的目标是，通过遵循实验检验，导致避开所有的惊奇，并建立一种积极期望的习惯，而不是失望的习惯。因此，任何假设，在缺乏任何相反的特殊原因的条件下，都是可接受的，假如它有能力证实实验，仅仅就因为它有这样的证实能力。这是接近于实用主义的学说的。但是这里有一个宽泛的问题摆在我们面前。通过实验证实我们要理解什么？对此问题的回答牵涉到整个归纳逻辑问题。”[CP, 5.198]

皮尔士提出的实用主义方法提供了一种格言，该格言完全描述了解释性假设的可容许性（admissibility）特征。一方面，它要求每个假设都应受实验进一步证实（corroboration）的支配[皮尔士的术语是验证（verification）]。另一方面，这个进一步证实在行为习惯中是清楚明白的，该行为习惯消除了对所考虑的惊奇的怀疑。另一个同样重要但显然超出溯因逻辑范围的方面，是与实验的进一步证实这个观念相关的，根据先前的文章，这是皮尔士在归纳逻辑中提出的。而且，这一方面可能超越经验主义的实验方法：

“如果实用主义是一种每一个概念都是可信的实际结果的概念的学说，那么它使概念达到远超越实际的作用。如果这个想象力最终降落到一种可能的实际结果上，它允许任何想象力的自由飞翔。因此，乍一看，许多假设似乎被实际上不能被排除的实用格言所排除。”[CP, 5.196]

而且，这个引用表明，实验的进一步证实不能限制自身仅作为一种经验的实验方法，因为在观念领域中它让位于思想实验和其他证明，而且它也意味着，设想一个确定概念的可能结果的过程已经包含了仅有的实验法的行为，因为实际结果的计算中显示了这个行为习惯——一个确定的解释性假设产生了，我们已经处于实验的进一步证实领域，这些是在实践领域或在观念世界发现的。

五、讨论和结论

在本章中，我们分析了皮尔士工作中的实用主义学说，一种由实用格言指导的哲学反省方法，这种固定信念的基本原则产生了一种行为习惯。我们的分析结果表明，实用主义与皮尔士的溯因密切相关。在关于实验的进一步证实的解释性假设的要求中发现了一种直接联系，那些假说遵从于溯因的逻辑形式规则。实验的进一步证实要求提出了溯因逻辑的实用维度的重要意义，并对那些具有解释性的假设选择问题给出了回答。对于皮尔士来说，解释性假设实验的进一步证实超越了证实，因为它要求对它产生的结果的可能推论进行计算；产生新行为习惯的那些假设是这些认识的或实际的行为习惯。

这个溯因分析的自然推论是，皮尔士的形式规则化解释超越了一种逻辑论证而成为一种认识过程的解释，这个认识过程被描述为：一个新颖的或一个反常的事实让位于一个惊奇的事实，并产生了一种怀疑状态。因此，溯因推理被触发，它通过提供一个在新信念中起作用的解释性假设，包含了对惊奇事实的解释。这种状态仍然存在直到遇到另一个事实，因此认识的怀疑-信念循环一直持续着。

这个观点与人工智能中的信念修正理论密切相关，这是有吸引力的[①]。正如我们已经在我们的分类系统中提出的那样（见第二章），它也包含了人工智能中扩展传统的溯因观点，还包括观察与理论相冲突的情形。

① 在这个新颖的溯因案例中，解释通过扩展操作被同化到理论中。在这个反常的溯因案例中，修正操作需要修改理论，合并解释。参考第八章对这种联系的详细分析。

第八章　认 识 变 化

一、导　　言

有关解释的概念也已经出现在人工智能中的信念变化理论中。人们不仅仅要合并新信念，而且要确证它们。这些理论的主要动机是发展逻辑和计算机制，以使科学理论、数据库和信念集合并到新信息中。不同的变化类型适用于不同的境遇。当然，卡洛斯·阿尔可罗（Carlos Alchourron）、皮特·伽登福斯和戴维·梅金森（David Makinson）（经常被称为 AGM 方法）[AGM85]的前瞻性工作提出一种规范的认识变化理论，这种认识变化通过一个理性的信念变化算子应该满足的条件得到描述。

我们关于认识变化的讨论是在同一的精神中，从他们的分析中获得了大量的线索。我们将会集中于信念修正（belief revision），在那里变化仅在理论上发生。要模型化的境遇或者世界被假设是静态的，只有新信息进入。[在人工智能中另一种认识变化类型被称为更新（update），用来说明一种变化的世界，我们将在本章的末尾简洁地讨论。]

本章分为四个部分。在导言后，我们将给出一个作为信念修正过程的溯因推理的简单介绍。在第二部分，我们回顾人工智能中的信念修正理论，然后提出作为信念修正的溯因，将我们先前的“溯因触发器”（第二章）与信念修正理论中的认识态度相联系，定义溯因扩展、修正和它们自身的缩减的操作。最后，我们说明作为认识变化理论的溯因致力于信念修正理论的基础主义和融贯论的立场。在第三部分，我们提出一个作为信念修正过程的溯因的树结构的实施计划。我们将第四章的分析扩展到包括关于树结构的缩减和修正的操作上。我们提出缩减的两个不同策略（对任何一个我们都没有承诺），并勾勒计算解释的程序。在第四部分，我们对溯因与信念修正的关系、溯因与我们先前描述的算法概述的关系提供一种分析。然后我们提出我们的结论，并简单地提及这个方向的一些其他的相关工作。

一般而言，本章表明溯因概念超越了逻辑推理的概念，而且它确实可被解释为信念修正过程，与本领域现有的文献有明显的联系。它也表明语义树结构可能会更进一步地用于执行缩减和修正操作上，这将会超越标准操作。它也包含扩展人工智能中溯因的传统观点，以便包括第二章我们的分类学中提到的情形，其中观察与理论相冲突。

二、溯因作为认识变化

1. 人工智能中的信念修正理论

我们将会扩展第二章给出的简短导论，强调区分不同信念修正理论的方面。这为接近作为一种相似计划的溯因设定了场景①。

以下是这个理论的基本原理。假设一个一致的理论 Θ 在逻辑推论下是封闭的，被称为信念状态，一个句子 φ 是一个传入的信念，对于 Θ 关于 φ 有三种认识态度：或者 φ 是被接受的（$\varphi \in \Theta$），或者 φ 是被拒绝的（$\neg\varphi \in \Theta$），或 φ 是未确定的（$\varphi \notin \Theta, \neg\varphi \notin \Theta$）。给定这些态度，以下操作描述了这类信念变化 φ 成为 Θ 的特征，因此，在行动者目前保存的信念中引起一个认识变化：

扩展

给 Θ 添加一个新句子，不考虑形成的更大集的推论。通过一个条件 φ 与逻辑推论相结合扩展 Θ 而产生的信念系统，被标记为 $\Theta+\varphi$。

修正

添加一个（典型地）与一个信念系统 Θ 不一致的新句子，但是为了由此产生的信念系统是一致的，Θ 中的一些旧的句子被删除了。通过一个句子 φ 修正 Θ 的结果被标记为 $\Theta*\varphi$。

缩减

在 Θ 中有一些不添加任何新事实的句子被拒绝。为了保证产生的系统是演绎封闭的，Θ 的一些其他句子可能被放弃。关于句子 φ 缩减 Θ 的结果可标记为 $\Theta-\varphi$。

在这些操作中，修正是最复杂的一个。这三个信念变化操作的确能够被减少为两个，因为修正和缩减可以彼此定义。特别是，这里的修正被定义为缩减和扩展的组合：首先要缩减 Θ 中与 φ 相矛盾的那些信念，然后用句子 φ 来扩展修正的理论（以“列弗”的同一性著称）。当扩展能够被唯一地和容易地定义为（$\Theta+\varphi=\{\alpha \mid \Theta\vee\{\varphi\}\vdash\alpha\}$）时，这并不伴随着缩减或修正，因为一些形式规则能够被缩减以达到预期效果。这些操作直观上是未决定的。以下有一个简单的例子可以说明这一点（见第二章中的例 3）：

Θ: $r, r \to w$

φ**:** $\neg w$

为了把 φ 并入 Θ 而且保持一致性，理论必须被修正。但是这样做有两种可能性：或者删减 $r\to w$，或者删减 r，然后允许我们用 $\neg w$ 连续地扩展缩减的理论。一些形

① 本节的材料主要基于[Gar92]，有一些是从其他的路径修正的。特别是在我们的讨论中，信念修正操作不必去处理传入的信念及其他们的所有逻辑推论。

式规则可以被撤销以达到预期效果，这样纯粹以要被选择的逻辑或集合-理论术语陈述是不可能。因此，为了确定哪个形式规则要缩减，必须将一个附加标准并入其中。这里，在信息经济的意义上，普遍直觉是关于理论的变化应该被保持在“最小”①。

另外，认识理论在这个传统中研究某些“完整性限制”(integrity constraints)，它涉及理论一致性的保持，它的演绎封闭和信念缩减的两个标准是：信息损失应该保持最小化，不太牢固的信念应该首先被消除。

有一些非常基本的 AGM 方法。然而，在实践中，完全充分的信念修正系统是完全不同的。它们至少在三个方面不同：①信念状态表征；②认识变化操作的特征描述（通过假设或建设性地）；③认识论立场。

关于第一个方面①，我们发现背景知识 Θ 被表征的方法基本上有三种：信念集、观念基础、可能世界模式。一个信念集是在逻辑推论下从封闭的逻辑语言中获得的一组句子。在这个经典方法中，在一个理论中扩展或缩减一个句子不仅仅是一个添加和删除的问题，作为谈论的句子的逻辑推论也应该被考虑进去。第二个方法是在对第一个方法的反应中出现的。它将理论 Θ 表征为一个信念集 B_Θ 的基础，在那里 B_Θ 是一个满足 $Cons\ (B_\Theta)=\Theta$ 的 Θ 的有限子集（也就是，B_Θ 的逻辑推论集是一个典型的信念状态）。这个背后的直觉是，行动者的某些信念没有独立地位，而是仅作为来自一些更基本信念推论出现的。最后，更多的语义方法（可能世界模型）从句法结构中分离，并把理论表征为可能世界集 W_Θ（比如它们的模型）。在这些方法之间，不同的等价性已经在文献中建立起来了（见[GR95]）。

关于第二方面②，信念修正的操作或者“建设性地”或者仅仅通过“假设”被给出。前一种方法更适合信念修正的算法模型，后一种方法充当任何这种操作应该满足的性质的逻辑描述。两者也可以被结合起来。根据给出的假设，一种算法缩减程序可能被检验是正确的（比如，一种表明用 φ 来缩减 Θ 的结果应该被包括在初始状态中（$\Theta-\varphi\subseteq\Theta$））。

最后一方面③涉及需要被保持的认识特质。当基础主义者辩护说信念必须是确证的时候（“基本信念”选集除外），融贯论者首先优先考虑维持这个系统的整体一致性，并排斥基本信念的存在。

因此，每个认识变化的理论可能由它的信念状态的表征来描述，由它的信念修正操作的描述来刻画，以及由它关于人们应该寻求的信念集的主要属性的立场来表达。这些选择可能是互相依赖的。比如说，一个建设性的方法可能通过信念基础支持一个表征，然后在一些有限的基础上而不是在整个背景理论上定义信念修正操作。而且，认识论立场决定什么构成了理性认识的变化。基础主义者仅接受那些根据其他基本信念被确证的信念，因此拥有计算一个传入信念的推理的附

① 在文献资料中存在处理这个问题的不同方法。我仅仅在[Gar88]中提到过。它是基于隔阂（entrenchment）概念的，一种偏好序，它根据它们的重要性排列一个信念状态中的形式规则。因此，我们可能首先缩减那些最不牢固的形式规则。关于如何更精确地做到这一点有更详细的参考资料（见[GM88]）。

加挑战。另外，融贯论者必须保持融贯性，并因此产生那些（至少）不危及一致性的最小变化[然而，融贯性（coherence）不必与一致性（consistency）相区分]。

特别是，AGM 方法把信念状态表征为集合（实际上，是作为逻辑推论下封闭的理论），提供“合理性假设”来描述信念修正操作（见本章末关于缩减的假设），最后，它提倡一种融贯论的观点。后者基于经验主义断言。正如一些心理实验似乎要表明的[Har65]，人们对于他们的信念不保持确证的方法。

2. 作为修正信念的溯因

溯因推理可被看做是一个信念修正的认识过程。在这个语境中一个传入句子 φ 不是必要的一个观察，而是一个寻求解释的信念。溯因的现有方法经常不能处理把 φ 并入信念集的问题。它们的关注点只是如何给 φ 一个说明。然而，如果在逻辑推理下基本理论是封闭的，那么一旦我们已经添加了它的解释，φ 就应该自动被添加上（基础主义者会保持这样的标记）。

在人工智能中，溯因与信念修正理论的实际联系早已被注意到了。但是这些在总体上用溯因来决定传入信念的解释，或是作为执行信念修正的认识操作的一种辅助手段。在许多文献资料的参考书目中，我们在[Wil94][研究基于溯因的解释和“斯波恩式理性”（Spohnian reasons）之间的关系]和[AD94]（通过“不变性条件”使用溯因程序来实现理论缩减）中提到过。在联系溯因和知识同化[KM90]方面已经做了一些工作，目的是把一系列观察同化到理论，来保持它的一致性。

我们的主张会更强烈。溯因作为一种决定传入信念的解释方式，能够在理论修正的模式中起作用。更概括地说，溯因推理自身提供了一种认识变化的模式。让我们通过回顾第二章的构架来探讨这方面的一些原因。

首先，被称为溯因推理的两个“触发器”的东西，对应于未被确定或是被拒绝形式规则的两种认识态度。我们不考虑接受的信念，因为这些不需要解释。

（1）φ 是一个新奇（$\Theta\not\models\varphi$，$\Theta\not\models\neg\varphi$）：$\varphi$是未确定的。

（2）φ 是一个反常（$\Theta\not\models\varphi$，$\Theta\models\neg\varphi$）：φ是拒绝的。

（3）φ 是一个接受的信念（$\Theta\models\varphi$）。

在成员资格方面，认识态度出现在[Gar88]中（例如，形式规则 φ 是可接受，如果 $\varphi\in\Theta$）。我们根据演推定义它们，因为我们的理论在逻辑推论下是不封闭的。

我们的主要关注不是传入信念 φ 自身。相反我们想计算和添加它的解释 α。但是因为 φ 是一个修正的理论的逻辑推论，它很容易被添加上。因此，我们会看到，作为认识变化的溯因可能通过两种操作来描述：要么作为一种（溯因）扩展，在那里背景理论得到扩展以说明一种新颖的事实，要么作为一种（溯因）修正，其中理论需要被修正以解释一种反常的事实。信念修正理论为这两种情形提供了一种明确的修正演算，而且确实为认识变化充当定义溯因操作的指南。在人工智能中，经信念算子描述溯因的特征返回到莱韦斯克（Levesque）[Lev89]。不久前，在这个方向其他工作已经完成了（[Pag96], [LU96]）。我们会看到，当这个方法共享同一个直觉时，它们在操作执行上会不同。

在哲学中，作为认识变化的溯因观念已经出现在皮尔士的哲学系统中（第七章），以溯因与认识转换（怀疑的心理状态与信念间）之间的联系出现。事实上，它本身以这样的方法清晰地表明，当一种信念习惯已经被打破时，惊奇既是溯因推理的触发器——正如由逻辑形式规则的首要前提表明的——也是怀疑状态的触发器。溯因推理是一种把怀疑转变为信念的过程，因为对一个惊奇事实的解释仅仅是以后检验的一种建议。而且，溯因的一个方面与“拉姆齐检验”（Ramsey test）[Ram00]相关：假设一个条件句 $\alpha \rightarrow \varphi$，$\alpha$ 是 φ 的一个理由，当且仅当通过相信 α 引起 φ 修正你当前的信念。这个检验已经成为哲学上和人工智能上背离更多认识论工作的要点。

然后，当忠实于我们的皮尔士式溯因和提议的分类法的解释时，我们提出两种获得知识的溯因认识操作，遵循 AGM 方法中的那些操作。另外，在溯因推理认识理论的讨论中，我们概述我们的理论并与其他的工作进行对比。

3. 认识变化的溯因操作

先前定义的溯因新奇和溯因反常分别对应于未确定和排斥的 AGM 认识态度（假设 $\Rightarrow$ 是 $\vdash$ 和 Θ 在逻辑推论下是封闭的）。

在我们的溯因解释中，新奇现象和反常现象诱发初始理论中的一种变化。后者需要修正，前者需要扩展。所以，溯因的基本操作是扩展和修正。因此，两种认识态度和变化反映在溯因模式中。

这里是认识变化的溯因操作：

溯因扩展

假设一个溯因新奇 φ，一个 φ 的一致性解释 α 以这样的方式计算，即 $\Theta, \alpha \Rightarrow \varphi$，然后被添加到 Θ。

溯因修正

假设一个溯因反常 φ，一个一致性解释 α 有如下计算：理论 Θ 被修正为 Θ'，因此它不需要解释 $\neg\varphi$。也就是 $\Theta' \not\Rightarrow \neg\varphi$，其中 $\Theta' = \Theta - (\beta_1, \ldots, \beta_l)$①。

一旦 Θ' 被获得，一个一致性解释 α 可以以这样的方式来计算 $\Theta', \alpha \Rightarrow \varphi$，然后被添加到 Θ。

因此，修正过程包含缩减和扩展两方面。

一方面，这些操作比其在 AGM 方法中的相对物更普遍，因为传入新信念和它们的解释一同并入该理论中（当在逻辑推论下该理论是封闭的）。但是在可接

---

① 在许多案例中，一些形式规则不只是那些必须从理论去除的形式规则。原因是演推（解释）φ 的形式规则集应该被去除。例如，假设 $\Theta = \{\alpha \rightarrow \beta, \alpha, \beta\}$ 和 $\varphi = \neg\beta$，为了保持 $\Theta, \neg\beta$ 的一致性，我们需要去掉 $\{\beta, \alpha\}$ 或者 $\{\beta, \alpha \rightarrow \beta\}$。

受的句子类型中，它们更受限制。假设在我们的模式中非惊奇事实（在那里 $\Theta\Rightarrow\varphi$）是不被解释的候选项，溯因扩展不能用于已经接受的信念，同样，修正仅仅接受被排斥的事实。然而，其他方法不能自身致力于我们已经设立的新奇和反常的前提条件。帕格钮可（Pagnucco）的溯因解释[Pag96]被定义为一个不一致的输入，但是在这种情形中，由此产生的状态保持同一状态。罗波（Lobo）和吴兹卡特圭（Uzcategui）的溯因推理扩展[LU96]更接近于标准的 AGM 方法扩展；当每个原子是“溯因项”（abducible）时，它实际上是一样的。

4. 溯因认识理论

一旦我们以那些在人工智能中提议的思路把溯因推理解释为一致认识变化的模式时，另一个问题是：哪种理论是一种溯因认识理论？

正如我们先前看到的，对于表征信念状态，描述认识变化操作的特征有几个选择，而且最终，一个认识理论要么遵循基础主义，要么遵循融贯论的趋势。到目前为止，我们所检查的占主导的思路是保持接近 AGM 方法。也就是说，表征作为集合的信念状态（实际上作为封闭理论），通过定义、合理性假设和根据那些对 AGM 方法缩减和修正激发的许多构造来描述扩展和修正的溯因操作的特征。关于认识论立场，吴兹卡特圭谨慎保持他的提议，远离被理解为基础主义者；他认为在[LU96]中发现有一种特殊信念集如“溯因项”，与“AGM 的融贯论精神对立”[Pag96, page 174]。

关于认识论立场，这是我们的态度。溯因认识理论的主要动机是吸收传入信念连同它的解释，即证实它的信念（信念集）。这个事实将溯因置于更接近以上基础主义的行列，基础主义要求信念是根据其他基本信念来确证的。溯因信念通常被（科学）共同体所用，因此前期关于个人没有保持它们信念的确证路线的主张是不能应用的。另外，溯因推理的一个重要特征是保持理论的一致性。否则，解释将是无意义的（特别是如果⇒被解释为经典逻辑推论，见第三章）。因此，溯因也必须遵循一致性原则。这不是一个机会主义的案例，是溯因而不是早期的哲学立场是不相容的。确实，[Haa93]为“基础主义”的折中立场辩护。基础主义和融贯论方法的结合也在人工智能文献中可以找到[Gal92]。

在我们看来，一个认识变化的溯因理论，其目的是模型化皮尔士的溯因，自然要求有一个程序方法。它应该对惊奇现象作出解释，并使之由一种怀疑状态转变为一种信念。AGM 方法假设以自身具有的能力把扩展、缩减和修正作为认识结果而不是过程。他们关注的是认识状态的性质，而不是它们的动力学，这赋予它们一种“静态”风格。

因此，接下来我们的目的是给出一种构造模型，其中溯因是一种认知活动。

三、语义树结构再探讨：关于信念修正的一个溯因模式

我们上述描述的立场的结合自然需要给作为活动的溯因一个程序方法。但是我们在第四章给出的相同动机得到应用。语义树结构提供理论的一个吸引人的结构表征和控制它们的溯因扩展操作。所以，这里是对这个框架的进一步挑战。我们能够扩展我们的溯因数结构程序以便处理修正吗？

对于这个目的我们所需要的是关于结构的一个缩减说明。正如先前所提及的，那时修正将通过与扩展的结合而得以实现。

1. 树结构的修正

我们的主要观点是非常直接的。在树结构中，为了放弃某些先前的推论，一个理论 Θ 的缩减转化成一个 $T(\Theta)$ 的封闭分支的开放（opening）。对于修正的情形让我们给出更详细的解释。修正的过程从 Θ，φ 开始，对于 Θ，φ，$T(\Theta\cup\varphi)$ 是封闭的。为了修正 Θ，第一个目标是阻止$\neg\varphi$ 成为 Θ 的一个推论。这通过开放 $T(\Theta)$ 的一个封闭分支就能做到，而不是通过 φ 封闭，于是将它转化为 $T(\Theta')$。第一步骤解决了缩减不一致性的问题，第二步骤（与第四章极为相似）是通过扩展被修正的 Θ'发现 φ 的一个解释形式规则 α，以便使它演推 φ。因此，以树结构形式修正一个理论能够形式化为两个相等的自然改变，即分支的开放与封闭（closing）的一个结合体：

假设Θ，φ ，对于它们 $T(\Theta\cup\varphi)$ 是封闭的，α是一个溯因解释，如果

（1）有一组形式规则 $\beta_1,\cdots,\beta_l$（$\beta_i\in\Theta$），以致 $T(\Theta\cup\varphi)-(\beta_1,\cdots,\beta_l)$ 是开放的。

同时，我们也要求让 $\Theta_1=\Theta-(\beta_1,\cdots,\beta_l)$。

（2）$T((C\Theta_1\cup\neg\varphi)\cup\alpha)$ 是封闭的。

如何在技术上实现这呢？为了开放一个树结构，可能有必要缩减几个形式规则 $\beta_1,\cdots,\beta_l$ ，而不仅仅是一个（见先前的脚注）。这个形式结构中的第二项严格说是溯因扩展的初期过程，这在第四章已经形成。因此，从现在起我们集中于上述过程的第一点，即如何缩减一个理论以便恢复一致性。

我们的讨论将是非正式的。通过一系列例子，我们发现在树结构如何实现缩减的几个关键问题。我们探讨这个框架本身的复杂问题，以及恢复一致性的几个策略，还有对于反常观察形成的解释中的这些效果。

2. 树结构的缩减

这是我们需要缩减的一般情形。目前，我们有一个不一致的理论，关于这种理论我们要保留其中的某些命题，同时拒绝其中的某些命题。在上述情形中，观察到的反常现象要被保留，而剩余物并不是事先给定的，而是必须通过某些算法计算的。我们从讨论任何不一致理论的较少限制的情形开始，考察它是如何通过缩减可能成为不一致的，而且使用它的语义树结构作为指南。

众所周知，一个缩减操作不是唯一地被定义的，因为可能存在几种选择从一个理论 Θ 去除形式规则，以便恢复一致性。假设 $\Theta=\{p\wedge q, \neg p\}$。我们能够去除 $p\wedge q$ 或者 $\neg p$ ，它们的选择，正如我们已经注意到的，依赖于偏好标准，其目的是执行一个关于 Θ 的“最小变化”。

我们通过注意开放一个分支对于恢复一致性可能是不充分的开始我们的讨论。考虑如下例子。

例 1

让 $\Theta=\{p\wedge q,\neg p,\neg q\}$

$T(\Theta)$

|

$p\wedge q$

|

p

|

q

|

$\neg p$

|

$\otimes$

通过去除 $\neg p$，封闭分支成为开放的。然而，注意这对于恢复 Θ 中的一致性是不充分的，因为 $\neg q$ 从没有并入树结构。因此，即使从 Θ 去除 $\neg p$ ，我们也必须“重新计算”树结构，而且这一次是由于 $\neg q$，我们将发现另一个封闭。这种现象反映了树结构的一个确定的设计决定，这似乎是无害的，只要我们仅仅是检验标准逻辑推论。当构造一个树结构时，一旦字符 $\neg l$ 可能封闭一个分支（比如，l 出现在某个更高的地方；或者相反），这种情形就发生，而且此后没有形式规则被加上去。因此，当开放一个分支时，我们不确定理论的所有树结构被表征在其上。这样，在我们能够决定一个树结构“真的”被开放前，可能需要相当多的结构变形（reconfiguration）[甚至总重构（total reconstruction）]。当然（出于我们的目的），我们可能改变树结构的格式，并计算封闭分支“超越不一致性”，以便使所有封闭源明确。

“重计算”是一个从我们使用的特殊树结构框架产生的复杂问题，意味着我们需要在这个设定中做比其他溯因方法更多的工作。而且，它也说明关于树结构构造的“隐藏惯例”（hidden conventions）可能有预想不到的效果，一旦我们出于新的目的使用树结构，就超越了它们的初始动机。给予所有者一切，我们认为这种现象具有某些独立的利害关系，我们继续讨论进一步的例子，说明什么树结构必须提供缩减和恢复一致性的研究。

3. 全局与局部：缩减的策略

考虑我们先前例子的如下变体：

例 2

让 $\Theta=\{p\wedge q, \neg p\}$

$T(\Theta)$

|

$p\wedge q$

|

p

|

q

|

$\neg p$

|

$\otimes$

在这个树结构中，我们能够通过去除$\neg p$ 或者 p 开放这个封闭的分支。然而，当$\neg p$ 的确是 Θ 的一个形式规则时，p 不是。在这里，如果我们在信念修正理论中遵循标准的缩减说明，那么我们应该追溯这个子形式规则（subformula）（在这个情形中是 $p\wedge q$）的源头 Θ，并去除它。但是，树结构提供了另一个路径。要不然，我们能够仅通过修正它们作为一类更微妙的最小变化的源形式规则，探究从一个理论“去除子形式规则”。这两个替代项（alternatives）表明了缩减理论的两个策略，我们分别标记为全局和局部缩减。需要注意的是，在这种联系中，关于一个分支的树结构的发生有一个唯一的历史，在源于由这个树结构分析的理论 Θ 的某些形式规则中，导致了一个明确对应子形式规则的发生。如下内容说明我们例子中每个策略输出什么来作为缩减理论：

全局策略

分支-开放$=\{\neg p, p\}$

（1）用$\neg p$ 缩减：

$\neg p$ 对应于 Θ 中的 $\neg p$

$\Theta' = \Theta - \{\neg p\} = \{p \wedge q\}$

（2）用 p 缩减：

p 应于 Θ 中的 $p \wedge q$

$\Theta' = \Theta - \{p \wedge q\} = \{\neg p\}$

局部策略

分支-开放 $= \{\neg p, p\}$

（1）用 $\neg p$ 缩减：

在分支中通过原子"真"：T，替换所有 $\neg p$ 连接的发生（紧随其向上的历史）。

T（Θ）

|

$p \wedge q$

|

p

|

q

|

T

|

○

$\Theta' = \Theta - \{\neg p\} = \{p \wedge q, T\}$

（2）用 p 缩减：

在分支中通过原子真：T，替换所有 p 的连接的发生（紧随其历史）

T（Θ）

|

$T \wedge q$

|

T

|

q

|

$\neg p$

|

○

$\Theta' = \Theta - \{p\} = \{T \wedge q, \neg p\}$

在这里，我们有一个与两种策略都不同的情形。当用 p 缩减时，局部策略给出一个修正的理论（相当于$\{q,\neg p\}$），比全局策略有更少的变化。的确，如果 p 是不一致性之源，当我们能够通过 $T\wedge q$ 修正它时，为什么去除整个形式规则 $p\wedge q$？这个简单的例子表明，从分支“去除子形式规则”，修正它们的源形式规则，给出一个比去除后者更小的变化。然而，这个选择通常是更不清晰的。有时局部策略产生缩减的理论，它们逻辑地等价于它们的全局地缩减的对应物。考虑如下说明（第二章关于例 3 的一个变化）。

例 3

$$\Theta=\{r\rightarrow l, r, \neg l\}.$$

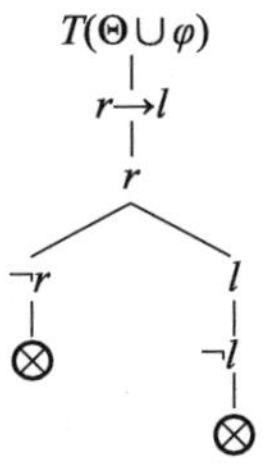

我们再次简要指出局部和全局策略的显著结果。

全局策略

左分支-开放 $=\{r,\neg r\}$

（1）用 r 缩减：

$\Theta'=\Theta-\{r\}=\{r\rightarrow l,\neg l\}$

（2）用$\neg r$ 缩减：

$\Theta'=\Theta-\{r\rightarrow l\}=\{r,\neg l\}$

右分支-开放 $=\{\neg l,l\}$

（1）用 l 缩减：

$\Theta'=\Theta-\{r\rightarrow l\}=\{r,\neg l\}$

（2）用$\neg l$ 缩减：

$\Theta'=\Theta-\{\neg l\}=\{r,r\rightarrow l\}$

局部策略

左分支-开放 $=\{r,\neg r\}$

（1）用 r 缩减：

$\Theta'=\Theta-\{r\}=\{r\rightarrow l,\neg l\}$

（2）用$\neg r$ 缩减：

$\Theta'=\{T\vee l,r,\neg l\}$

右分支-开放 $=\{r,\neg r\}$

（1）用 l 缩减：

$\Theta'=\{\neg r\vee T,r,\neg l\}$

（2）用$\neg l$ 缩减：

$\Theta' = \Theta - \{\neg l\} = \{r, r \to l\}$

这是目前局部策略中唯一的反常情形。用$\neg r$ 局部地缩减 Θ 产生新理论$\{T \vee l, r, \neg l\}$。假设第一个形式规则是一个恒真命题（tautology），这个输出逻辑等价于它的全局相对项$\{r, \neg l\}$。因此，修正（modifying）对抗删除（deleting）冲突的形式规则在这整个例子中不产生任何差异。

虽然具有合取的析取的更复杂理论可能再次表明两个策略之间的差异，一个相似的无差异（indifference）在简单析取的计算中显而易见。在这里我们不去阐明这些例子，它们能够容易地由读者给出。我们也留下这两个策略等价的准确域作为一个悬而未决的问题。我们反而探究一个有用的实践情形，它也是以例子的形式出现的。

4. 计算解释

让我们现在回到关于一个反常的溯因解释。我们要在如下内容保持后者固定（这才是严格需要被容纳的），修正的仅仅是背景理论。正如所发生的，这个限制目前只包括我们缩减程序的一个容易的修正。

例 4

$\Theta = \{p \wedge q \to r, p \wedge q\}$，　$\varphi = \neg r$

有五种可能性涉及要缩减什么（$\neg r$ 不算，因为它是一个反常观察）。以下"局部输出"的描述指出，一个被去除的字符$\neg l$ 会在输入理论 Θ 的一个形式规则中导致 F（the "falsum"）替代它的源 l。

用 p 缩减：

全局策略：　$\Theta' = \{p \wedge q \to r\}$

局部策略：　$\Theta' = \{p \wedge q \to r, T \wedge q\}$

用$\neg p$ 缩减：

全局策略：　$\Theta' = \{p \wedge q\}$

局部策略：　$\Theta' = \{F \wedge q \to r, p \wedge q\}$

用 q 缩减：

全局策略：　$\Theta' = \{p \wedge q \to r\}$

局部策略：　$\Theta' = \{p \wedge q \to r, p \wedge T\}$

用$\neg q$ 缩减：

全局策略：　$\Theta' = \{p \wedge q\}$

局部策略：　$\Theta' = \{p \wedge F \to r, p \wedge q\}$

用 r 缩减：

全局策略：　$\Theta' = \{p \wedge q\}$

局部策略：　$\Theta' = \{p \wedge q \to T, p \wedge q\}$

被修正的理论是等价的情形是，当用 r 缩减时，我们有这样几种情形，其中我们能够比较我们的两个策略产生的不同解释。为了获得后者（不同解释）我们需要执行“积极”标准溯因胜过缩减的理论。让我们首先考察理论用 p 缩减的那种情形。遵循全局策略，对关于被修正理论的唯一解释 $\varphi=\neg r$（$\Theta'=\{p\wedge q\to r\}$）是平凡解决$\neg r$ 本身。另外，遵循局部策略，关于它的被修正理论存在$\neg r$ 另一种可能解释（$\Theta'=\{p\wedge q\to r, T\wedge q\}$），即，$q\to\neg r$。而且，如果我们用$\neg p$ 缩减，我们在两个策略中获得可能解释的相同集。这样，局部策略再一次似乎允许反常观察得更“直截了当”（pointed）的解释。我们不断言我们的任何一个策略一定比别的策略更好。相反我们指出这样的事实，即树结构承认许多似真的缩减操作，这是对我们的框架采取的一个辩护。的确，树结构也暗含了一个有点更模糊的方法。我们也概述了恢复一致性的另一个策略。它描述了先前章节提及的一个观点，即解释通常包括改变人们的“概念框架”。

5. 通过修正语言进行缩减

假设我们有 $\Theta=\{p\wedge q\}$，我们观察或者习得$\neg p$。遵循我们的全局缩减策略会使理论变空，而遵循局部策略会产生一个缩减的理论，并以 $T\wedge q$ 作为它的单一形式规则。然而，还存在另一种选择，同样容易在我们的树结构算法中实施。毕竟在实践中，我们通常通过“做区分”来解决矛盾。通过一些新命题字母（比如 p'）标记“反常形式规则”（$\neg p$）内的命题，并通过后者替换理论中它的发生（如果有）。在这种情形中，我们获得一个新的一致理论 Θ'，与 $p\wedge q, \neg p'$一致。在上述例子中的其他选择点也能够用合适的新命题字母来标记。

我们可能考虑 p, p' 对作为某些命题的变体，在那里某些区分已经做出。这里是这种形式操作的简单说明。

$p\wedge q$：“富裕的和著名的。”

$\neg p$：“物质上贫穷。”

$\neg p'$：“精神上贫穷。”

在如下对话中，“反常陈述”可能被缓和了：

A：“X 是一个富裕的和著名的人，但是 X 是贫穷的。”

B：“X 为什么是贫穷的？”

可能的答案：

A：“因为 X 精神上贫穷。”

A：“因为富裕使 X 精神上贫穷。”

A：“因为著名使 X 精神上贫穷。”

综观这个新缩减的（重组的）理论，我们第三章的溯因算法能够容易地产生三种一致性解释（如$\neg p'$, $p\to\neg p'$, $q\to\neg p'$）。重新解释这个语言来分解不一致性的观点意味着，存在着比去除或者修正给定的形式规则更多的信念修正和缩减。语言本身可能是反常之源，因此，它也需要修正（相关工作在辩护理论中，见[vBe94]）。

这可以被认为是“概念变化”的一个简单情形。我们已经表明的是，至少某些语言变化容易被并入树结构算法，而且甚至包含在它们中。直观地说，通过把足够的区分引入词汇表，任何不一致的理论能够被做成一致，并“拆分”相关断言。我们必须把这个“民间传说事实”（folklore fact）的精确程度和算法内容留给进一步的研究。

经语言变化容纳不一致性的另一个诱人的推论，涉及第三章的结构规则。我们将仅提及结构规则也会在它们的概念中获得另一个参数，即形式规则在其中被解释的词汇表（比如 $p \mid V_1, q \mid V_2 \Rightarrow p \wedge q \mid V_1 \cup V_2$）。有趣的是，这个格式也在波尔扎诺[Bol73]（见第三章）中得到使用。这个改变的一个直接副作用是一致性的精炼概念，这种观念由霍夫斯塔特（Hofstadter）在[Hof79]中提出，在那里一致性与“解释”（interpretation）相关。

6. 缩减算法概述

1）全局策略

输入：Θ, φ，对于它T（$\Theta \cup \varphi$）**是封闭的。**

输出：Θ'（**Θ被缩减**），对于它T（$\Theta' \cup \varphi$）**是开放的。**

程序：缩减（$\Theta, \neg\varphi, \Theta'$）

构造T（$\Theta \cup \varphi$），标记它的封闭分支：$\Gamma_1, \cdots, \Gamma_n$。

（1）如果$\neg\varphi \notin \Theta$。

选择一个封闭分支Γ_i（不是由$\varphi, \neg\varphi$封闭的）。

计算打开它的字符：分支–开放（Γ_i）$=\{\gamma_1, \gamma_2\}$。选择其中一个，比如$\gamma = \gamma_1$。

在Θ 更高的分支中为γ发现一个相应的形式规则γ'（γ' 是γ 本身，或者是γ在其中发生的合取或者析取形式的形式规则）。

指派$\Theta' := \Theta - \gamma'$。

（2）否则（$\neg\varphi \in \Theta$）。

指派 $\Theta' = \Theta - \varphi$。

（3）如果T（$\Theta' \cup \neg\varphi$）是开放的，而且所有来自Θ的形式规则在这个开放分支中被表征，那么得出结论。

（4）另外，如果T（$\Theta' \cup \neg\varphi$）是开放的。

把剩余形式增加到开放分支，直到没有更多的形式规则要增加，或者直到树结构封闭。

如果由此产生的树结构Θ''是开放的，重新指派$\Theta' := \Theta''$，并得出结论。

其他缩减（$\Theta'', \neg\varphi, \Theta'''$）。

其他缩减（$\Theta', \neg\varphi, \Theta''$）。

%（这是先前讨论的树结构再计算的“迭代从句”。）

（5）结论。

%（Θ' 是关于¬φ的缩减理论，以致T（Θ'∪φ）是开放的。）

2）局部策略

输入：Θ,φ，对于它T（Θ∪φ）**是封闭的。**

输出：Θ'（缩减的Θ），对于它T（Θ'∪φ）是开放的。

程序：缩减（Θ,¬φ,Θ'）

构造T（Θ∪φ），而且标记它的封闭分支:$\Gamma_1,\cdots,\Gamma_n$。

（1）选择一个封闭分支Γ_i（不被 φ,¬φ封闭）。

选择打开它的字符：分支-开放（Γ_i）=$\{\gamma_1,\gamma_2\}$。选择其中一个，如$\gamma=\gamma_1$。

用T 连同在分支中所有它的发生替换γ（γ'是γ本身，或者是γ在其中发生的合取或者析取形式的一个形式规则）

指派 Θ' := [T｜γ]Θ。

（2）如果T（Θ'∪¬φ）是开放的，而且所有来自Θ的形式规则在开放分支中被表征，那么得到结论。

（3）另外，如果T（Θ'∪¬φ）是开放的。

把剩余形式规则增加到开放分支，直到没有更多的形式规则要增加，或者直到树结构封闭。

如果由此产生的树结构 Θ” 是开放的，重新指派 Θ' := Θ”，并得出结论。

其他缩减（Θ”, ¬φ, Θ'”）。

其他缩减（Θ', ¬φ, Θ”）。

（4）结论

% [Θ' 是关于¬φ的缩减（通过T替代）理论，以致T（Θ'∪φ）是开放的。]

7. 理性假定

为了总结树结构中我们关于缩减的非正式讨论，我们简洁地讨论 AGM 方式理性假定（我们在本章末列出这些假定）。这些通常被认为是缩减和修正的任何合理操作的标志——许多论文表明了这个效果的费力的证明。这些假定在我们的案例中表达了什么，它们是有意义的吗？

首先，我们回顾认识变化理论的不同在于它们的操作被定义的方式（除了其他）。这些能够称得上是“建设性的”，正如我们已做的，或者凭借“假定”。前者程序是根据后者可能被检验是否正确。然而，在我们的情形中，这并不像看上去那么直接。AGM 方式假定把信念状态看作是逻辑推论下封闭的理论。但是我们的树结构分析形式规则的非演绎的封闭的有限集，与“信念基础”一致。这个将导致假定本身的变化。

这里是一个例子。缩减的假定 3 说明：“如果要被缩减的形式规则不在信念集

K 中发生，就没有什么要被缩减。”

如果 $\varphi \notin K$，那么 $K-\varphi=K$。

在我们的框架中，这里我们不能仅用信念基础替换信念状态。当然，假定背后的直觉仍然是正确的。如果 φ 不是 Θ 的一个推论（我们在树结构中遇到的），那么它将不再通过我们的算法被用于缩减。有两个分歧点是，我们的算法不同样强调从作为 AGM 方式假定的背景理论缩减一个具体项。这将削弱甚至更复杂假定的进一步讨论，比如那些打破缩减使复杂形式规则成为连续的情形。这个不匹配（mismatch）的一个更普遍的理由如下。虽有它们的操作术语（和思想意识），AGM 方式假定以它们自身具有的能力（in their own right）把扩展、缩减和修正描述为（在第二章的术语中）认识产物，而不是过程。这使它们获得“静态”特点，这不总是适当的。因此，我们得出结论：AGM 方式假定所持立场似乎不像我们的那样应用于缩减和修正程序。显然，这产生了一个问题，即一般性质出现在我们的演算方法中，将它确证作为缩减的一个合法概念。仍然存在一个机会，即一个相对微小的“修正假定的修正”将做这一工作（一个替代的更“程序的”的方法可能评价这些问题而不是在[dRi94]、[vBe96a]的动态逻辑背景中）。我们必须对这个问题做进一步的研究。

四、讨论与结论

1. 解释中的信念修正

这里我们展示了一个例子，它超越了我们第四章“保守的算法”，并说明了作为认识变化模式的溯因。这个例子和我们在第二章提出的医疗诊断法案例相关。正如我们已经表明的，传入信念的计算解释给出了比许多信念修正理论更丰富的模式，但是这个模式必然更复杂。毕竟，它给出了关于扩展和修正过程的更广阔的观点。

在人工智能的标准信念修正中，假设一个未确定的信念（我们的一个新奇案例），修改一个理论的自然操作是扩展。原因是，传入信念与理论相一致，因此最小变化标准说明将它添加到理论中是足够的。然而一旦考虑到溯因，对事实的解释也不得不被并入，而且简单的理论扩展很可能不总是适合的。回顾我们先前在（第二章和第五章的第二部分）医疗诊断法中的统计推理的例子，涉及简·琼斯的迅速康复，这一点我们清晰地重新表述如下：

Θ: $L_1, L_2, L_3, C_1$①

① 几乎所有的案例都能证明在用青霉素治疗后能够很快清除链球菌感染（L1）。几乎没有抗青霉素者在用青霉素治疗后很快清除链球菌感染的案例（L2）。几乎所有的案例都有用颠茄草粉治疗后链球菌感染很快清除的（L3）。简·琼斯得了链球菌感染（C1）。简·琼斯很快康复了（E）。

φ: E

假设理论 Θ，我们想去解释为什么简 · 琼斯能够很快康复（φ）。很明显，理论既没有表明她很快康复有很高概率（$\Theta \not\Rightarrow \varphi$），也不表明她不可能很快康复（$\Theta \not\Rightarrow \neg\varphi$）。我们有一个新奇的例子，观察到的事实与理论相一致。现在假设，医生对她很快康复给出如下解释："在仔细检查后，我得出结论简 · 琼斯很快康复是因为虽然她接受了青霉素治疗但是她抗青霉素，而她的外祖母给她用了颠茄草粉。"这是一个完美的和一致的解释。然而注意，有这样的事实"简 · 琼斯是抗青霉素的"作为解释的部分，不能降低解释她很快康复的概率，与统计地蕴含的观点相反。因此，为了使医生的解释有意义，理论也需要得到修订，删除统计原则 L_2，并用以下几行句子来代替："几乎没有抗青霉素者在用青霉素治疗后很快清除链球菌感染的案例，除非他们用了其他的方法来治疗"（L'_2）。

因此，我们已经用这个例子表明，对于统计解释中的这个新奇案例（我们在第五章已评价过）来说，理论扩展可能不适合执行操作（更不用说最小操作的），而且理论修正可能是拯救一致性和高概率的唯一方法。

2. 溯因是信念修正?

在本章的第一部分，我们遵循人工智能中信念修正的那些提议的思路，为溯因推理的一个认识模式做过辩护。然而，这个联系并不能表明溯因等同于信念修正。让我们来讨论这个主张的一些理由。

一方面，在其所强调的解释上，认识变化的溯因模式比许多信念修正理论更丰富。不可否认，不是所有的信念修正案例都包含解释，所以更丰富的理论也反映了对一种特殊设置（a special setting）的限制。而且，在我们的模式中，不是所有的输入数据都是认识上同化的，只有那些惊奇的数据，那些没有被理论解释的事实，或者是与它冲突的那些事实，才是认识上同化的。（尽管那样，人们可能猜测，是否只有基于 Θ 的那些可能事实，可能仍然需要一些解释来进一步巩固它们的地位。）

另一方面，有一种在信念修正框架内的溯因模式已经加上了一些其他限制，这些限制在更宽广的溯因推理概念中可能是不合适的。其中一个限制是，我们的溯因总会导致对背景理论的一些修改来说明惊奇现象。因此，我们会忽略其中包含惊奇事实的情形（例如，我们的计算机不工作了），尽管它在过去已经解释过了。这个"惊奇"的含义似乎更接近于"意外"；有必要来探究一致的解释，但它不包括任何修正。而且，在溯因推理模式中说明的信念修正的类型是一种非常简单的类型。信息的添加和消除是引起认识变化的基本操作，而且理论修正的唯一标准是解释。既没有概念变化的空间，科学推理更具实在论的类型，也没有扩展（像在[Lev91]）或修正类型的更精细区分的空间。我们的方法也可以用理论修正程序来扩展，其中以第六章和[Kui99]中提出的思路来看，修正的理论比初始理论更为成功。

3. 作为认识变化构架的溯因语义树结构

本章的第二部分是对在信念修正的溯因理论中执行所有操作的语义树结构的可能使用的简单概括。甚至在初步状态，它描述了一些有趣的特征。首先，扩展和缩减不是互相反转的。后者本质上更为复杂。用形式规则 φ 扩展 Θ 的一个树结构，仅仅是把后者固定在 $T(\Theta)$ 的开放分支上。但是从 Θ 缩减 φ 经常要求初始树结构的完备重构造（complete reconfiguration），而且缩减程序需要重复，因为树结构的串联可能必须被去除。然而，缩减对于扩展的优势是，我们不必遵循任何单独的一致性检测，因为我们只是削弱了理论。

我们没有宣布支持任何已表明的策略。局部策略倾向于保持更多的初始理论，因此暗含着一个比全局策略更小的变化。而且，它的“替换方法”（substitution approach）与第四章第五节中我们的树结构溯因的替代分析是相一致的，它可能给予它自己相似的结果。但是在许多实际例子中，更标准的“全局溯因”也在起作用。我们必须进行一个精确的对比来做进一步的研究。

关于要被缩减的形式规则的不同选择，我们的算法是完全未确定的。如果我们想更集中此问题，我们将不得不开发树结构框架来表征（说明）一些巩固次序（entrenchment order），更基本的形式规则会更接近于树根。这样，不是为每一分支构造所有开放，我们仅仅能够构造最接近树叶的那些分支（这些对应于较不重要的形式规则，使理论的内核完美无缺。）

有趣的是，我们有一个缩减程序的证据-理论分析。在一定意义上，AGM“合理性假定”可能与第三章的结构原则相比较。我们要反对的更普遍的问题是：关于缩减和通过溯因的修正的过程观点的适当逻辑限制是什么？

4. 结论

在本章中，我们给出了作为信念修正理论的溯因的一个说明。我们提议语义树结构作为信念基础的一个逻辑表征，在这种表征上认识变化的主要操作能够得到执行。由此产生的理论在信念修正上将基础主义与融贯论立场相结合。

我们主张信念需要确证，当需要时使用我们的溯因机制来建构传入信念的解释。这个结果比人工智能中的标准理论更丰富，但是它的出现是以增加复杂性为代价的。实际上，它已经在[Doy92]中被断言，即一个实在论的信念修正工作系统不仅必须以演绎封闭理论交换信念基础，而且放弃了一致性要求（正如我们在第三章所看到的，后者对于充分表达谓词-逻辑语言是不可判定的。而且它对于命题逻辑中的句子可能仍然是 NP-完备的）。考虑第三章我们的分析，我们主张任何瞄准产生传入信念的真正解释的系统，必须保持一致性。这意味着信念修正工作系统仍然是一个悬而未决的问题。

树结构分析证实这样的直觉，即修正比扩展更为复杂，承认更多变化。甚至在这个被限制的逻辑设置中，有几个选择包括在其中，似乎存在不同的自然选项，我们还没有充分探讨的是方法，在这种方法中，树结构可能产生我们能够从计算获益的巩固次序。在目前的情形下，对于修正的不同树结构程序可能会输出不同的解释：溯因修正不是一个唯一的程序，而是一个家族。

即使如此，先前的分析可能已经表明，语义树结构的标准逻辑工具比那些原先设计的结构更有用。

最后，关于人工智能中其他的认识操作和它们与溯因的联系，我们已经提及更新的信息，保持信念紧跟世界的变化。它与溯因的联系指向一个有趣的研究领域；变化的世界可能充满了新的惊奇，或者现存信念可能已经失去了它们的解释。因此，适当的操作将必须被限定以保持理论更新跟得上这些变化。

关于与其他工作的联系，将我们的方法与先前提到的遵循 AGM 思路的方法相比会非常有趣。虽然这似乎没有看起来那么直截了当，但是至少我们能够检验我们的溯因扩展和修正的算法构造是否能够使[Pag96]和[LU96]中发现的溯因假定有效。

5. 缩减的 AGM 假定

K-1：对于任何句子 φ，和任何信念集 K，$K-\varphi$ 是个信念集。

K-2：没有新信念发生在 $K-\varphi$：$K-\varphi\subseteq K$ 中。

K-3：如果要被缩减的形式规则不发生在信念集中，就没有什么要被缩减：

如果 $\varphi\notin K$, 那么 $K-\varphi=K$。

K-4：要被缩减的形式规则不是被保留的信念的一个逻辑推论，除非它是一个恒真命题：

如果不是$\vdash\varphi$, 那么（$\varphi\notin K-\varphi$）。

K-5：取消缩减是可能的（恢复假定）：

如果 $\varphi\in K$，那么 $K\subseteq$（$K-\varphi$）$+\varphi$。

K-6：缩减逻辑上等价的形式规则的结果必须是相同的：

如果$\vdash\varphi\leftrightarrow\psi$，那么 $K-\varphi=K-\psi$。

K-7：两个单独的缩减可能由缩减相关合取形式规则来完成：

$K-\varphi\cap K-\psi\subseteq K-\varphi\wedge\psi$。

K-8：如果 $\varphi\notin K-\varphi\wedge\psi$，那么 $K-\varphi\wedge\psi\subseteq K-\psi$。

参考文献

[AAA90] *Automated Abduction. Working Notes*. 1990 Spring Symposium Series of the AAA. March 27–29. Stanford University. Stanford, CA. 1990.

[AGM85] C. Alchourrón, P. Gärdenfors, and D. Makinson. 'On the logic of theory change: Partial meet contraction and revision functions'. *Journal of Symbolic Logic*, 50: 510–530. 1985.

[AL96] N. Alechina and M. van Lambalgen. 'Generalized quantification as substructural logic'. *Journal of Symbolic Logic*, 61(3): 1006–1044. 1996.

[Ali96a] A. Aliseda. 'A unified framework for abductive and inductive reasoning in philosophy and AI', in *Abductive and Inductive Reasoning Workshop Notes*. pp. 1–6. European Conference on Artificial Intelligence (ECAI'96). Budapest. August, 1996.

[Ali96b] A. Aliseda. 'Toward a Logic of Abduction', in *Memorias del V Congreso Iberoamericano de Inteligencia Artifical (IBERAMIA'96)*, Puebla, México. October, 1996.

[Ali97] A. Aliseda. *Seeking Explanations: Abduction in Logic, Philosophy of Science and Artificial Intelligence*. PhD Dissertation, Philosophy Department, Stanford University. Published by the Institute for Logic, Language and Computation (ILLC), University of Amsterdam (ILLC Dissertation Series 1997–4). 1997.

[Ali98] A. Aliseda. 'Computing Abduction in Semantic Tableaux', *Computación y Sistemas: Revista Iberoamericana de Computación*, volume II, number 1, pp. 5–13. Centro de Investigación en Computación (CIC), Instituto Politécnico Nacional, México. D.F. 1998.

[Ali00a] A. Aliseda. 'Heurística, Hipótesis y Demostración en Matemáticas'. In A. Velasco (ed) *La Heurística: Un Concepto de las Ciencias y las Humanidades*, pp. 58–74. Colección Aprender a Aprender. Centro de Investigaciones Interdisciplinarias en Ciencias y Humanidades. UNAM, México. 2000.

[Ali00b] A. Aliseda. 'Abduction as Epistemic Change: A Peircean Model in Artificial Intelligence'. In P. Flach and A. Kakas (eds). *Abductive and Inductive Reason-*

ing: Essays on their Relation and Integration, pp. 45-58. Applied Logic Series. Kluwer Academic Publishers. 2000.

[Ali03a] A. Aliseda. 'Mathematical Reasoning Vs. Abductive Reasoning: An Structural Approach', *Synthese* 134: 25–44. Kluwer Academic Press. 2003.

[Ali03b] A. Aliseda. 'Abducción y Pragmati(ci)smo en C.S. Peirce'. In Cabanchik, S., etal. (eds) *El Giro Pragmático en la Filosofía Contemporánea*. Gedisa, Argentina. 2003.

[Ali04a] A. Aliseda. 'Logics in Scientific Discovery', *Foundations of Science*, Volume 9, Issue 3, pp. 339–363. Kluwer Academic Publishers. 2004.

[Ali04b] A. Aliseda. 'Sobre la Lógica del Descubrimiento Científico de Karl Popper', *Signos Filosóficos*, supplement to number 11, January–June, pp. 115–130. Universidad Autónoma Metropolitana. México. 2004.

[Ali05a] A. Aliseda. 'Lacunae, Empirical Progress and Semantic Tableaux'. In R. Festa, A. Aliseda and J. Peijnenburg (eds). *Confirmation, Empirical Progress, and Truth Approximation (Poznan Studies in the Philosophy of the Sciences and the Humanities*, vol. 83), pp. 141–161. Amsterdam/Atlanta, GA: Rodopi. 2005.

[Ali05b] A. Aliseda. 'The Logic of Abduction in The Light of Peirce's Pragmatism', *Semiotica*, 153–1/4, pp. 363–374. Semiotic Publications, Indiana University. 2005.

[AN04] A. Aliseda and A. Nepomuceno. *Abduction in First Order Semantic Tableaux*. Unpublished Manuscript. 2004.

[And86] D. Anderson. 'The Evolution of Peirce's Concept of Abduction'. *Transactions of the Charles S. Peirce Society 22-2:145–164*. 1986.

[And87] D. Anderson. *Creativity and the Philosophy of C.S. Peirce*. Martinus Nijhoff. Philosophy Library Volume 27. Martinus Nijhoff Publishers. 1987.

[Ant89] C. Antaki. 'Lay explanations of behaviour: how people represent and communicate their ordinary theories', in C. Ellis (ed), *Expert Knowledge and Explanation: The Knowledge–Language Interface*, pp. 201–211. Ellis Horwood Limited, England. 1989.

[AD94] C. Aravindan and P.M. Dung. 'Belief dynamics, abduction and databases'. In C. MacNish, D. Pearce, and L.M. Pereira (eds). *Logics in Artificial Intelligence. European Workshop JELIA'94*, pp. 66–85. Lecture Notes in Artificial Intelligence 838. Springer–Verlag. 1994.

[Ayi74] M. Ayim. 'Retroduction: The Rational Instinct'. *Transactions of the Charles S. Peirce Society 10-1:34–43*. 1974.

[BE93] J. Barwise and J. Etchemendy. *Tarski's World*. Center for the Study of Language and Information (CSLI). Stanford, CA. 1993.

[BE95] J. Barwise and J. Etchemendy. *Hyperproof*. Center for the Study of Language and Information (CSLI). Lecture Notes Series 42. Stanford, CA. 1995.

[Bat05] D. Batens. 'On a Logic of Induction'. In R. Festa, A. Aliseda and J. Peijnenburg (eds). *Confirmation, Empirical Progress, and Truth Approximation (Poznan Studies in the Philosophy of the Sciences and the Humanities*, vol. 83), pp. 195–221. Amsterdam/Atlanta, GA: Rodopi. 2005.

[vBe84a] J. van Benthem. 'Lessons from Bolzano'. Center for the Study of Language and Information. Technical Report CSLI-84-6. Stanford University. 1984. Later published as 'The variety of consequence, according to Bolzano'. *Studia Logica* 44, pp. 389–403. 1985.

[vBe84b] J. van Benthem. 'Foundations of Conditional Logic'. *Journal of Philosophical Logic'* 13, 303–349. 1984.

[vBe90] J. van Benthem. 'General Dynamics'. *ILLC Prepublication Series*, LP-90-11. Institute for Logic, Language, and Information. University of Amsterdam. 1990.

[vBe91] J. van Benthem. *Language in Action. Categories, Lambdas and Dynamic Logic*. Amsterdam: North Holland. 1991.

[vBe92] J. van Benthem. Logic as Programming. *Fundamenta Informaticae*, 17(4):285–318, 1992.

[vBe93] J. van Benthem. 'Logic and the Flow of Information'. *ILLC Prepublication Series* LP-91-10. Institute for Logic, Language, and Information. University of Amsterdam. 1993.

[vBe94] J. van Benthem. 'Logic and Argumentation'. *ILLC Research Report and Technical Notes Series* X-94-05. Institute for Logic, Language, and Information. University of Amsterdam. 1994.

[vBe96a] J. van Benthem. *Exploring Logical Dynamics*. CSLI Publications, Stanford University. 1996.

[vBe96b] J. van Benthem. Inference, Methodology, and Semantics. In P.I. Bystrov and V.N. Sadovsky (eds)., *Philosophical Logic and Logical Philosophy*, pp. 63–82. Kluwer Academic Publishers. 1996.

[vBC94] J. van Benthem, G. Cepparello. 'Tarskian Variations: Dynamic Parameters in Classical Semantics'. *Technical Report* CS–R9419. Centre for Mathematics and Computer Science (CWI), Amsterdam. 1994.

[Bet59] E.W. Beth. *The Foundations of Mathematics*. Amsterdam, North-Holland Publishing Company. 1959.

[Bet69] E. W. Beth. 'Semantic Entailment and Formal Derivability'. In J. Hintikka (ed), *The Philosophy of Mathematics*, pp. 9–41. Oxford University Press. 1969.

[Boo84] Boolos, G., 1984, 'Trees and finite satisfactibility', *Notre Dame Journal of Formal Logic* 25, pp. 110-115. 1984.

[BH02] I. C. Burger and J. Heidema. 'Degrees of Abductive Boldness'. Forthcoming. In L. Magnani, N. J. Nersessian, and C. Pizzi (eds)., *Logical and Computational Aspects of Model-Based Reasoning*, pp. 163–180. Kluwer Applied Logic Series. 2002.

[Bol73] B. Bolzano. *Wissenschaftslehre*, Seidel Buchhandlung, Sulzbach. Translated as *Theory of Science* by B. Torrel, edited by J. Berg. D. Reidel Publishing Company. Dordrecht, The Netherlands. 1973.

[BDK97] G. Brewka, J. Dix and K. Konolige. *Non-Monotonic Reasoning: An Overview*. Center for the study of Language and Information (CSLI), Lecture Notes 73. 1997.

[Bro68] B.A. Brody. 'Confirmation and Explanation', *Journal of Philosophy* 65, pp. 282-299. 1968.

[Car55] R. Carnap. *Statistical and Inductive Probability*. Galois Institute of Mathematics and Art. Brooklyn, New York. 1955.

[Cha97] G. Chaitin *The Limits of Mathematics: A Course on Information Theory and the Limits of Formal Reasoning*. Springer Verlag. 1997.

[Cho72] N. Chomsky. *Language and Mind. Enlarged Edition*. New York, Harcourt Brace Jovanovich. 1972.

[Cor75] J. Corcoran. 'Meanings of Implication', *Diaglos* 9, 59–76. 1975.

[DGHP99] D'Agostino, M., Gabbay, D.M., HÄhnle, R. and Posegga, J. (eds). *Handbook of Tableau Methods*. Kluwer Academic Publishers. 1999.

[Deb97] G. Debrock, "The artful riddle of abduction (abstract)", in M. Rayo etal. (eds.) *VIth International Congress of the International Association for Semiotic Studies: Semiotics Bridging Nature and Culture*. Editorial Solidaridad, México, p. 230. 1997.

[Dia93] E. Díaz. 'Arboles semánticos y modelos mínimos". In E. Pérez (ed.), *Actas del I Congreso de la Sociedad de Lógica, Metodología y Filosofía de la Ciencia en España*, pp. 40–43. Universidad Complutense de Madrid. 1993.

[Doy92] J. Doyle. 'Reason maintenance and belief revision: foundations versus coherence theories', in: P.Gärdenfors (ed), *Belief Revision*, pp. 29–51. Cambridge Tracts in Theoretical Computer Science, Cambridge University Press. 1992.

[DH93] K.Dosen and P. Schroeder-Heister (eds). *Substructural Logics*. Oxford Science Publications. Clarendon Press, Oxford. 1993.

[DP91b] D. Dubois and H. Prade. 'Possibilistic logic, preferential models, non-monotonicity and related issues', in *Proceedings of the 12th Inter. Joint Conf. on Artificial Intelligence (IJCAI–91)*, pp. 419–424. Sidney, Australia. 1991.

[ECAI96] *Abductive and Inductive Reasoning Workshop Notes*. European Conference on Artificial Intelligence (ECAI'96). Budapest. August, 1996.

[EG95] T. Eiter and G. Gottlob. 'The Complexity of Logic-Based Abduction', *Journal of the Association for Computing Machinery*, vol 42 (1): 3–42. 1995.

[Fan70] K.T.Fann. *Peirce's Theory of Abduction*. The Hague: Martinus Nijhoff. 1970.

[Fit90] M. Fitting. *First Order Logic and Automated Theorem Proving*. Graduate Texts in Computer Science. Springer–Verlag. 1990.

[Fla95] P.A. Flach. *Conjectures: an inquiry concerning the logic of induction*. PhD Thesis, Tilburg University. The Netherlands. 1995.

[Fla96a] P. Flach. 'Rationality Postulates for Induction', in Y. Shoham (ed), *Proceedings of the Sixth Conference on Theoretical Aspects of Rationality and Knowledge (TARK 1996)*, pp.267–281. De Zeeuwse Stromen, The Netherlands. March, 1996.

[Fla96b] P. Flach. 'Abduction and induction: syllogistic and inferential perspectives', in *Abductive and Inductive Reasoning Workshop Notes*. pp 31–35. European Conference on Artificial Intelligence (ECAI'96). Budapest. August, 1996.

[FK00] P. Flach and A. Kakas. *Abduction and Induction. Essays on their Relation and Integration*. Applied Logic Series. volume 18. Kluwer Academic Publishers. Dordrecht, The Netherlands. 2000.

[Fra58] H. Frankfurt. 'Peirce's Notion of Abduction'. *The Journal of Philosophy*, 55 (p.594). 1958.

[vFr80] B. van Fraassen. *The Scientific Image*. Oxford : Clarendon Press. 1980.

[Gab85] D.M. Gabbay. 'Theoretical foundations for non-monotonic reasoning in expert systems', in K. Apt (ed), *Logics and Models of Concurrent Systems*, pp. 439–457. Springer–Verlag. Berlin, 1985.

[Gab94a] D. M. Gabbay. 'Classical vs Non-classical Logics (The Universality of Classical Logic)', in D.M. Gabbay, C.J. Hogger and J.A. Robinson (eds), *Handbook of Logic in Artificial Intelligence and Logic Programming. Volume 2 Deduction Methodologies*, pp.359–500. Clarendon Press, Oxford Science Publications. 1994.

[Gab94b] D. M. Gabbay (ed). *What is a Logical System?*. Clarendon Press. Oxford. 1994.

[Gab96] D.M Gabbay. *Labelled Deductive Systems*. Oxford University Press. 1996.

[GJK94] D.M. Gabbay, R. Kempson. *Labeled Abduction and Relevance Reasoning*. Manuscript. Department of Computing, Imperial College and Department of Linguistics, School of Oriental and African Studies. London. 1994.

[GW05] D.M. Gabbay and J. Woods. *A Practical Logic of Cognitive Systems. The Reach of Abduction: Insight and Trial (volume 2)*. Amsterdam: North-Holland. 2005.

[Gal92] J.L. Galliers. 'Autonomous belief revision and communication', in: P.Gärdenfors (ed), *Belief Revision*, pp. 220–246. Cambridge Tracts in Theoretical Computer Science, Cambridge University Press, 1992.

[Gar88] P. Gärdenfors. *Knowledge in Flux: Modeling the Dynamics of Epistemic States*. MIT Press. 1988.

[Gar92] P. Gärdenfors. 'Belief revision: An introduction', in: P.Gärdenfors (ed), *Belief Revision*, pp. 1–28. Cambridge Tracts in Theoretical Computer Science, Cambridge University Press, 1992.

[GR95] P. Gärdenfors and H. Rott. 'Belief revision' in D.M. Gabbay, C.J. Hogger and J.A. Robinson (eds), *Handbook of Logic in Artificial Intelligence and Logic Programming*. Volume 4, Clarendon Press, Oxford Science Publications. 1995.

[GM88] P. Gärdenfors and David Makinson. 'Revisions of knowledge systems using epistemic entrenchment' in *Proceedings of the Second Conference on Theoretical Aspects of Reasoning and Knowledge*, pp 83–96. 1988.

[Ger95] P. Gervás. *Logical considerations in the interpretation of presuppositional sentences*. PhD Thesis, Department of Computing, Imperial College London. 1995.

[Gie91] R. Giere (ed). *Cognitive Models of Science*. Minnesota Studies in the Philosophy of Science, vol 15. Minneapolis: University of Minnesota Press. 1991.

[Gil96] D. Gillies. *Artificial Intelligence and Scientific Method*. Oxford University Press. 1996.

[Gin88] A. Ginsberg. 'Theory Revision via prior operationalization'. In *Proceedings of the Seventh Conference of the AAAI*. 1988.

[Gor97] D. Gorlée. '!Eureka! La traducción interlinguística como descubrimiento pragmático-abductivo (abstract)', in M. Rayo etal. (eds.) *VIth International Congress of the International Association for Semiotic Studies: Semiotics Bridging Nature and Culture*. Editorial Solidaridad, México, p. 230. 1997.

[Gro95] W. Groeneveld. *Logical Investigations into Dynamic Semantics*. PhD Dissertation, Institute for Logic, Language and Information, University of Amsterdam, 1995. (ILLC Dissertation Series 1995–18).

[Gut80] G. Gutting. 'The Logic of Invention', In T. Nickles (ed) *Scientific Discovery, Logic and Rationality*, 221–234. D. Reidel Publishing Company. 1980.

[Haa78] S. Haack. *Philosophy of Logics*. Cambridge University Press. New York. 1978. Blackwell, Oxford UK and Cambridge, Mass. 1993.

[Haa93] S. Haack. *Evidence and Inquiry. Towards Reconstruction in Epistemology*. Blackwell, Oxford UK and Cambridge, Mass. 1993.

[Han61] N.R. Hanson. *Patterns of Scientific Discovery*. Cambridge at The University Press. 1961.

[Har65] G. Harman. 'The Inference to the Best Explanation'. *Philosophical Review*. 74 88-95 (1965).

[Har86] G. Harman. *Change in View: Principles of Reasoning*. Cambridge, Mass. MIT Press, 1986.

[Hei83] I. Heim 'On the Projection Problem for Presuppositions', in *Proceedings of the Second West Coast Conference on Formal Linguistics, WCCFL*, volume 2: pp.114–26. 1983.

[Hel88] D. H. Helman (ed) *Analogical Reasoning : Perspectives of Artificial Intelligence, Cognitive Science and Philosophy*. Dordrecht, Netherlands: Reidel, 1988.

[Hem43] C. Hempel. 'A purely syntactical definition of confirmation', *Journal of Symbolic Logic* 6 (4):122–143. 1943.

[Hem45] C. Hempel. 'Studies in the logic of confirmation', *Mind* 54 (213): 1–26 (Part I); 54 (214): 97–121 (Part II). 1945.

[Hem65] C. Hempel. 'Aspects of Scientific Explanation', in C. Hempel *Aspects of Scientific Explanation and Other Essays in the Philosophy of Science*. The Free Press, New York. 1965.

[HO48] C. Hempel and P. Oppenheim. 'Studies in the logic of explanation', *Philosophy of Science* 15:135–175. 1948.

[Hin55] J. Hintikka. 'Two Papers on Symbolic Logic: Form and Quantification Theory and Reductions in the Theory of Types', *Acta Philosophica Fennica*, Fasc VIII, 1955.

[HR74] J. Hintikka and U. Remes. *The Method of Analysis: Its Geometrical Origin and Its General Significance*. D. Reidel Publishing Company. Dordrecht, Holland. 1974.

[HR76] J. Hintikka and U. Remes. 'Ancient Geometrical Analysis and Modern Logic'. In R.S. Cohen (ed), *Essays in Memory of Imre Lakatos*, pp. 253–276. D. Reidel Publishing Company. Dordrecht Holland. 1976.

[Hit95] C.R. Hitchcock. 'Discussion: Salmon on Explanatory Relevance', *Philosophy of Science*, pp. 304–320, 62 (1995).

[HSAM90] J.R. Hobbs, M. Stickel, D. Appelt, and P. Martin. 'Interpretation as Abduction'. *SRI International, Technical Note* 499. Artificial Intelligence Center, Computing and Engineering Sciences Division, Menlo Park, CA. 1990.

[Hof79] D.R. Hofstadter. *Gödel, Escher, Bach : An Eternal Golden Braid*. 1st Vintage Books ed. New York : Vintage Books. 1979.

[HHN86] J. Holland, K. Holyoak, R. Nisbett, R., and P. Thagard, *Induction: Processes of Inference, Learning, and Discovery*. Cambridge, MA:MIT Press/Bradford Books. 1986.

[Hoo92] C. Hookway. *Peirce*. Routledge, London 1992.

[Joh83] P.N. Johnson Laird. *Mental Models*. Cambridge, Mass. Harvard University Press. 1983.

[Jos94] J.R. Josephson. *Abductive Inference*. Cambridge University Press. 1994.

[KM90] A. Kakas and P. Mancarella. 'Knowledge Assimilation and Abduction'. In *Proceedings of the European Conference on Artificial Intelligence, ECAI'90*. International Workshop on Truth Maintenance. Springer–Verlag Lecture Notes in Computer Science. Stockholm. 1990.

[KKT95] A.C. Kakas, R.A.Kowalski, F. Toni. 'Abductive Logic Programming', *Journal of Logic and Computation* 2(6): pp. 719-770. 1995.

[Kal95] M. Kalsbeek. *Meta Logics for Logic Programming*. PhD Dissertation, Institute for Logic, Language and Information, University of Amsterdam, 1995. (ILLC Dissertation Series 1995–13).

[Kan93] M. Kanazawa. 'Completeness and Decidability of the Mixed Style of Inference with Composition'. Center for the Study of Language and Information (CSLI). *Technical Report* CSLI-93-181. Stanford University. Stanford, CA. 1993.

[Kap90] T. Kapitan. 'In What Way is Abductive Inference Creative?'. *Transactions of the Charles S. Peirce Society 26/4:499–512*. 1990.

[Ke89] K. Kelly. 'Effective Epistemology, Psychology, and Artificial Intelligence'. In W. Sieg (ed) *Acting and Reflecting. The Interdisciplinary Turn in Philosophy*, pp. 115–126. Synthese Library 211. Kluwer Academic Publishers. Dordrecht. 1989.

[Ke97] K. Kelly. *The Logic of Reliable Inquiry (Logic and Computation in Philosophy)*. Oxford University Press. 1997.

[Kon90] K. Konolige. 'A General Theory of Abduction'. In: *Automated Abduction, Working Notes*, pp. 62–66. Spring Symposium Series of the AAA. Stanford University. 1990.

[Kon96] K. Konolige. 'Abductive Theories in Artificial Intelligence'. In G. Brewka (ed), *Principles of Knowledge Representation*. Center for the Study of Language and Information (CSLI). Stanford University. Stanford, CA. 1996.

[Kow79] R.A. Kowalski. *Logic for problem solving*. Elsevier, New York, 1979.

[Kow91] R.A. Kowalski. 'A Metalogic Programming Approach to multiagent knowledge and belief', in V. Lifschitz (ed), *Artificial Intelligence and Mathematical Theory of Computation*, pp. 231–246. Academic Press, 1991.

[KLM90] S. Kraus, D. Lehmann, M. Magidor. 'Nonmonotonic Reasoning, Preferential Models and Cumulative Logics'. *Artificial Intelligence*, 44: 167–207. 1990.

[Kru95] G. Kruijff. *The Unbearable Demise of Surprise. Reflections on Abduction in Artificial Intelligence and Peirce's Philosophy*. Master Thesis. University of Twente. Enschede, The Netherlands. August, 1995.

[Kuh70] T. Kuhn. *The Structure of Scientific Revolutions* 2nd ed. Chicago: University of Chicago Press, 1970.

[Kui87] T.A.F. Kuipers (editor). *What is Closer-to-the-Truth?*, Rodopi, Amsterdam. 1987.

[Kui99] T. Kuipers. "Abduction Aiming at Empirical Progress or Even Truth Approximation Leading to a Challenge for Computational Modelling", in *Foundations of Science* 4: 307–323. 1999.

[Kui00] T. Kuipers. *From Instrumentalism to Constructive Realism. On some Relations between Confirmation, Empirical Progress and Truth Approximation*. Synthese Library 287, Kluwer AP, Dordrecht. The Netherlands. 2000.

[Kui01] T. Kuipers. *Structures in Science. Heuristic Patterns Based on Cognitive Structures*. Synthese Library 301, Kluwer AP, Dordrecht. The Netherlands. 2001.

[Kur95] N. Kurtonina. *Frames and Labels. A Modal Analysis of Categorial inference*. PhD Dissertation, Institute for Logic, Language and Information. University of Amsterdam, 1995. (ILLC Dissertation Series 1995–8).

[Lak76] I. Lakatos. *Proofs and Refutations. The Logic of Mathematical Discovery*. Cambridge University Press. 1976.

[Lau77] L. Laudan. *Progress and its Problems*. Berkeley, University of California Press. 1977.

[Lau80] L. Laudan. 'Why Was the Logic of Discovery Abandoned?', In T. Nickles (ed) *Scientific Discovery, Logic and Rationality*, pp. 173–183. D. Reidel Publishing Company. 1980.

[vLa96] M. van Lambalgen. 'Natural Deduction for Generalized Quantifiers'. In Jaap van der Does and Jan van Eijck (eds), *Quantifiers, Logic, and Language*, vol 54 of Lecture Notes, pp 225–236. Center for the Study of Language and Information (CSLI). Stanford, CA. 1996.

[Lap04] P.S. Laplace. 'Memoires'. In *Oeuvres complétes de Laplace*, vol. 13–14. Publiéees sous les auspices de l'Académie des sciences, par MM. les secrétaires perpétuels. Paris, Gauthier-Villars, 1878-1912.

[LSB87] P. Langley and H. Simon, G. Bradshaw, and J. Zytkow. *Scientific Discovery*. Cambridge, MA:MIT Press/Bradford Books. 1987.

[Lev89] H. J. Levesque. 'A knowledge-level accout of abduction', in *Proceedings of the eleventh International Joint Confererence on Artificial Intelligence*, pp. 1061–1067. 1989.

[Lev91] I. Levi. *The Fixation of Belief and its Undoing*. Cambridge University Press. 1991.

[LLo87] J.W. Lloyd. *Foundations of Logic Programming*. Springer–Verlag, Berlin, 2nd. edition. 1987.

[LU96] J. Lobo and C. Uzcategui. 'Abductive Change Operators', *Fundamenta Informaticae*, vol. 27, pp. 385–411. 1996.

[Mag01] L. Magnani. *Abduction, Reason, and Science: Processes of Discovery and Explanation*. Kluwer-Plenum, New York. 2001.

[Mak93] D. Makinson. 'General Patterns in Nonmonotonic Reasoning', in D.M. Gabbay, C.J. Hogger and J.A. Robinson (eds), *Handbook of Logic in Artificial Intelligence and Logic Programming. Volume 3, Nonmonoptonic reasoning and uncertain reasoning*, chapter 2.2. Clarendon Press, Oxford Science Publications. 1994.

[MP93] M.C. Mayer and F. Pirri. 'First order abduction via tableau and sequent calculi', in *Bulletin of the IGPL*, vol. 1, pp.99–117. 1993.

[MN99] J. Meheus and T. Nickles. 'The methodological study of discovery and creativity — Some background', *Foundations of Science* 4(3): pp. 231–235. 1999.

[Meh05] J. Meheus. 'Emprirical Progress and Ampliative Adaptive Logics'. In R. Festa, A. Aliseda and J. Peijnenburg (eds). *Confirmation, Empirical Progress, and Truth Approximation (Poznan Studies in the Philosophy of the Sciences and the Humanities*, vol. 83), pp. 167–191. Amsterdam/Atlanta, GA: Rodopi. 2005.

[Mey95] W.P. Meyer Viol *Instantial Logic. An Investigation into Reasoning with Instances*. Ph.D Dissertation, Institute for Logic, Language and Information, University of Amsterdam, 1995. (ILLC Dissertation Series 1995–11).

[McC80] J. McCarthy. 'Circumscription: A form of non-monotonic reasoning', *Artificial Intelligence* 13, pp. 27–39. 1980.

[Men64] E. Mendelson. *Introduction to Mathematical Logic*. New York, Van Nostrand. 1964.

[Mic94] R. Michalski. 'Inferential Theory of Learning: Developing Foundations for Multistrategy Learning' in *Machine Learning: A Multistrategy Approach*, Morgan Kaufman Publishers. 1994.

[Mill 58] J.S. Mill. *A System of Logic*. (New York, Harper & brothers, 1858). Reprinted in *The Collected Works of John Stuart Mill*, J.M Robson (ed), Routledge and Kegan Paul, London. 1958.

[Min90] G.E. Mints. 'Several formal systems of the logic programming', *Computers and Artificial Intelligence*, 9:19–41. 1990.

[Mus89] A. Musgrave. 'Deductive Heuristics', in K. Gavroglu etal. (eds). *Imre Lakatos and Theories of Scientific Change*, pp. 15–32. Kluwer Academic Publishers. 1989.

[Nag79] E. Nagel. *The Structure of Science. Problems in the Logic of Scientific Explanation*, 2nd edition. Hackett Publishing Company, Indianapolis, Cambridge. 1979.

[Nep99] A. Nepomuceno. 'Tablas semánticas y metalógica (El caso de la lógica de segundo orden)', *Crítica*, vol. XXXI, No. 93, pp. 21-47. 1999.

[Nep 02] A. Nepomuceno. 'Scientific Explanation and Modified Semantic Tableaux'. In L. Magnani, N. J. Nersessian, and C. Pizzi (eds) *Logical and Computational Aspects of Model-Based Reasoning*, pp. 181–198. Kluwer Applied Logic Series. Kluwer Academic Publishers. Dordrecht, The Netherlands. 2002.

[Nic80] T. Nickles. 'Introductory Essay: Scientific Discovery and the Future of Philosophy of Science'. In T. Nickles (ed) *Scientific Discovery, Logic and Rationality*, pp. 1–59. D. Reidel Publishing Company. 1980.

[Nie96] I. Niemelä. 'Implementing Circumpscription using a Tableau Method', in W. Wahlster (ed) *Proceedings of the 12th European Conference on Artificial Intelligence, ECAI'96*, pp 80–84. 1996.

[NT73] I. Niiniluoto and R. Tuomela. *Theoretical Concepts and Hypothetico-Deductive Inference*. D. Reidel Publishing Company. Dordrecht, Holland. 1973.

[Nii81] I. Niiniluoto. 'Statistical Explanation Reconsidered', *Synthese*, 48:437-72. 1981.

[Nii00] I. Niiniluoto. 'Hempel's Theory of Statistical Explanation'. In: J.H. Fetzer (ed)., *Science, Explanation, and Rationality: The Philosophy of Carl G. Hempel*. Oxford: Oxford University Press, pp. 138-163. 2000.

[Pag96] M. Pagnucco. *The Role of Abductive Reasoning within the Process of Belief Revision*. PhD Dissertation, Basser Department of Computer Science. University of Sidney. Australia. 1996.

[Pao02] F. Paoli. *Substructural logics : a primer*. Dordrecht : Kluwer Academic Publishers. Dordrecht, The Netherlands. 2002.

[Pau93] G. Paul. 'Approaches to Abductive Reasoning: An Overview'. *Artificial Intelligence Review*, 7:109–152, 1993.

[CP] C.S. Peirce. *Collected Papers of Charles Sanders Peirce*. Volumes 1–6 edited by C. Hartshorne, P. Weiss. Cambridge, Harvard University Press. 1931–1935; and volumes 7–8 edited by A.W. Burks. Cambridge, Harvard University Press. 1958.

[Pei55] C.S. Peirce. "The Fixation of Belief", in J. Buchler (ed) *Philosophical Writings of Peirce*. Dover Publications, Inc. 1955.

[PG87] D. Poole., R.G. Goebel., and Aleliunas. 'Theorist: a logical reasoning system for default and diagnosis', in Cercone and McCalla (eds), *The Knowledge Fronteer: Essays in the Representation of Knowledge*, pp. 331-352. Springer Verlag Lecture Notes in Computer Science 331-352. 1987.

[PR90] Y. Peng and J.A. Reggia. *Abductive Inference Models for Diagnostic Problem-Solving*. Springer Verlag. Springer Series in Symbolic Computation – Artificial Intelligence. 1990.

[PB83] J. Perry and J. Barwise. *Situations and Attitudes*. Cambridge, Mass: MIT Press. 1983.

[Pol45] G. Polya. *How to Solve it. A New Aspect of Mathematical Method*. Princeton University Press. 1945.

[Pol54] G. Polya. *Induction and Analogy in Mathematics*. Vol I. Princeton University Press. 1954.

[Pol62] G. Polya. *Mathematical Discovery. On Understanding, learning, and teaching problem solving*. Vol I. John Wiley & Sons, Inc. New York and London. 1962.

[Pop34] K. Popper. 'Scientific Method (1934)'. In D. Miller (ed) *A Pocket Popper*. Fontana Paperbacks. University Press, Oxford. 1983. This consists of the end of section 1, sections 2 and 3, and chapter II of [Pop59].

[Pop59] K. Popper. *The Logic of Scientific Discovery*. London: Hutchinson. (11th impression, 1979). 1959. (Originally published as *Logik der Forschung*, Springer. 1934).

[Pop60a] K. Popper. 'The Growth of Scientific Knowledge (1960)'. In D. Miller (ed) *A Pocket Popper*. Fontana Paperbacks. University Press, Oxford. 1983. This consists of Chapter 10 of [Pop63].

[Pop60b] K. Popper. 'Knowledge Without Authority (1960)'. In D. Miller (ed) *A Pocket Popper*. Fontana Paperbacks. University Press, Oxford. 1983. This consists of the introduction to [Pop63].

[Pop63] K. Popper. *Conjectures and Refutations. The Growth of Scientific Knowledge*. 5th ed. London and New York. Routledge. 1963.

[Pop75] K. Popper. *Objective Knowledge: An Evolutionary Approach*. Oxford University Press. 1975.

[Pop92] K. Popper. *Unended Quest: An Intellectual Autobiography*. Routledge, London. 1992.

[Pop73] H.E. Pople. 'On the Mechanization of Abductive Logic'. In: *Proceedings of the Third International Joint Conference on Artificial Intelligence* (IJCAI-73). San Mateo: Morgan Kauffmann, Stanford, CA. pp. 147–152. 1973.

[Qui61] W.V. Quine. 'On What there is', in *From a Logical Point of View*, 2nd ed.rev. Cambridge and Harvard University Press. 1961.

[Ram00] F. P. Ramsey. 'General Propositions and Causality', in R. B. Braithwaite (ed), *The Foundations of Mathematics and Other Logical Essays*. Routledge and Kegan Paul, pp. 237–257. 2000.

[Rei38] H. Reichenbach. *Experience and Prediction*. Chicago: University of Chicago Press. 1938.

[Rei70] F.E. Reilly. *Charles Peirce's Theory of Scientific Method*. New York: Fordham University Press, 1970.

[Rei80] R. Reiter. 'A Logic for default reasoning', *Artificial Intelligence* 13. 1980.

[Rei87] R. Reiter. 'A theory of diagnosis from first principles', *Artificial Intelligence* 32. 1987.

[Res78] N. Rescher. *Peirce's Philosophy of Science. Critical Studies in His Theory of Induction and Scientific Method.* University of Notre Dame. 1978.

[Rib96] P. Ribenboim. *The new book of prime number records*. 3rd edition. New York: Springer. 1996.

[dRi94] M. de Rijke. 'Meeting Some Neighbours', in J. van Eijck and A. Visser (eds) *Logic and Information Flow*. MIT Press, 1994.

[Roe97] A. Roesler. "Perception and Abduction (abstract)", in M. Rayo etal. (eds.) *VIth International Congress of the International Association for Semiotic Studies:*

Semiotics Bridging Nature and Culture. Editorial Solidaridad, México, p. 226. 1997.

[Rot88] R.J. Roth. 'Anderson on Peirce's Concept of Abduction'. *Transactions of the Charles S. Peirce Society 24/1:131–139*, 1988.

[Rya92] M. Ryan. *Ordered Presentation of Theories: Default Reasoning and Belief Revision*. PhD Thesis, Department of Computing, Imperial College London, 1992.

[Rub90] D-H. Ruben. *Explaining Explanation*. Routledge. London and New York. 1990.

[Sab90] M.R. Sabre. 'Peirce's Abductive Argument and the Enthymeme', *Transactions of the Charles S. Peirce Society*, 26/3:363–372. 1990.

[Sal71] W. Salmon. *Statistical Explanation and Statistical Relevance*. University of Pittsburgh Press, pp.29-87, 1971.

[Sal77] W. Salmon. 'A Third Dogma of Empiricism'. in Butts and Hintikka (eds)., *Basic Problems in Methodology and Linguistics*, Reidel, Dordrecht. 1977.

[Sal84] W. Salmon *Scientific Explanation and the Casual Structure of the World*. Princeton: Princeton University Press, 1984.

[Sal90] W. Salmon. *Four Decades of Scientific Explanation*. University of Minnesota Press, 1990.

[Sal92] W. Salmon. 'Scientific Explanation', in W. Salmon etal (eds)., *Introduction to the Philosophy of Science*. Prentice Hall, 1992.

[Sal94] W. Salmon. Causality without Counterfactuals, *Philosophy of Science* 61:297-312. 1994.

[Sav95] C. Savary. 'Discovey and its Logic: Popper and the "Friends of Discovery"'. *Philosophy of the Social Sciences*, Vol. 25., No. 3., 318–344. 1995.

[SD93] P. Schroeder-Heister and K. Dosen (eds.). *Substructural logics*. Oxford : Clarendon, 1993.

[Sco71] D. Scott. 'On Engendering an Illusion of Understanding, *Journal of Philosophy* 68, pp. 787–808. 1971.

[Sha91] E. Shapiro. 'Inductive Inference of Theories from Facts', in J. L. Lassez and G. Plotkin (eds), *Computational Logic: Essays in Honor of Alan Robinson.*. Cambridge, Mass. MIT, 1991.

[Sha70] R. Sharp. 'Induction, Abduction, and the Evolution of Science'. *Transactions of the Charles S. Peirce Society 6/1:17–33*. 1970.

[Sho88] Y. Shoham. *Reasoning about Change. Time and Causation from the standpoint of Artificial Intelligence*. The MIT Press, Cambridge, Mass, 1988.

[SL90] J. Shrager and P. Langley (eds). *Computational Models of Scientific Discovery and Theory Formation*. San Mateo: Morgan Kaufmann. 1990.

[SG73] H. Simon and G. Groen. 'Ramsey Eliminability and the Testability of Scientific Theories'. In H. Simon, *Models of Discovery*, pp. 403–421. A Pallas Paperback. Reidel, Holland. 1977. Originally published in *British Journal for the Philosophy of Science* 24, 357-408. 1973.

[Sim73a] H. Simon. 'Does Scientific Discovery Have a Logic?' In H. Simon, *Models of Discovery*, pp. 326–337. A Pallas Paperback. Reidel, Holland. 1977. (Originally published in *Philosophy of Science* 40, pp. 471–480. 1973.)

[Sim73b] H. Simon. 'The Structure of Ill-Structured Problems'. In H. Simon, *Models of Discovery*, pp. 304–325. A Pallas Paperback. Reidel, Holland. 1977. (Originally published in *Artificial Intelligence* 4, pp. 181–201. 1973).

[Sim77] H. Simon. *Models of Discovery*. A Pallas Paperback. Reidel, Holland. 1977.

[SLB81] H. Simon, P. Langley, and G. Bradshaw. 'Scientific Reasoning as Problem Solving', *Synthese* 47 pp. 1–27. 1981.

[SUM96] H. Sipma, T. Uribe, and Z. Manna. 'Deductive Model Checking'. Paper presented at the *Fifth CSLI Workshop on Logic, Language, and Computation*. Center for the Study of Language and Information (CSLI), Stanford University. June 1996.

[Smu68] R.M. Smullyan. *First Order Logic*. Springer Verlag, 1968.

[Sos75] E. Sosa, (ed). *Causation and Conditionals*. Oxford University Press. 1975.

[Ste83] W. Stegmüller. *Erklärung, Begründung, Kausalität*, second edition, Springer Verlag, Berlin, 1983.

[Sti91] M. Stickel. 'Upside-Down Meta-Interpretation of the Model Elimination Theorem-Proving Procedure for Deduction and Abduction'. *Technical Report* TR-664. Institute for New Generation Computer Technology (ICOT). 1991.

[Sup69] P.C. Suppes. *Studies in the methodology and foundations of science. selected papers from 1951 to 1969*. D. Reidel. Dordrecht. The Netherlans. 1969.

[Sup96] P. Suppes. *Foundations of Probability with Applications*. Cambridge University Press. 1996.

[Sza74] Á. K. Szabó *Working Backwards and Proving by Synthesis*. In [HR74, pp. 118–130]. 1974.

[Tam94] A.M. Tamminga, 'Logics of Rejection: Two Systems of Natural Deduction', in *Logique et analyse*, 37(146), p. 169. 1994.

[Tan92] Yao Hua Tan. *Non-Monotonic Reasoning: Logical Architecture and Philosophical Applications*. PhD Thesis, University of Amsterdam, 1992.

[Tar83] A. Tarski, *Logic, semantics, metamathematics : Papers from 1923 to 1938*. 2nd. edition. Indianapolis, Indiana : Hackett, 1983.

[Tha77] P.R. Thagard. The Unity of Peirce's Theory of Hypothesis. *Transactions of the Charles S. Peirce Society 13/2:112–123*. 1977.

[Tha88] P.R. Thagard. *Computational Philosophy of Science*. Cambridge, MIT Press. Bradford Books. 1988.

[Tha92] P.R. Thagard. *Conceptual Revolutions*. Princeton University Press. 1992.

[Tho81] P. Thompson. 'Bolzano's deducibility and Tarski's Logical Consequence', *History and Philosophy of Logic* 2, 11–20. 1981.

[Tij97] A. ten Teije *Automated Configuration of Problem Solving Methods in Diagnosis*. PhD Thesis, University of Amsterdam, 1997.

[Tou58] S. Toulmin. *The Uses of Argument*. Cambridge University Press, Cambridge, 1958.

[Tuo73] R.Tuomela. *Theoretical Concepts*. LEP Col. 10, Springer-Verlag, Vienna. 1973.

[Tro96] A.S. Troelstra. *Basic Proof Theory*. Cambridge University Press. 1996.

[VA99] A. Vázquez and A. Aliseda. 'Abduction in Semantic Tableaux: Towards An Object-Oriented Programming Implementation'. In J. M. Ahuactzin (ed.) *Encuentro Nacional de Computación, Taller de Lógica*. Sociedad Mexicana de Ciencia de la Computación. ISBN 968-6254-46-3. Hidalgo, México. September, 1999.

[Vis97] H. Visser. *Procedures of Discovery*. Manuscript. Katholieke Universiteit Brabant. Tilburg. The Netherlands. 1997.

[Wil94] M.A. Williams. 'Explanation and Theory Base Transmutations', in *Proceedings of the European Conference on Artificial Intelligence*, ECAI'94, pp. 341–246. 1994.

[Wir97] U. Wirth. 'Abductive inference in semiotics and philosophy of language: Peirce's and Davidson's account of interpretation (abstract)', in M. Rayo etal. (eds.) *VIth International Congress of the International Association for Semiotic Studies: Semiotics Bridging Nature and Culture*. Editorial Solidaridad, México, p. 232. 1997.

[Wri63] G.H. von Wright. *The Logic of Preference*. Edinburgh, University Press. 1963.

综 合 图 书

1. J. M. Bochénski, *A Precis of Mathematical Logic*. Translated from French and German by O. Bird. 1959 ISBN 90-277-0073-7
2. P. Guiraud, *Problèmes et méthodes de la statistique linguistique*. 1959 ISBN 90-277-0025-7
3. H. Freudenthal (ed.), *The Concept and the Role of the Model in Mathematics and Natural and Social Sciences*. 1961 ISBN 90-277-0017-6
4. E. W. Beth, *Formal Methods*. An Introduction to Symbolic Logic and to the Study of Effective Operations in Arithmetic and Logic. 1962 ISBN 90-277-0069-9
5. B. H. Kazemier and D. Vuysje (eds.), *Logic and Language*. Studies dedicated to Professor Rudolf Carnap on the Occasion of His 70th Birthday. 1962 ISBN 90-277-0019-2
6. M. W. Wartofsky (ed.), *Proceedings of the Boston Colloquium for the Philosophy of Science, 1961–1962*. [Boston Studies in the Philosophy of Science, Vol. I] 1963 ISBN 90-277-0021-4
7. A. A. Zinov'ev, *Philosophical Problems of Many-valued Logic*. A revised edition, edited and translated (from Russian) by G. Küng and D.D. Comey. 1963 ISBN 90-277-0091-5
8. G. Gurvitch, *The Spectrum of Social Time*. Translated from French and edited by M. Korenbaum and P. Bosserman. 1964 ISBN 90-277-0006-0
9. P. Lorenzen, *Formal Logic*. Translated from German by F.J. Crosson. 1965 ISBN 90-277-0080-X
10. R. S. Cohen and M. W. Wartofsky (eds.), *Proceedings of the Boston Colloquium for the Philosophy of Science, 1962–1964*. In Honor of Philipp Frank. [Boston Studies in the Philosophy of Science, Vol. II] 1965 ISBN 90-277-9004-0
11. E. W. Beth, *Mathematical Thought*. An Introduction to the Philosophy of Mathematics. 1965 ISBN 90-277-0070-2
12. E. W. Beth and J. Piaget, *Mathematical Epistemology and Psychology*. Translated from French by W. Mays. 1966 ISBN 90-277-0071-0
13. G. Küng, *Ontology and the Logistic Analysis of Language*. An Enquiry into the Contemporary Views on Universals. Revised ed., translated from German. 1967 ISBN 90-277-0028-1
14. R. S. Cohen and M. W. Wartofsky (eds.), *Proceedings of the Boston Colloquium for the Philosophy of Sciences, 1964–1966*. In Memory of Norwood Russell Hanson. [Boston Studies in the Philosophy of Science, Vol. III] 1967 ISBN 90-277-0013-3
15. C. D. Broad, *Induction, Probability, and Causation*. Selected Papers. 1968 ISBN 90-277-0012-5
16. G. Patzig, *Aristotle's Theory of the Syllogism*. A Logical-philosophical Study of *Book A* of the *Prior Analytics*. Translated from German by J. Barnes. 1968 ISBN 90-277-0030-3
17. N. Rescher, *Topics in Philosophical Logic*. 1968 ISBN 90-277-0084-2
18. R. S. Cohen and M. W. Wartofsky (eds.), *Proceedings of the Boston Colloquium for the Philosophy of Science, 1966–1968, Part I*. [Boston Studies in the Philosophy of Science, Vol. IV] 1969 ISBN 90-277-0014-1
19. R. S. Cohen and M. W. Wartofsky (eds.), *Proceedings of the Boston Colloquium for the Philosophy of Science, 1966–1968, Part II*. [Boston Studies in the Philosophy of Science, Vol. V] 1969 ISBN 90-277-0015-X
20. J. W. Davis, D. J. Hockney and W. K. Wilson (eds.), *Philosophical Logic*. 1969 ISBN 90-277-0075-3
21. D. Davidson and J. Hintikka (eds.), *Words and Objections*. Essays on the Work of W. V. Quine. 1969, rev. ed. 1975 ISBN 90-277-0074-5; Pb 90-277-0602-6
22. P. Suppes, *Studies in the Methodology and Foundations of Science. Selected Papers from 1951 to 1969*. 1969 ISBN 90-277-0020-6
23. J. Hintikka, *Models for Modalities*. Selected Essays. 1969 ISBN 90-277-0078-8; Pb 90-277-0598-4

24. N. Rescher *et al.* (eds.), *Essays in Honor of Carl G. Hempel.* A Tribute on the Occasion of His 65th Birthday. 1969 ISBN 90-277-0085-0
25. P. V. Tavanec (ed.), *Problems of the Logic of Scientific Knowledge.* Translated from Russian. 1970 ISBN 90-277-0087-7
26. M. Swain (ed.), *Induction, Acceptance, and Rational Belief.* 1970 ISBN 90-277-0086-9
27. R. S. Cohen and R. J. Seeger (eds.), *Ernst Mach: Physicist and Philosopher.* [Boston Studies in the Philosophy of Science, Vol. VI]. 1970 ISBN 90-277-0016-8
28. J. Hintikka and P. Suppes, *Information and Inference.* 1970 ISBN 90-277-0155-5
29. K. Lambert, *Philosophical Problems in Logic.* Some Recent Developments. 1970 ISBN 90-277-0079-6
30. R. A. Eberle, *Nominalistic Systems.* 1970 ISBN 90-277-0161-X
31. P. Weingartner and G. Zecha (eds.), *Induction, Physics, and Ethics.* 1970 ISBN 90-277-0158-X
32. E. W. Beth, *Aspects of Modern Logic.* Translated from Dutch. 1970 ISBN 90-277-0173-3
33. R. Hilpinen (ed.), *Deontic Logic.* Introductory and Systematic Readings. 1971 *See also* No. 152. ISBN Pb (1981 rev.) 90-277-1302-2
34. J.-L. Krivine, *Introduction to Axiomatic Set Theory.* Translated from French. 1971 ISBN 90-277-0169-5; Pb 90-277-0411-2
35. J. D. Sneed, *The Logical Structure of Mathematical Physics.* 2nd rev. ed., 1979 ISBN 90-277-1056-2; Pb 90-277-1059-7
36. C. R. Kordig, *The Justification of Scientific Change.* 1971 ISBN 90-277-0181-4; Pb 90-277-0475-9
37. M. Čapek, *Bergson and Modern Physics.* A Reinterpretation and Re-evaluation. [Boston Studies in the Philosophy of Science, Vol. VII] 1971 ISBN 90-277-0186-5
38. N. R. Hanson, *What I Do Not Believe, and Other Essays.* Ed. by S. Toulmin and H. Woolf. 1971 ISBN 90-277-0191-1
39. R. C. Buck and R. S. Cohen (eds.), *PSA 1970.* Proceedings of the Second Biennial Meeting of the Philosophy of Science Association, Boston, Fall 1970. In Memory of Rudolf Carnap. [Boston Studies in the Philosophy of Science, Vol. VIII] 1971 ISBN 90-277-0187-3; Pb 90-277-0309-4
40. D. Davidson and G. Harman (eds.), *Semantics of Natural Language.* 1972 ISBN 90-277-0304-3; Pb 90-277-0310-8
41. Y. Bar-Hillel (ed.), *Pragmatics of Natural Languages.* 1971 ISBN 90-277-0194-6; Pb 90-277-0599-2
42. S. Stenlund, *Combinators, γ Terms and Proof Theory.* 1972 ISBN 90-277-0305-1
43. M. Strauss, *Modern Physics and Its Philosophy.* Selected Paper in the Logic, History, and Philosophy of Science. 1972 ISBN 90-277-0230-6
44. M. Bunge, *Method, Model and Matter.* 1973 ISBN 90-277-0252-7
45. M. Bunge, *Philosophy of Physics.* 1973 ISBN 90-277-0253-5
46. A. A. Zinov'ev, *Foundations of the Logical Theory of Scientific Knowledge (Complex Logic).* Revised and enlarged English edition with an appendix by G. A. Smirnov, E. A. Sidorenka, A. M. Fedina and L. A. Bobrova. [Boston Studies in the Philosophy of Science, Vol. IX] 1973 ISBN 90-277-0193-8; Pb 90-277-0324-8
47. L. Tondl, *Scientific Procedures.* A Contribution concerning the Methodological Problems of Scientific Concepts and Scientific Explanation. Translated from Czech by D. Short. Edited by R.S. Cohen and M.W. Wartofsky. [Boston Studies in the Philosophy of Science, Vol. X] 1973 ISBN 90-277-0147-4; Pb 90-277-0323-X
48. N. R. Hanson, *Constellations and Conjectures.* 1973 ISBN 90-277-0192-X

49. K. J. J. Hintikka, J. M. E. Moravcsik and P. Suppes (eds.), *Approaches to Natural Language.* 1973 ISBN 90-277-0220-9; Pb 90-277-0233-0
50. M. Bunge (ed.), *Exact Philosophy.* Problems, Tools and Goals. 1973 ISBN 90-277-0251-9
51. R. J. Bogdan and I. Niiniluoto (eds.), *Logic, Language and Probability.* 1973 ISBN 90-277-0312-4
52. G. Pearce and P. Maynard (eds.), *Conceptual Change.* 1973 ISBN 90-277-0287-X; Pb 90-277-0339-6
53. I. Niiniluoto and R. Tuomela, *Theoretical Concepts and Hypothetico-inductive Inference.* 1973 ISBN 90-277-0343-4
54. R. Fraissé, *Course of Mathematical Logic* – Volume 1: *Relation and Logical Formula.* Translated from French. 1973 ISBN 90-277-0268-3; Pb 90-277-0403-1 (For *Volume 2* see under No. 69).
55. A. Grünbaum, *Philosophical Problems of Space and Time.* Edited by R.S. Cohen and M.W. Wartofsky. 2nd enlarged ed. [Boston Studies in the Philosophy of Science, Vol. XII] 1973 ISBN 90-277-0357-4; Pb 90-277-0358-2
56. P. Suppes (ed.), *Space, Time and Geometry.* 1973 ISBN 90-277-0386-8; Pb 90-277-0442-2
57. H. Kelsen, *Essays in Legal and Moral Philosophy.* Selected and introduced by O. Weinberger. Translated from German by P. Heath. 1973 ISBN 90-277-0388-4
58. R. J. Seeger and R. S. Cohen (eds.), *Philosophical Foundations of Science.* [Boston Studies in the Philosophy of Science, Vol. XI] 1974 ISBN 90-277-0390-6; Pb 90-277-0376-0
59. R. S. Cohen and M. W. Wartofsky (eds.), *Logical and Epistemological Studies in Contemporary Physics.* [Boston Studies in the Philosophy of Science, Vol. XIII] 1973 ISBN 90-277-0391-4; Pb 90-277-0377-9
60. R. S. Cohen and M. W. Wartofsky (eds.), *Methodological and Historical Essays in the Natural and Social Sciences. Proceedings of the Boston Colloquium for the Philosophy of Science, 1969–1972.* [Boston Studies in the Philosophy of Science, Vol. XIV] 1974 ISBN 90-277-0392-2; Pb 90-277-0378-7
61. R. S. Cohen, J. J. Stachel and M. W. Wartofsky (eds.), *For Dirk Struik. Scientific, Historical and Political Essays.* [Boston Studies in the Philosophy of Science, Vol. XV] 1974 ISBN 90-277-0393-0; Pb 90-277-0379-5
62. K. Ajdukiewicz, *Pragmatic Logic.* Translated from Polish by O. Wojtasiewicz. 1974 ISBN 90-277-0326-4
63. S. Stenlund (ed.), *Logical Theory and Semantic Analysis.* Essays dedicated to Stig Kanger on His 50th Birthday. 1974 ISBN 90-277-0438-4
64. K. F. Schaffner and R. S. Cohen (eds.), *PSA 1972. Proceedings of the Third Biennial Meeting of the Philosophy of Science Association.* [Boston Studies in the Philosophy of Science, Vol. XX] 1974 ISBN 90-277-0408-2; Pb 90-277-0409-0
65. H. E. Kyburg, Jr., *The Logical Foundations of Statistical Inference.* 1974 ISBN 90-277-0330-2; Pb 90-277-0430-9
66. M. Grene, *The Understanding of Nature.* Essays in the Philosophy of Biology. [Boston Studies in the Philosophy of Science, Vol. XXIII] 1974 ISBN 90-277-0462-7; Pb 90-277-0463-5
67. J. M. Broekman, *Structuralism: Moscow, Prague, Paris.* Translated from German. 1974 ISBN 90-277-0478-3
68. N. Geschwind, *Selected Papers on Language and the Brain.* [Boston Studies in the Philosophy of Science, Vol. XVI] 1974 ISBN 90-277-0262-4; Pb 90-277-0263-2
69. R. Fraissé, *Course of Mathematical Logic* – Volume 2: *Model Theory.* Translated from French. 1974 ISBN 90-277-0269-1; Pb 90-277-0510-0 (For *Volume 1* see under No. 54)

70. A. Grzegorczyk, *An Outline of Mathematical Logic*. Fundamental Results and Notions explained with all Details. Translated from Polish. 1974 ISBN 90-277-0359-0; Pb 90-277-0447-3
71. F. von Kutschera, *Philosophy of Language*. 1975 ISBN 90-277-0591-7
72. J. Manninen and R. Tuomela (eds.), *Essays on Explanation and Understanding*. Studies in the Foundations of Humanities and Social Sciences. 1976 ISBN 90-277-0592-5
73. J. Hintikka (ed.), *Rudolf Carnap, Logical Empiricist*. Materials and Perspectives. 1975 ISBN 90-277-0583-6
74. M. Čapek (ed.), *The Concepts of Space and Time*. Their Structure and Their Development. [Boston Studies in the Philosophy of Science, Vol. XXII] 1976 ISBN 90-277-0355-8; Pb 90-277-0375-2
75. J. Hintikka and U. Remes, *The Method of Analysis*. Its Geometrical Origin and Its General Significance. [Boston Studies in the Philosophy of Science, Vol. XXV] 1974 ISBN 90-277-0532-1; Pb 90-277-0543-7
76. J. E. Murdoch and E. D. Sylla (eds.), *The Cultural Context of Medieval Learning*. [Boston Studies in the Philosophy of Science, Vol. XXVI] 1975 ISBN 90-277-0560-7; Pb 90-277-0587-9
77. S. Amsterdamski, *Between Experience and Metaphysics*. Philosophical Problems of the Evolution of Science. [Boston Studies in the Philosophy of Science, Vol. XXXV] 1975 ISBN 90-277-0568-2; Pb 90-277-0580-1
78. P. Suppes (ed.), *Logic and Probability in Quantum Mechanics*. 1976 ISBN 90-277-0570-4; Pb 90-277-1200-X
79. H. von Helmholtz: *Epistemological Writings. The Paul Hertz / Moritz Schlick Centenary Edition of 1921 with Notes and Commentary by the Editors*. Newly translated from German by M. F. Lowe. Edited, with an Introduction and Bibliography, by R. S. Cohen and Y. Elkana. [Boston Studies in the Philosophy of Science, Vol. XXXVII] 1975 ISBN 90-277-0290-X; Pb 90-277-0582-8
80. J. Agassi, *Science in Flux*. [Boston Studies in the Philosophy of Science, Vol. XXVIII] 1975 ISBN 90-277-0584-4; Pb 90-277-0612-2
81. S. G. Harding (ed.), *Can Theories Be Refuted?* Essays on the Duhem-Quine Thesis. 1976 ISBN 90-277-0629-8; Pb 90-277-0630-1
82. S. Nowak, *Methodology of Sociological Research*. General Problems. 1977 ISBN 90-277-0486-4
83. J. Piaget, J.-B. Grize, A. Szeminśska and V. Bang, *Epistemology and Psychology of Functions*. Translated from French. 1977 ISBN 90-277-0804-5
84. M. Grene and E. Mendelsohn (eds.), *Topics in the Philosophy of Biology*. [Boston Studies in the Philosophy of Science, Vol. XXVII] 1976 ISBN 90-277-0595-X; Pb 90-277-0596-8
85. E. Fischbein, *The Intuitive Sources of Probabilistic Thinking in Children*. 1975 ISBN 90-277-0626-3; Pb 90-277-1190-9
86. E. W. Adams, *The Logic of Conditionals*. An Application of Probability to Deductive Logic. 1975 ISBN 90-277-0631-X
87. M. Przełęcki and R. Wójcicki (eds.), *Twenty-Five Years of Logical Methodology in Poland*. Translated from Polish. 1976 ISBN 90-277-0601-8
88. J. Topolski, *The Methodology of History*. Translated from Polish by O. Wojtasiewicz. 1976 ISBN 90-277-0550-X
89. A. Kasher (ed.), *Language in Focus: Foundations, Methods and Systems*. Essays dedicated to Yehoshua Bar-Hillel. [Boston Studies in the Philosophy of Science, Vol. XLIII] 1976 ISBN 90-277-0644-1; Pb 90-277-0645-X

90. J. Hintikka, *The Intentions of Intentionality and Other New Models for Modalities.* 1975 ISBN 90-277-0633-6; Pb 90-277-0634-4
91. W. Stegmüller, *Collected Papers on Epistemology, Philosophy of Science and History of Philosophy.* 2 Volumes. 1977 Set ISBN 90-277-0767-7
92. D. M. Gabbay, *Investigations in Modal and Tense Logics with Applications to Problems in Philosophy and Linguistics.* 1976 ISBN 90-277-0656-5
93. R. J. Bogdan, *Local Induction.* 1976 ISBN 90-277-0649-2
94. S. Nowak, *Understanding and Prediction.* Essays in the Methodology of Social and Behavioral Theories. 1976 ISBN 90-277-0558-5; Pb 90-277-1199-2
95. P. Mittelstaedt, *Philosophical Problems of Modern Physics.* [Boston Studies in the Philosophy of Science, Vol. XVIII] 1976 ISBN 90-277-0285-3; Pb 90-277-0506-2
96. G. Holton and W. A. Blanpied (eds.), *Science and Its Public: The Changing Relationship.* [Boston Studies in the Philosophy of Science, Vol. XXXIII] 1976 ISBN 90-277-0657-3; Pb 90-277-0658-1
97. M. Brand and D. Walton (eds.), *Action Theory.* 1976 ISBN 90-277-0671-9
98. P. Gochet, *Outline of a Nominalist Theory of Propositions.* An Essay in the Theory of Meaning and in the Philosophy of Logic. 1980 ISBN 90-277-1031-7
99. R. S. Cohen, P. K. Feyerabend, and M. W. Wartofsky (eds.), *Essays in Memory of Imre Lakatos.* [Boston Studies in the Philosophy of Science, Vol. XXXIX] 1976 ISBN 90-277-0654-9; Pb 90-277-0655-7
100. R. S. Cohen and J. J. Stachel (eds.), *Selected Papers of Léon Rosenfield.* [Boston Studies in the Philosophy of Science, Vol. XXI] 1979 ISBN 90-277-0651-4; Pb 90-277-0652-2
101. R. S. Cohen, C. A. Hooker, A. C. Michalos and J. W. van Evra (eds.), *PSA 1974. Proceedings of the 1974 Biennial Meeting of the Philosophy of Science Association.* [Boston Studies in the Philosophy of Science, Vol. XXXII] 1976 ISBN 90-277-0647-6; Pb 90-277-0648-4
102. Y. Fried and J. Agassi, *Paranoia.* A Study in Diagnosis. [Boston Studies in the Philosophy of Science, Vol. L] 1976 ISBN 90-277-0704-9; Pb 90-277-0705-7
103. M. Przełęcki, K. Szaniawski and R. Wójcicki (eds.), *Formal Methods in the Methodology of Empirical Sciences.* 1976 ISBN 90-277-0698-0
104. J. M. Vickers, *Belief and Probability.* 1976 ISBN 90-277-0744-8
105. K. H. Wolff, *Surrender and Catch.* Experience and Inquiry Today. [Boston Studies in the Philosophy of Science, Vol. LI] 1976 ISBN 90-277-0758-8; Pb 90-277-0765-0
106. K. Kosík, *Dialectics of the Concrete.* A Study on Problems of Man and World. [Boston Studies in the Philosophy of Science, Vol. LII] 1976 ISBN 90-277-0761-8; Pb 90-277-0764-2
107. N. Goodman, *The Structure of Appearance.* 3rd ed. with an Introduction by G. Hellman. [Boston Studies in the Philosophy of Science, Vol. LIII] 1977 ISBN 90-277-0773-1; Pb 90-277-0774-X
108. K. Ajdukiewicz, *The Scientific World-Perspective and Other Essays, 1931-1963.* Translated from Polish. Edited and with an Introduction by J. Giedymin. 1978 ISBN 90-277-0527-5
109. R. L. Causey, *Unity of Science.* 1977 ISBN 90-277-0779-0
110. R. E. Grandy, *Advanced Logic for Applications.* 1977 ISBN 90-277-0781-2
111. R. P. McArthur, *Tense Logic.* 1976 ISBN 90-277-0697-2
112. L. Lindahl, *Position and Change.* A Study in Law and Logic. Translated from Swedish by P. Needham. 1977 ISBN 90-277-0787-1
113. R. Tuomela, *Dispositions.* 1978 ISBN 90-277-0810-X
114. H. A. Simon, *Models of Discovery and Other Topics in the Methods of Science.* [Boston Studies in the Philosophy of Science, Vol. LIV] 1977 ISBN 90-277-0812-6; Pb 90-277-0858-4

115. R. D. Rosenkrantz, *Inference, Method and Decision.* Towards a Bayesian Philosophy of Science. 1977 ISBN 90-277-0817-7; Pb 90-277-0818-5
116. R. Tuomela, *Human Action and Its Explanation.* A Study on the Philosophical Foundations of Psychology. 1977 ISBN 90-277-0824-X
117. M. Lazerowitz, *The Language of Philosophy.* Freud and Wittgenstein. [Boston Studies in the Philosophy of Science, Vol. LV] 1977 ISBN 90-277-0826-6; Pb 90-277-0862-2
118. Not published 119. J. Pelc (ed.), *Semiotics in Poland, 1894–1969.* Translated from Polish. 1979 ISBN 90-277-0811-8
120. I. Pörn, *Action Theory and Social Science.* Some Formal Models. 1977 ISBN 90-277-0846-0
121. J. Margolis, *Persons and Mind.* The Prospects of Nonreductive Materialism. [Boston Studies in the Philosophy of Science, Vol. LVII] 1977 ISBN 90-277-0854-1; Pb 90-277-0863-0
122. J. Hintikka, I. Niiniluoto, and E. Saarinen (eds.), *Essays on Mathematical and Philosophical Logic.* 1979 ISBN 90-277-0879-7
123. T. A. F. Kuipers, *Studies in Inductive Probability and Rational Expectation.* 1978 ISBN 90-277-0882-7
124. E. Saarinen, R. Hilpinen, I. Niiniluoto and M. P. Hintikka (eds.), *Essays in Honour of Jaakko Hintikka on the Occasion of His 50th Birthday.* 1979 ISBN 90-277-0916-5
125. G. Radnitzky and G. Andersson (eds.), *Progress and Rationality in Science.* [Boston Studies in the Philosophy of Science, Vol. LVIII] 1978 ISBN 90-277-0921-1; Pb 90-277-0922-X
126. P. Mittelstaedt, *Quantum Logic.* 1978 ISBN 90-277-0925-4
127. K. A. Bowen, *Model Theory for Modal Logic.* Kripke Models for Modal Predicate Calculi. 1979 ISBN 90-277-0929-7
128. H. A. Bursen, *Dismantling the Memory Machine.* A Philosophical Investigation of Machine Theories of Memory. 1978 ISBN 90-277-0933-5
129. M. W. Wartofsky, *Models.* Representation and the Scientific Understanding. [Boston Studies in the Philosophy of Science, Vol. XLVIII] 1979 ISBN 90-277-0736-7; Pb 90-277-0947-5
130. D. Ihde, *Technics and Praxis.* A Philosophy of Technology. [Boston Studies in the Philosophy of Science, Vol. XXIV] 1979 ISBN 90-277-0953-X; Pb 90-277-0954-8
131. J. J. Wiatr (ed.), *Polish Essays in the Methodology of the Social Sciences.* [Boston Studies in the Philosophy of Science, Vol. XXIX] 1979 ISBN 90-277-0723-5; Pb 90-277-0956-4
132. W. C. Salmon (ed.), *Hans Reichenbach: Logical Empiricist.* 1979 ISBN 90-277-0958-0
133. P. Bieri, R.-P. Horstmann and L. Krüger (eds.), *Transcendental Arguments in Science.* Essays in Epistemology. 1979 ISBN 90-277-0963-7; Pb 90-277-0964-5
134. M. Marković and G. Petrović (eds.), *Praxis.* Yugoslav Essays in the Philosophy and Methodology of the Social Sciences. [Boston Studies in the Philosophy of Science, Vol. XXXVI] 1979 ISBN 90-277-0727-8; Pb 90-277-0968-8
135. R. Wójcicki, *Topics in the Formal Methodology of Empirical Sciences.* Translated from Polish. 1979 ISBN 90-277-1004-X
136. G. Radnitzky and G. Andersson (eds.), *The Structure and Development of Science.* [Boston Studies in the Philosophy of Science, Vol. LIX] 1979 ISBN 90-277-0994-7; Pb 90-277-0995-5
137. J. C. Webb, *Mechanism, Mentalism and Metamathematics.* An Essay on Finitism. 1980 ISBN 90-277-1046-5
138. D. F. Gustafson and B. L. Tapscott (eds.), *Body, Mind and Method.* Essays in Honor of Virgil C. Aldrich. 1979 ISBN 90-277-1013-9
139. L. Nowak, *The Structure of Idealization.* Towards a Systematic Interpretation of the Marxian Idea of Science. 1980 ISBN 90-277-1014-7

140. C. Perelman, *The New Rhetoric and the Humanities*. Essays on Rhetoric and Its Applications. Translated from French and German. With an Introduction by H. Zyskind. 1979 ISBN 90-277-1018-X; Pb 90-277-1019-8
141. W. Rabinowicz, *Universalizability*. A Study in Morals and Metaphysics. 1979 ISBN 90-277-1020-2
142. C. Perelman, *Justice, Law and Argument*. Essays on Moral and Legal Reasoning. Translated from French and German. With an Introduction by H.J. Berman. 1980 ISBN 90-277-1089-9; Pb 90-277-1090-2
143. S. Kanger and S. Öhman (eds.), *Philosophy and Grammar*. Papers on the Occasion of the Quincentennial of Uppsala University. 1981 ISBN 90-277-1091-0
144. T. Pawlowski, *Concept Formation in the Humanities and the Social Sciences*. 1980 ISBN 90-277-1096-1
145. J. Hintikka, D. Gruender and E. Agazzi (eds.), *Theory Change, Ancient Axiomatics and Galileo's Methodology*. Proceedings of the 1978 Pisa Conference on the History and Philosophy of Science, Volume I. 1981 ISBN 90-277-1126-7
146. J. Hintikka, D. Gruender and E. Agazzi (eds.), *Probabilistic Thinking, Thermodynamics, and the Interaction of the History and Philosophy of Science*. Proceedings of the 1978 Pisa Conference on the History and Philosophy of Science, Volume II. 1981 ISBN 90-277-1127-5
147. U. Mönnich (ed.), *Aspects of Philosophical Logic*. Some Logical Forays into Central Notions of Linguistics and Philosophy. 1981 ISBN 90-277-1201-8
148. D. M. Gabbay, *Semantical Investigations in Heyting's Intuitionistic Logic*. 1981 ISBN 90-277-1202-6
149. E. Agazzi (ed.), *Modern Logic – A Survey*. Historical, Philosophical, and Mathematical Aspects of Modern Logic and Its Applications. 1981 ISBN 90-277-1137-2
150. A. F. Parker-Rhodes, *The Theory of Indistinguishables*. A Search for Explanatory Principles below the Level of Physics. 1981 ISBN 90-277-1214-X
151. J. C. Pitt, *Pictures, Images, and Conceptual Change*. An Analysis of Wilfrid Sellars' Philosophy of Science. 1981 ISBN 90-277-1276-X; Pb 90-277-1277-8
152. R. Hilpinen (ed.), *New Studies in Deontic Logic*. Norms, Actions, and the Foundations of Ethics. 1981 ISBN 90-277-1278-6; Pb 90-277-1346-4
153. C. Dilworth, *Scientific Progress*. A Study Concerning the Nature of the Relation between Successive Scientific Theories. 3rd rev. ed., 1994 ISBN 0-7923-2487-0; Pb 0-7923-2488-9
154. D. Woodruff Smith and R. McIntyre, *Husserl and Intentionality*. A Study of Mind, Meaning, and Language. 1982 ISBN 90-277-1392-8; Pb 90-277-1730-3
155. R. J. Nelson, *The Logic of Mind*. 2nd. ed., 1989 ISBN 90-277-2819-4; Pb 90-277-2822-4
156. J. F. A. K. van Benthem, *The Logic of Time*. A Model-Theoretic Investigation into the Varieties of Temporal Ontology, and Temporal Discourse. 1983; 2nd ed., 1991 ISBN 0-7923-1081-0
157. R. Swinburne (ed.), *Space, Time and Causality*. 1983 ISBN 90-277-1437-1
158. E. T. Jaynes, *Papers on Probability, Statistics and Statistical Physics*. Ed. by R. D. Rozenkrantz. 1983 ISBN 90-277-1448-7; Pb (1989) 0-7923-0213-3
159. T. Chapman, *Time: A Philosophical Analysis*. 1982 ISBN 90-277-1465-7
160. E. N. Zalta, *Abstract Objects*. An Introduction to Axiomatic Metaphysics. 1983 ISBN 90-277-1474-6
161. S. Harding and M. B. Hintikka (eds.), *Discovering Reality*. Feminist Perspectives on Epistemology, Metaphysics, Methodology, and Philosophy of Science. 1983 ISBN 90-277-1496-7; Pb 90-277-1538-6
162. M. A. Stewart (ed.), *Law, Morality and Rights*. 1983 ISBN 90-277-1519-X

163. D. Mayr and G. Süssmann (eds.), *Space, Time, and Mechanics.* Basic Structures of a Physical Theory. 1983 ISBN 90-277-1525-4
164. D. Gabbay and F. Guenthner (eds.), *Handbook of Philosophical Logic.* Vol. I: Elements of Classical Logic. 1983 ISBN 90-277-1542-4
165. D. Gabbay and F. Guenthner (eds.), *Handbook of Philosophical Logic.* Vol. II: Extensions of Classical Logic. 1984 ISBN 90-277-1604-8
166. D. Gabbay and F. Guenthner (eds.), *Handbook of Philosophical Logic.* Vol. III: Alternative to Classical Logic. 1986 ISBN 90-277-1605-6
167. D. Gabbay and F. Guenthner (eds.), *Handbook of Philosophical Logic.* Vol. IV: Topics in the Philosophy of Language. 1989 ISBN 90-277-1606-4
168. A. J. I. Jones, *Communication and Meaning.* An Essay in Applied Modal Logic. 1983 ISBN 90-277-1543-2
169. M. Fitting, *Proof Methods for Modal and Intuitionistic Logics.* 1983 ISBN 90-277-1573-4
170. J. Margolis, *Culture and Cultural Entities.* Toward a New Unity of Science. 1984 ISBN 90-277-1574-2
171. R. Tuomela, *A Theory of Social Action.* 1984 ISBN 90-277-1703-6
172. J. J. E. Gracia, E. Rabossi, E. Villanueva and M. Dascal (eds.), *Philosophical Analysis in Latin America.* 1984 ISBN 90-277-1749-4
173. P. Ziff, *Epistemic Analysis.* A Coherence Theory of Knowledge. 1984 ISBN 90-277-1751-7
174. P. Ziff, *Antiaesthetics.* An Appreciation of the Cow with the Subtile Nose. 1984 ISBN 90-277-1773-7
175. W. Balzer, D. A. Pearce, and H.-J. Schmidt (eds.), *Reduction in Science.* Structure, Examples, Philosophical Problems. 1984 ISBN 90-277-1811-3
176. A. Peczenik, L. Lindahl and B. van Roermund (eds.), *Theory of Legal Science.* Proceedings of the Conference on Legal Theory and Philosophy of Science (Lund, Sweden, December 1983). 1984 ISBN 90-277-1834-2
177. I. Niiniluoto, *Is Science Progressive?* 1984 ISBN 90-277-1835-0
178. B. K. Matilal and J. L. Shaw (eds.), *Analytical Philosophy in Comparative Perspective.* Exploratory Essays in Current Theories and Classical Indian Theories of Meaning and Reference. 1985 ISBN 90-277-1870-9
179. P. Kroes, *Time: Its Structure and Role in Physical Theories.* 1985 ISBN 90-277-1894-6
180. J. H. Fetzer, *Sociobiology and Epistemology.* 1985 ISBN 90-277-2005-3; Pb 90-277-2006-1
181. L. Haaparanta and J. Hintikka (eds.), *Frege Synthesized.* Essays on the Philosophical and Foundational Work of Gottlob Frege. 1986 ISBN 90-277-2126-2
182. M. Detlefsen, *Hilbert's Program.* An Essay on Mathematical Instrumentalism. 1986 ISBN 90-277-2151-3
183. J. L. Golden and J. J. Pilotta (eds.), *Practical Reasoning in Human Affairs.* Studies in Honor of Chaim Perelman. 1986 ISBN 90-277-2255-2
184. H. Zandvoort, *Models of Scientific Development and the Case of Nuclear Magnetic Resonance.* 1986 ISBN 90-277-2351-6
185. I. Niiniluoto, *Truthlikeness.* 1987 ISBN 90-277-2354-0
186. W. Balzer, C. U. Moulines and J. D. Sneed, *An Architectonic for Science.* The Structuralist Program. 1987 ISBN 90-277-2403-2
187. D. Pearce, *Roads to Commensurability.* 1987 ISBN 90-277-2414-8
188. L. M. Vaina (ed.), *Matters of Intelligence.* Conceptual Structures in Cognitive Neuroscience. 1987 ISBN 90-277-2460-1

189. H. Siegel, *Relativism Refuted.* A Critique of Contemporary Epistemological Relativism. 1987 ISBN 90-277-2469-5
190. W. Callebaut and R. Pinxten, *Evolutionary Epistemology.* A Multiparadigm Program, with a Complete Evolutionary Epistemology Bibliograph. 1987 ISBN 90-277-2582-9
191. J. Kmita, *Problems in Historical Epistemology.* 1988 ISBN 90-277-2199-8
192. J. H. Fetzer (ed.), *Probability and Causality.* Essays in Honor of Wesley C. Salmon, with an Annotated Bibliography. 1988 ISBN 90-277-2607-8; Pb 1-5560-8052-2
193. A. Donovan, L. Laudan and R. Laudan (eds.), *Scrutinizing Science.* Empirical Studies of Scientific Change. 1988 ISBN 90-277-2608-6
194. H.R. Otto and J.A. Tuedio (eds.), *Perspectives on Mind.* 1988 ISBN 90-277-2640-X
195. D. Batens and J.P. van Bendegem (eds.), *Theory and Experiment.* Recent Insights and New Perspectives on Their Relation. 1988 ISBN 90-277-2645-0
196. J. Österberg, *Self and Others.* A Study of Ethical Egoism. 1988 ISBN 90-277-2648-5
197. D.H. Helman (ed.), *Analogical Reasoning.* Perspectives of Artificial Intelligence, Cognitive Science, and Philosophy. 1988 ISBN 90-277-2711-2
198. J. Woleński, *Logic and Philosophy in the Lvov-Warsaw School.* 1989 ISBN 90-277-2749-X
199. R. Wójcicki, *Theory of Logical Calculi.* Basic Theory of Consequence Operations. 1988 ISBN 90-277-2785-6
200. J. Hintikka and M.B. Hintikka, *The Logic of Epistemology and the Epistemology of Logic.* Selected Essays. 1989 ISBN 0-7923-0040-8; Pb 0-7923-0041-6
201. E. Agazzi (ed.), *Probability in the Sciences.* 1988 ISBN 90-277-2808-9
202. M. Meyer (ed.), *From Metaphysics to Rhetoric.* 1989 ISBN 90-277-2814-3
203. R.L. Tieszen, *Mathematical Intuition.* Phenomenology and Mathematical Knowledge. 1989 ISBN 0-7923-0131-5
204. A. Melnick, *Space, Time, and Thought in Kant.* 1989 ISBN 0-7923-0135-8
205. D.W. Smith, *The Circle of Acquaintance.* Perception, Consciousness, and Empathy. 1989 ISBN 0-7923-0252-4
206. M.H. Salmon (ed.), *The Philosophy of Logical Mechanism.* Essays in Honor of Arthur W. Burks. With his Responses, and with a Bibliography of Burk's Work. 1990 ISBN 0-7923-0325-3
207. M. Kusch, *Language as Calculus vs. Language as Universal Medium.* A Study in Husserl, Heidegger, and Gadamer. 1989 ISBN 0-7923-0333-4
208. T.C. Meyering, *Historical Roots of Cognitive Science.* The Rise of a Cognitive Theory of Perception from Antiquity to the Nineteenth Century. 1989 ISBN 0-7923-0349-0
209. P. Kosso, *Observability and Observation in Physical Science.* 1989 ISBN 0-7923-0389-X
210. J. Kmita, *Essays on the Theory of Scientific Cognition.* 1990 ISBN 0-7923-0441-1
211. W. Sieg (ed.), *Acting and Reflecting.* The Interdisciplinary Turn in Philosophy. 1990 ISBN 0-7923-0512-4
212. J. Karpiński, *Causality in Sociological Research.* 1990 ISBN 0-7923-0546-9
213. H.A. Lewis (ed.), *Peter Geach: Philosophical Encounters.* 1991 ISBN 0-7923-0823-9
214. M. Ter Hark, *Beyond the Inner and the Outer.* Wittgenstein's Philosophy of Psychology. 1990 ISBN 0-7923-0850-6
215. M. Gosselin, *Nominalism and Contemporary Nominalism.* Ontological and Epistemological Implications of the Work of W.V.O. Quine and of N. Goodman. 1990 ISBN 0-7923-0904-9
216. J.H. Fetzer, D. Shatz and G. Schlesinger (eds.), *Definitions and Definability.* Philosophical Perspectives. 1991 ISBN 0-7923-1046-2
217. E. Agazzi and A. Cordero (eds.), *Philosophy and the Origin and Evolution of the Universe.* 1991 ISBN 0-7923-1322-4

218. M. Kusch, *Foucault's Strata and Fields*. An Investigation into Archaeological and Genealogical Science Studies. 1991 ISBN 0-7923-1462-X
219. C.J. Posy, *Kant's Philosophy of Mathematics*. Modern Essays. 1992 ISBN 0-7923-1495-6
220. G. Van de Vijver, *New Perspectives on Cybernetics*. Self-Organization, Autonomy and Connectionism. 1992 ISBN 0-7923-1519-7
221. J.C. Nyíri, *Tradition and Individuality*. Essays. 1992 ISBN 0-7923-1566-9
222. R. Howell, *Kant's Transcendental Deduction*. An Analysis of Main Themes in His Critical Philosophy. 1992 ISBN 0-7923-1571-5
223. A. García de la Sienra, *The Logical Foundations of the Marxian Theory of Value*. 1992 ISBN 0-7923-1778-5
224. D.S. Shwayder, *Statement and Referent*. An Inquiry into the Foundations of Our Conceptual Order. 1992 ISBN 0-7923-1803-X
225. M. Rosen, *Problems of the Hegelian Dialectic*. Dialectic Reconstructed as a Logic of Human Reality. 1993 ISBN 0-7923-2047-6
226. P. Suppes, *Models and Methods in the Philosophy of Science: Selected Essays*. 1993 ISBN 0-7923-2211-8
227. R. M. Dancy (ed.), *Kant and Critique: New Essays in Honor of W. H. Werkmeister*. 1993 ISBN 0-7923-2244-4
228. J. Woleński (ed.), *Philosophical Logic in Poland*. 1993 ISBN 0-7923-2293-2
229. M. De Rijke (ed.), *Diamonds and Defaults*. Studies in Pure and Applied Intensional Logic. 1993 ISBN 0-7923-2342-4
230. B.K. Matilal and A. Chakrabarti (eds.), *Knowing from Words*. Western and Indian Philosophical Analysis of Understanding and Testimony. 1994 ISBN 0-7923-2345-9
231. S.A. Kleiner, *The Logic of Discovery*. A Theory of the Rationality of Scientific Research. 1993 ISBN 0-7923-2371-8
232. R. Festa, *Optimum Inductive Methods*. A Study in Inductive Probability, Bayesian Statistics, and Verisimilitude. 1993 ISBN 0-7923-2460-9
233. P. Humphreys (ed.), *Patrick Suppes: Scientific Philosopher*. Vol. 1: Probability and Probabilistic Causality. 1994 ISBN 0-7923-2552-4
234. P. Humphreys (ed.), *Patrick Suppes: Scientific Philosopher*. Vol. 2: Philosophy of Physics, Theory Structure, and Measurement Theory. 1994 ISBN 0-7923-2553-2
235. P. Humphreys (ed.), *Patrick Suppes: Scientific Philosopher*. Vol. 3: Language, Logic, and Psychology. 1994 ISBN 0-7923-2862-0
Set ISBN (Vols 233–235) 0-7923-2554-0
236. D. Prawitz and D. Westerståhl (eds.), *Logic and Philosophy of Science in Uppsala*. Papers from the 9th International Congress of Logic, Methodology, and Philosophy of Science. 1994 ISBN 0-7923-2702-0
237. L. Haaparanta (ed.), *Mind, Meaning and Mathematics*. Essays on the Philosophical Views of Husserl and Frege. 1994 ISBN 0-7923-2703-9
238. J. Hintikka (ed.), *Aspects of Metaphor*. 1994 ISBN 0-7923-2786-1
239. B. McGuinness and G. Oliveri (eds.), *The Philosophy of Michael Dummett*. With Replies from Michael Dummett. 1994 ISBN 0-7923-2804-3
240. D. Jamieson (ed.), *Language, Mind, and Art*. Essays in Appreciation and Analysis, In Honor of Paul Ziff. 1994 ISBN 0-7923-2810-8
241. G. Preyer, F. Siebelt and A. Ulfig (eds.), *Language, Mind and Epistemology*. On Donald Davidson's Philosophy. 1994 ISBN 0-7923-2811-6
242. P. Ehrlich (ed.), *Real Numbers, Generalizations of the Reals, and Theories of Continua*. 1994 ISBN 0-7923-2689-X

243. G. Debrock and M. Hulswit (eds.), *Living Doubt*. Essays concerning the epistemology of Charles Sanders Peirce. 1994 ISBN 0-7923-2898-1
244. J. Srzednicki, *To Know or Not to Know*. Beyond Realism and Anti-Realism. 1994 ISBN 0-7923-2909-0
245. R. Egidi (ed.), *Wittgenstein: Mind and Language*. 1995 ISBN 0-7923-3171-0
246. A. Hyslop, *Other Minds*. 1995 ISBN 0-7923-3245-8
247. L. Pólos and M. Masuch (eds.), *Applied Logic: How, What and Why*. Logical Approaches to Natural Language. 1995 ISBN 0-7923-3432-9
248. M. Krynicki, M. Mostowski and L.M. Szczerba (eds.), *Quantifiers: Logics, Models and Computation*. Volume One: Surveys. 1995 ISBN 0-7923-3448-5
249. M. Krynicki, M. Mostowski and L.M. Szczerba (eds.), *Quantifiers: Logics, Models and Computation*. Volume Two: Contributions. 1995 ISBN 0-7923-3449-3
Set ISBN (Vols 248 + 249) 0-7923-3450-7
250. R.A. Watson, *Representational Ideas from Plato to Patricia Churchland*. 1995 ISBN 0-7923-3453-1
251. J. Hintikka (ed.), *From Dedekind to Gödel*. Essays on the Development of the Foundations of Mathematics. 1995 ISBN 0-7923-3484-1
252. A. Wiśniewski, *The Posing of Questions*. Logical Foundations of Erotetic Inferences. 1995 ISBN 0-7923-3637-2
253. J. Peregrin, *Doing Worlds with Words*. Formal Semantics without Formal Metaphysics. 1995 ISBN 0-7923-3742-5
254. I.A. Kieseppä, *Truthlikeness for Multidimensional, Quantitative Cognitive Problems*. 1996 ISBN 0-7923-4005-1
255. P. Hugly and C. Sayward: *Intensionality and Truth*. An Essay on the Philosophy of A.N. Prior. 1996 ISBN 0-7923-4119-8
256. L. Hankinson Nelson and J. Nelson (eds.): *Feminism, Science, and the Philosophy of Science*. 1997 ISBN 0-7923-4162-7
257. P.I. Bystrov and V.N. Sadovsky (eds.): *Philosophical Logic and Logical Philosophy*. Essays in Honour of Vladimir A. Smirnov. 1996 ISBN 0-7923-4270-4
258. Å.E. Andersson and N-E. Sahlin (eds.): *The Complexity of Creativity*. 1996 ISBN 0-7923-4346-8
259. M.L. Dalla Chiara, K. Doets, D. Mundici and J. van Benthem (eds.): *Logic and Scientific Methods*. Volume One of the Tenth International Congress of Logic, Methodology and Philosophy of Science, Florence, August 1995. 1997 ISBN 0-7923-4383-2
260. M.L. Dalla Chiara, K. Doets, D. Mundici and J. van Benthem (eds.): *Structures and Norms in Science*. Volume Two of the Tenth International Congress of Logic, Methodology and Philosophy of Science, Florence, August 1995. 1997 ISBN 0-7923-4384-0
Set ISBN (Vols 259 + 260) 0-7923-4385-9
261. A. Chakrabarti: *Denying Existence*. The Logic, Epistemology and Pragmatics of Negative Existentials and Fictional Discourse. 1997 ISBN 0-7923-4388-3
262. A. Biletzki: *Talking Wolves*. Thomas Hobbes on the Language of Politics and the Politics of Language. 1997 ISBN 0-7923-4425-1
263. D. Nute (ed.): *Defeasible Deontic Logic*. 1997 ISBN 0-7923-4630-0
264. U. Meixner: *Axiomatic Formal Ontology*. 1997 ISBN 0-7923-4747-X
265. I. Brinck: *The Indexical 'I'*. The First Person in Thought and Language. 1997 ISBN 0-7923-4741-2
266. G. Hölmström-Hintikka and R. Tuomela (eds.): *Contemporary Action Theory*. Volume 1: Individual Action. 1997 ISBN 0-7923-4753-6; Set: 0-7923-4754-4

267. G. Hölmström-Hintikka and R. Tuomela (eds.): *Contemporary Action Theory*. Volume 2: Social Action. 1997 ISBN 0-7923-4752-8; Set: 0-7923-4754-4
268. B.-C. Park: *Phenomenological Aspects of Wittgenstein's Philosophy*. 1998 ISBN 0-7923-4813-3
269. J. Paśniczek: *The Logic of Intentional Objects*. A Meinongian Version of Classical Logic. 1998 Hb ISBN 0-7923-4880-X; Pb ISBN 0-7923-5578-4
270. P.W. Humphreys and J.H. Fetzer (eds.): *The New Theory of Reference*. Kripke, Marcus, and Its Origins. 1998 ISBN 0-7923-4898-2
271. K. Szaniawski, A. Chmielewski and J. Woleński (eds.): *On Science, Inference, Information and Decision Making*. Selected Essays in the Philosophy of Science. 1998 ISBN 0-7923-4922-9
272. G.H. von Wright: *In the Shadow of Descartes*. Essays in the Philosophy of Mind. 1998 ISBN 0-7923-4992-X
273. K. Kijania-Placek and J. Woleński (eds.): *The Lvov–Warsaw School and Contemporary Philosophy*. 1998 ISBN 0-7923-5105-3
274. D. Dedrick: *Naming the Rainbow*. Colour Language, Colour Science, and Culture. 1998 ISBN 0-7923-5239-4
275. L. Albertazzi (ed.): *Shapes of Forms*. From Gestalt Psychology and Phenomenology to Ontology and Mathematics. 1999 ISBN 0-7923-5246-7
276. P. Fletcher: *Truth, Proof and Infinity*. A Theory of Constructions and Constructive Reasoning. 1998 ISBN 0-7923-5262-9
277. M. Fitting and R.L. Mendelsohn (eds.): *First-Order Modal Logic*. 1998 Hb ISBN 0-7923-5334-X; Pb ISBN 0-7923-5335-8
278. J.N. Mohanty: *Logic, Truth and the Modalities from a Phenomenological Perspective*. 1999 ISBN 0-7923-5550-4
279. T. Placek: *Mathematical Intiutionism and Intersubjectivity*. A Critical Exposition of Arguments for Intuitionism. 1999 ISBN 0-7923-5630-6
280. A. Cantini, E. Casari and P. Minari (eds.): *Logic and Foundations of Mathematics*. 1999 ISBN 0-7923-5659-4 set ISBN 0-7923-5867-8
281. M.L. Dalla Chiara, R. Giuntini and F. Laudisa (eds.): *Language, Quantum, Music*. 1999 ISBN 0-7923-5727-2; set ISBN 0-7923-5867-8
282. R. Egidi (ed.): *In Search of a New Humanism*. The Philosophy of Georg Hendrik von Wright. 1999 ISBN 0-7923-5810-4
283. F. Vollmer: *Agent Causality*. 1999 ISBN 0-7923-5848-1
284. J. Peregrin (ed.): *Truth and Its Nature (if Any)*. 1999 ISBN 0-7923-5865-1
285. M. De Caro (ed.): *Interpretations and Causes*. New Perspectives on Donald Davidson's Philosophy. 1999 ISBN 0-7923-5869-4
286. R. Murawski: *Recursive Functions and Metamathematics*. Problems of Completeness and Decidability, Gödel's Theorems. 1999 ISBN 0-7923-5904-6
287. T.A.F. Kuipers: *From Instrumentalism to Constructive Realism*. On Some Relations between Confirmation, Empirical Progress, and Truth Approximation. 2000 ISBN 0-7923-6086-9
288. G. Holmström-Hintikka (ed.): *Medieval Philosophy and Modern Times*. 2000 ISBN 0-7923-6102-4
289. E. Grosholz and H. Breger (eds.): *The Growth of Mathematical Knowledge*. 2000 ISBN 0-7923-6151-2

290. G. Sommaruga: *History and Philosophy of Constructive Type Theory*. 2000 ISBN 0-7923-6180-6
291. J. Gasser (ed.): *A Boole Anthology*. Recent and Classical Studies in the Logic of George Boole. 2000 ISBN 0-7923-6380-9
292. V.F. Hendricks, S.A. Pedersen and K.F. Jørgensen (eds.): *Proof Theory*. History and Philosophical Significance. 2000 ISBN 0-7923-6544-5
293. W.L. Craig: *The Tensed Theory of Time*. A Critical Examination. 2000 ISBN 0-7923-6634-4
294. W.L. Craig: *The Tenseless Theory of Time*. A Critical Examination. 2000 ISBN 0-7923-6635-2
295. L. Albertazzi (ed.): *The Dawn of Cognitive Science*. Early European Contributors. 2001 ISBN 0-7923-6799-5
296. G. Forrai: *Reference, Truth and Conceptual Schemes*. A Defense of Internal Realism. 2001 ISBN 0-7923-6885-1
297. V.F. Hendricks, S.A. Pedersen and K.F. Jørgensen (eds.): *Probability Theory*. Philosophy, Recent History and Relations to Science. 2001 ISBN 0-7923-6952-1
298. M. Esfeld: *Holism in Philosophy of Mind and Philosophy of Physics*. 2001 ISBN 0-7923-7003-1
299. E.C. Steinhart: *The Logic of Metaphor*. Analogous Parts of Possible Worlds. 2001 ISBN 0-7923-7004-X
300. P. Gärdenfors: *The Dynamics of Thought*. 2005 ISBN 1-4020-3398-2
301. T.A.F. Kuipers: *Structures in Science Heuristic Patterns Based on Cognitive Structures*. An Advanced Textbook in Neo-Classical Philosophy of Science. 2001 ISBN 0-7923-7117-8
302. G. Hon and S.S. Rakover (eds.): *Explanation*. Theoretical Approaches and Applications. 2001 ISBN 1-4020-0017-0
303. G. Holmström-Hintikka, S. Lindström and R. Sliwinski (eds.): *Collected Papers of Stig Kanger with Essays on his Life and Work*. Vol. I. 2001 ISBN 1-4020-0021-9; Pb ISBN 1-4020-0022-7
304. G. Holmström-Hintikka, S. Lindström and R. Sliwinski (eds.): *Collected Papers of Stig Kanger with Essays on his Life and Work*. Vol. II. 2001 ISBN 1-4020-0111-8; Pb ISBN 1-4020-0112-6
305. C.A. Anderson and M. Zelëny (eds.): *Logic, Meaning and Computation*. Essays in Memory of Alonzo Church. 2001 ISBN 1-4020-0141-X
306. P. Schuster, U. Berger and H. Osswald (eds.): *Reuniting the Antipodes – Constructive and Nonstandard Views of the Continuum*. 2001 ISBN 1-4020-0152-5
307. S.D. Zwart: *Refined Verisimilitude*. 2001 ISBN 1-4020-0268-8
308. A.-S. Maurin: *If Tropes*. 2002 ISBN 1-4020-0656-X
309. H. Eilstein (ed.): *A Collection of Polish Works on Philosophical Problems of Time and Space-time*. 2002 ISBN 1-4020-0670-5
310. Y. Gauthier: *Internal Logic*. Foundations of Mathematics from Kronecker to Hilbert. 2002 ISBN 1-4020-0689-6
311. E. Ruttkamp: *A Model-Theoretic Realist Interpretation of Science*. 2002 ISBN 1-4020-0729-9
312. V. Rantala: *Explanatory Translation*. Beyond the Kuhnian Model of Conceptual Change. 2002 ISBN 1-4020-0827-9
313. L. Decock: *Trading Ontology for Ideology*. 2002 ISBN 1-4020-0865-1

314. O. Ezra: *The Withdrawal of Rights*. Rights from a Different Perspective. 2002
ISBN 1-4020-0886-4
315. P. Gärdenfors, J. Woleński and K. Kijania-Placek: *In the Scope of Logic, Methodology and Philosophy of Science*. Volume One of the 11th International Congress of Logic, Methodology and Philosophy of Science, Cracow, August 1999. 2002
ISBN 1-4020-0929-1; Pb 1-4020-0931-3
316. P. Gärdenfors, J. Woleński and K. Kijania-Placek: *In the Scope of Logic, Methodology and Philosophy of Science*. Volume Two of the 11th International Congress of Logic, Methodology and Philosophy of Science, Cracow, August 1999. 2002
ISBN 1-4020-0930-5; Pb 1-4020-0931-3
317. M.A. Changizi: *The Brain from 25,000 Feet*. High Level Explorations of Brain Complexity, Perception, Induction and Vagueness. 2003 ISBN 1-4020-1176-8
318. D.O. Dahlstrom (ed.): *Husserl's* Logical Investigations. 2003 ISBN 1-4020-1325-6
319. A. Biletzki: *(Over)Interpreting Wittgenstein.* 2003
ISBN Hb 1-4020-1326-4; Pb 1-4020-1327-2
320. A. Rojszczak, J. Cachro and G. Kurczewski (eds.): *Philosophical Dimensions of Logic and Science.* Selected Contributed Papers from the 11th International Congress of Logic, Methodology, and Philosophy of Science, Kraków, 1999. 2003 ISBN 1-4020-1645-X
321. M. Sintonen, P. Ylikoski and K. Miller (eds.): *Realism in Action.* Essays in the Philosophy of the Social Sciences. 2003 ISBN 1-4020-1667-0
322. V.F. Hendricks, K.F. Jørgensen and S.A. Pedersen (eds.): *Knowledge Contributors*. 2003
ISBN Hb 1-4020-1747-2; Pb 1-4020-1748-0
323. J. Hintikka, T. Czarnecki, K. Kijania-Placek, T. Placek and A. Rojszczak † (eds.): *Philosophy and Logic In Search of the Polish Tradition.* Essays in Honour of Jan Woleński on the Occasion of his 60th Birthday. 2003 ISBN 1-4020-1721-9
324. L.M. Vaina, S.A. Beardsley and S.K. Rushton (eds.): *Optic Flow and Beyond.* 2004
ISBN 1-4020-2091-0
325. D. Kolak (ed.): *I Am You.* The Metaphysical Foundations of Global Ethics. 2004
ISBN 1-4020-2999-3
326. V. Stepin: *Theoretical Knowledge*. 2005 ISBN 1-4020-3045-2
327. P. Mancosu, K.F. Jørgensen and S.A. Pedersen (eds.): *Visualization, Explanation and Reasoning Styles in Mathematics*. 2005 ISBN 1-4020-3334-6
328. A. Rojszczak (author) and J. Wolenski (ed.): *From the Act of Judging to the Sentence*. The Problem of Truth Bearers from Bolzano to Tarski. 2005 ISBN 1-4020-3396-6
329. A-V. Pietarinen: *Signs of Logic*. Peircean Themes on the Philosophy of Language, Games, and Communication. 2006 ISBN-10 1-4020-3728-7
330. A. Aliseda: *Abductive Reasoning*. Logical Investigations into Discovery and Explanation. 2006
ISBN-10 1-4020-3906-9